核なき未来へ

被爆二世からのメッセージ

森川聖詩

現代書館

核なき未来へ——被爆二世からのメッセージ＊目次

序章　次世代に向けて
――この本を読まれる方へ

1　原爆被爆と被爆者

今まで、数多くの原爆被爆者が、口々にその被爆体験を語り、核兵器の廃絶を訴えてきた。だが、一方で被爆者にとって、被爆体験を語ることは、想像を絶する苦痛を伴うものであった。

核兵器は、それまで人類が生み出した他の兵器とは、まったく違う特徴をもっていた。核兵器と他の兵器を識別すべき特徴としては、①熱線　②爆風　③放射線による人体と周囲の環境への被害・影響とされている。

一九四五年八月六日午前八時十五分一七秒、アメリカの爆撃機B－29エノラ・ゲイ号は、広島市上空約九六〇〇メートルからウラン型原子爆弾「リトルボーイ」を投下した。

「リトルボーイ」は放物線を描《えが》いて落下し、四三秒後の八時十六分、相生橋の南東三〇〇メートルにある島病院の上空六〇〇メートルで炸裂《さくれつ》した。

炸裂した瞬間、空中に現れた、中心温度が一〇〇万度を超える火の玉は一秒後に半径二〇〇メートルの大きさとなり、約一〇秒間光った。火の玉から周りに放たれた熱線の影響で、爆心地近くの地表面の温度は、一瞬セ氏三〇〇〇度から四〇〇〇度にもなった。また、爆心地から六〇〇メートル以内にあった屋根瓦は表面が溶けてブツブツの泡になり、約一・八キロメートル～二キロメートルでは人の着ていた服や洗濯物に火がつき、約二・五キロメートルでは、わら屋根に火がついて燃え上がった。

　爆発点は数十万気圧となって周りの空気が急に膨らんで、空気の圧力が波として伝わる現象である衝撃波が発生し、その後を追って強い爆風が吹き抜けた。爆風は、爆心地から一〇〇メートルの地点で秒速二八〇メートルいうすさまじいものだった。爆風がおさまると、爆発の中心の空気が薄《うす》くなってまわりから爆発点に向かって吹き戻しがあった。爆心地から半径二キロメートル内では、木造の建物の窓は全部吹き飛ばされ、建物の中も焼けてしまった。

　そして、放射線は人間の体の奥深くまで入り込んで細胞を壊《こわ》し、血液を変質させ、骨髄などの血液をつくる機能を壊して内臓を侵《おか》すなどの深刻な障害を引き起こした。爆発後一分以内に放射された初期放射線によって、爆心地から一キロメートル以内にいた人は致命的な影響を受け、その多くは数日のうちに亡くなった。また、ケガがなかった人びとの多くも被爆後月日が経《た》ってから病気にかかり、亡くなっている。

　この初期放射線の後の残留放射線は、家族や職場の同僚などを探すため、あるいは救護活動をするために、原爆投下後に広島市や長崎市の被爆地域内に入ってきた人びとにも影響を与えた。

　放射線による急性障害が一応おさまったとされる一九四五年末までに、広島市では約十四万人、長崎市では約七万四〇〇〇人の人びとが亡くなったと推計されている。

　原爆が及《およ》ぼしたこのような物理的、肉体的、身体的な側面での被害・影響におとらず、むしろそれ以上に被爆者に与えてきた精神面での苦痛・苦悩には体験しない者には到底《とうてい》計り知ることのできないものがあった。

大半の被爆者が苦しめられ続けてきた思いがある。それは、私たちがうかがい知ることのできないほどの生き地獄を目の前に見せられ、体験したこと自体と、さらにはそうした状況のもとで、肉親や友人、知人を助けることができずに、避難して自分が生き残ったことへの罪悪感である。

これらは、被爆者たちが人前で語ろうとするとき、本来は自分自身では忘れてしまいたい、思い出したくない体験なのである。

また、被爆者の人生には、常に社会的偏見と差別がつきまとっていた。被爆者の健康状態、放射線障害、原爆症などの、原爆がもたらした人体に与える影響についての社会的な無理解があった。さらには、被爆者自身も含めて、世間の人びとも「どのような子どもが生まれてくるかわからない」という不安にも、襲《おそ》われていた。実際には無事《ぶじ》に子どもが生まれ、育ったとしても、その子ども（被爆二世）にまで及んでしまうかも知れない差別について、気遣ってきた被爆者は少なくない。その証拠に、子どもが無事結婚し、孫（被爆三世）が生まれてから、ようやく被爆者手帳の取得を申請した被爆者たちがいることが、今でもマスコミで報じられていることからも明らかである。

しかしながら、被爆者を、このような、人前ではできれば語りたくない過去の体験と、それ以降の人生の苦しみについて、あえて勇気をふりしぼって証言する気持ちに駆り立てていったのは、他でもない「自分の苦しみを最後にしてほしい」、「核兵器がまた人類の頭上で炸裂するようなことがあってはならない」「なんとしても廃絶させなければ」という強い信念、情念、執念であった。

だが、このような被爆者の思いとは裏腹に、今も世界中に約一万五〇〇〇発に及ぶおびただしい数の核兵器が存在し、それればかりか核兵器の均衡《きんこう》（バランス）によって平和が保たれているという「核抑止論」

に金縛《かなしば》りになったままの論調が、いまだにニュースや報道番組等でも伝えられている。二〇一七年七月に、国連で核兵器禁止条約が採択されたが、現実には、核廃絶への道のりは、今なお険《けわ》しいのである。

2　被爆二世問題を問う

こうした状況下で、被爆体験を証言することができる人びとの存在が激減していかざるを得ない現実がある。そのなかで被爆者の体験を風化させずに、しっかりと伝承していくことの大切さは、いまやますます強まってきている。

被爆二世には、直接の被爆体験はないけれど、被爆者のもっとも身近にいる家族であり、少なくとも自分が物心ついてから、親である被爆者の姿やその人生を見てきた。そのこと自体が被爆二世であればこその体験なのである。したがって、被爆二世が被爆者の体験を伝承していくことは意義のあることといえよう。

ただ、こうした被爆二世たちも、すでに平均年齢が六十歳代半ばへと人生の後半に向かっている。彼らは、自らの人生のなかで、「被爆二世として」ならではの、数々の問題に直面してきている。

一九六〇年代後半ごろ、広島の故・名越史樹《なごやふみき》ちゃんをはじめとする被爆二世の白血病死が相次いだことなどを契機に、広島で「胎内被爆者・被爆二世を守る会」が結成されるなど、被爆二世に対する医療保障や援護措置を求める社会的機運が高まった。そして、被爆者の子孫におよぶであろうと思われる「放射線の遺伝的影響」についても、様々な民間レベルでの調査研究の結果が報告・公表されてきた。それらの研究からは、被爆二世と一般国民との有意差を主張する見解などが示されることもあった。

だが、このような状況に転換期が訪れる。それは一九七八年秋のことだった。

当時、全国の被爆二世たちは、被爆二世に対する健康診断と、それをふまえた医療・生活保障についての統一要求をとりまとめてきた。このようなとき、厚生省（当時）は、何の前ぶれもなしに「原爆被爆者二世の健康に関する調査・研究」とうたった被爆二世に対する「健康診断」を実施するとの意向を提示してきたのである。そこで述べられていた趣旨説明は、次のようなものだった。

「放射線影響研究所のこれまでの調査研究で、被爆二世に放射線の遺伝的影響は認められていない。しかしながら、健康に不安を感じている被爆二世も存在することから、健診を行なうことで遺伝的影響がないことを明らかにして不安を解消すること」が目的であると。

それから四十年近い月日が流れた二〇一七年六月のことだった。厚生労働省（厚労省）は、日本原水爆被害者団体協議会（日本被団協）との交渉の席上において、当時とまったく変わらぬ答弁で現行の被爆二世健診の施行理由を説明したのである。医療保障等の援護措置の必要性を認めるどころか、健診内容の充実（がん検診等検診項目の拡充）の要請でさえ「（放射線影響研究所の調査・研究等で）遺伝的影響があるとの知見は得られていないから必要ない」として退《しりぞ》けたのだった。しかも、その一方で、「しかし、被爆二世も次第に高齢化してきていることから、今後晩発性《ばんぱつせい》障害を伴う諸病を発症する可能性がないともいえないため、ひき続き、なりゆきを見守っていきたい」と結んでいる。

このように厚労省答弁に体現されている国の核放射線にまつわる問題についての姿勢は、次のとおり戦後常に一貫している。

①　被爆二世・三世等被爆者の子孫への影響を認めて、諸々の保障、援護措置をすることになると、多額の予算が必要となる（核放射線関連の体系的な保障・援護施策は、何としても原爆被爆者のみで終らせておかな

ければならない。被爆二世の問題を認めることによって三世、さらには原発災害等の被災者や被曝《ひばく》労働者の保障問題にまで問題が波及し、諸運動が高揚していきかねない)。

② 核放射線の遺伝的影響を認めると、国民の反核意識を再び高揚させることに及ぶおそれがあり、核兵器・原発開発のためには不都合な状況につながりかねない(一九五四年のビキニ環礁水爆実験のときに盛り上がった国民の反核意識が、さらに高揚することは、核開発を推進したい日米両国にとって極めて不都合なことであった。そのため、日本政府は、漁船等の進入危険水域についての国民への公表を意図的に行わず隠蔽《いんぺい》した。そのことで、第五福竜丸に留まらず、一〇〇〇隻《せき》前後もの漁船が被災したという事実は、いまだに多くの国民には知られていないようである)。

③ 以上の理由から、国は一貫して「遺伝的影響は認められない」との「主張」や「公式見解」をどこまでもくり返す。だが、実際のところは、放射線影響研究所、厚労省の「被爆二世健診」などからは、すでに何らかの有意差を示すデータについて把握していると推測される。国は核開発やこれに伴う諸対策上、これらのデータは大変重要なものと考えており、今後も継続的に、データを蓄積していこうとしている(国は、放射線影響研究所の調査・研究をもとにして、「遺伝的影響は認められない」との見解に達したかの主張をしているが、どのような調査によって、その具体的な根拠となる検査データ、数値が得られているかについては一切公表してはいない)。

こうしたことから、「遺伝的影響は認められない」という主張を、国が長年押し通してきた歴史のなかで、被爆者の援護や核廃絶を求めて活動する人びとや当の被爆二世たちまでもが、この確固たる科学的な根拠に乏しい恣意的《しいてき》な主張をそのまま信じていないにしても、抗《あらが》うことへの無言の圧力を感じてきた。そのうち金縛りにあったように、次第にそのことに正面から触れることを避けるようになっていった。

遺伝的影響の有無についてはいうに及ばず、一九七〇年代のような被爆二世の健康状態や病状についての具体的なコメントも、今日《こんにち》においては、さらにいっそうタブー視されるようになってきた。それは、被爆二世たちから発せられるものであっても、同様である。

大半の被爆二世が、そのことを予め《あらかじ》察知し、また、自らに降りかかるかもしれない偏見と差別を恐れて、口を閉ざしている。それが、現実なのである。

そのことは、最近の核兵器廃絶や反戦平和運動、それらにつながる被爆体験の伝承に高い志をもって活動しているような被爆三世の言動からもうかがい知ることができる。

被爆三世の活躍が目立ってきたことは大変うれしいことであり、心からの敬意を表するものであるが、彼らの口から発せられている活動の動機の大半は、被爆者である祖母・祖父から語られた被爆体験やそれに類するものである。彼らからは、被爆二世である親についての言及は、ほぼ聞かれない。

少なくとも、このような核・被爆問題等についての強い関心・問題意識、志をもった被爆三世にとってさえ、被爆二世は、いわゆる一般的な「親」として存在していても、「被爆二世（問題）」としては、ほとんど認識されてこなかったのである。

もちろん、それは誰が悪いなどということではなく、あえていうならば、その原因と責任は、被爆二世問題を表面上封印（隠蔽）し、いわば被爆二世を核開発に「利用」するための「研究材料（モルモット）」としてデータを巧みにかすめ取ることのみに徹してきた、国の姿勢にあるというほかない。

被爆者はもちろん、被爆二世の余命さえ、次第に限られてきている現在、このままであっては、被爆二世が抱《かか》えてきた問題が、社会的に認知・共有されないまま、歴史の闇のなかに消え去ることとなりかねない。

私は、多くの被爆二世に、少なくとも次のような解決すべき問題や悩みがあると考えている。

① 被爆者の家族としての問題（親である被爆者の健康や介護などを含めた生活面での問題や不安）。

② 被爆二世自身の健康（病気）、諸症状、生活面での問題と、これについての不安。

③ 社会的な偏見と差別。子どものいる人は、子ども＝被爆三世の健康や結婚などにおける差別の問題と、これについての不安。子ども＝被爆三世が結婚している場合でも、孫（被爆四世）が無事に生まれるかという不安など。

3　なぜ、私はこの本を書くのか

そして、私は、このように核兵器がもたらす被害は、生き残った被爆者はもちろん、さらに子孫にも及んで苦しみを与え続けるものであることについて、その情報を国民的な認識として共有していくことが、この時代にはとても大切になってきていると考えている。

この本では、過去にさかのぼって、被爆二世の問題を考える上で象徴的なできごとや国や社会の動向などについて、被爆二世としての自分自身の生い立ちや体験、出会ってきた被爆二世の人びととのエピソード等にも触れながら、述べていく。できるだけ具体的な事例を語るなかで被爆二世をめぐる諸問題に焦点を当てて、日本国民全体で、そして全世界の人びとと共有すべき問題であることとして、考察していきたいと思っている。

そして、原水爆禁止運動（核兵器廃絶をめざす諸々の反核運動）、被爆者・被爆二世の運動、反原発運動など原発ゼロをめざす運動、再生可能エネルギーの推進や地球温暖化防止、環境保護をめざす運動、原発被災者・避難者支援の運動など、本来密接に関連した問題にかかわる運動が、それぞれの分野・領域を超えて相互補完・支援・共同した、現実を真に変えることができる大きな渦、潮流へと発展していくための具体的な提案を試みたいと考えている。

世界の子どもたちに明るく、輝かしい未来を残すために……！

※この本のなかで、示される私の生い立ちから成人して以降までの数々の体験や健康状態などは、当然ながら、あくまで一人の被爆二世としての個人のものである。それぞれの被爆二世には、それぞれの違った体験や健康状態があるだろうし、「一般化」はぜひ避けてほしい。ただし、私は、さまざまな被爆二世の人たちと若いころから出会ってきた。そのなかで、その人たちにおいて多少とも共通項のように感じられたことに力点を置きながら書き進めていくこともしたい。

したがって、もし被爆二世の方が本書を読まれた場合、すべて私と同様だというようなケースはまずあり得ないと思うが、通読した上で、健康状態、諸体験、感情・感覚レベルのことを含めて、思い当たるようなこと、符合するようなことが、何ひとつまったくないと思われるような方もほぼいないであろうと思っている。

そうしたことを頭の片隅に置きながら、読み進めていただければありがたい。

また、私は現在、神奈川県原爆被災者の会二世支部の副支部長を務めているが、本書のなかで述べている私の考え、意見、見解、主張、具体的な活動についてのコメントや紹介などは、その大半が、あくまで被爆二世としての私個人のものである。厚生労働省との交渉などに関連したほんの一部の記述以外については、神奈川県原爆被災者の会及び当二世支部の活動やその内容に直接には関係・関連しないものであることを確認しておきたい。

以上の二点について、予めご承知願いたい。

この本では、前半は私の生い立ちや半生、体験などについて述べながら、そのなかで遭遇《そうぐう》した社会的事象、事件などについて触れている。話の構成上、時間的に前後することも多々あるので、理解しやすくするための一助にと考え、国内外のできごとと私の自分史が対照となっている年表を付記している。

そのような目的による年表であるため、記述されているできごと、社会事象、事件等は、あくまで本文のなかで論じられていることやそれと関連の深いことがらが中心となっている。したがって、必ずしも一般的な「知名度」、「社会的重要度」などを基準に書かれてはいないことを了承願うものである。

第一章　私の半生から①　少年時代から大学卒業まで
――被爆二世を意識して

1　少年（小学生）のころ

私は、一九五四年（昭和二十九年）二月二十日、広島市で生まれた。父は、当時日本放送協会（ＮＨＫ）の広島中央放送局に勤務していたが、私の生まれて四か月後に、東京に転勤となり、首都圏に転居した。ＮＨＫの家族寮三か所に住んだ後、一九六一年、私が七歳（小学校二年生）のとき、神奈川県川崎市に居《きょ》を構《かま》え、現在、私はその場所に住んでいる。

父は、広島に原爆が投下された一九四五年八月、ＮＨＫ広島中央放送局（現在の広島市中区幟町《のぼりちょう》、福屋食品館ＦＲＥＤの場所にあり、被爆モニュメントが外壁に設置されている。現在の広島放送局は、広島市中区大手町にある）の放送部職員であった。父は、一九一五年（大正四年）十月二日生まれ、当時二十九歳だった。放送局での父の担当は、音楽・演芸関係だったが、日増しに激しくなってきていた空襲について報じるための警報放送に従事する時間の方がむしろ多くなっていた。

八月五日から六日にかけて、父は空襲警報放送の当番だった。宿直の仕事が終り、朝食の準備をしていたとき、放送局内二階で被爆した。広島中央放送局は、爆心から約１キロメートル地点（当時の上流川・

現在の幟町）にあった。

母からは、私が生まれたときの体重は二七〇〇グラムで、幼少のころは、よく原因不明の発熱で何度も死線をさまよった、と聞いている。

私には兄弟姉妹はいない。その理由について、（おそらく小〜中学生のときだったと思うが）母からは、「父が被爆者であり、もしかすると父があまり長生きできないかもしれず、母が若くして母子家庭になれば、二人以上の子育ては、経済的にも厳しいから」と聞かされたことを記憶している。

自分の健康のことではっきり覚えているのは、小学生のときからのことになるが、夏になると必ず体調をくずしていたことである。

小学生のとき、夏休みが終り、二学期になって登校すると、同級生たちは、楽しそうに夏休みのできごとについて話していた。「海や山に遊びに行った」「旅行に行った」「田舎に行っておじいちゃん、おばあちゃんに遊んでもらった」「プールへ行った」「花火をした」など、いろいろだった。一方、私の記憶にある夏の思い出といえば、暑さでいつも、体調をくずし、お腹をこわして下痢をし、ぐったりして、昼間は何もすることができず、ひたすら横になって休んでいたこと、ただそれだけである。

夏はとくに鬼門であったが、その他の季節も、私は物心ついたころから、常に何かしらの体の不調を感じていた。

日々感じるたとえようのない体のだるさ、脱力感と疲れやすさが我が身を襲っていた。そのことを、自分の精神力が弱く根気がないからだと自責して、自らを叱咤《しった》することも多かったが、自分ではどうにもならなかった。風邪をひくと必ずといってよいほどこじれて、急性気管支炎を併発し、高熱とひどい咳《せき》や痰《たん》を伴う症状にいつも悩まされた。

布施明さんのヒット曲の『シクラメンのかほり』（小椋佳／作詞・作曲、一九七五年、キングレコード）に「疲れを知らない子供のように」という歌詞がある。子どもは、〝元気に外で飛びまわっているものなんだろうなあ〟と思い、自分がそういうイメージとはほど遠かったことをしばしば思い出す。あの曲がヒットしたのは、成人した後であったが、聴くたびに「疲れを知らない」どころか、幼少期の体調不良のことが思い出された（とはいっても、私はこの曲は大好きで、カラオケで歌うことも多かった）。

川崎市多摩区内にある私の自宅付近は、今でも自然に恵まれ、緑に囲まれた場所である。

私は、小学校二年生のときからそこで育った。たくさんの鳥がさえずり、時としてタヌキが道を横切り、六月には、ホタルが乱舞している。子どものころは、今よりもはるかにさまざまな蝶が庭のまわりを飛び交い、トンボ、カブトムシやクワガタまでもが家のなかに入ってきたりした。家のなかや庭からも見えていた、きれいな色彩・模様の蝶や蛾を見て名前を知りたくなって、両親に頼んで昆虫図鑑を買ってもらった。体が弱く家に閉じこもりがちだった私は、その図鑑を食い入るようにながめて、たくさんの昆虫の名前を憶えていった。いわゆる昆虫オタクであった。そのことが記憶によみがえってきたのも、最近、フェイスブックでいろいろな人たちの投稿で、珍しい蝶の写真が貼られているのを見たとき、名前を知りたがっている方に名前をお教えして、感心されたことが何回かあったことで、そのときに思い出したことである。

私が、このように家に閉じこもりがちになったのには、胃腸をはじめとする体調不良などのほかに、もうひとつの大きな理由があった。

外で歩いたり、走ったりなどしていて、階段を踏み外《はず》したり、距離感の目測を誤り、つまずいて転んでケガをすることが多かった。後から振り返ると、その主な原因は、私が「交代性外斜視」だったことにあるようである（交代性外斜視とは、片方の目が視線の正しく目標とする方向を見ているとき、もう片方の目がそれより外側を向いている状態のこと。このため、両眼視差による立体視の獲得が困難になる傾向がある）。そして、ケガをすると、少々のかすり傷のようなものであっても、傷口がなかなか治らず化膿して、白い膿《う》みがたまり、炎症を起こすことが多く、そのたびに病院にかよっていた。

そんな生活だった私に、その後の人生を大きく左右するできごとの第一波が襲ってきた。

あれは、小学校四年生のときだった（地元の公立小学校にかよっていた）。担任の先生が、授業時間中に、何かのきっかけで次のような質問をされた。「みなさんのお父さんかお母さんが原爆を被爆されているという人は、いますか？」。

私は、何の抵抗もなく手を挙《あ》げた。そして、それに引き続いていくつかの質問をされたような記憶もあるが、それについて、またその前後の授業の内容もまったく覚えていない。覚えているのは、先生が四十歳代くらいの女性の方だったということくらいである。

そして、おそらく一週間くらい経ったころから、同級生たちの私に対する態度、言動が一変していった。「放射能がうつるから近寄るなよ（さわるなよ）！」「お前のガチャ目（斜視）は放射能のせいだよな！」「お前の手が小さくて指がゆがんでいるのも放射能のせいに違いない」『放射能って遺伝するんだってな！』「かわいそうに、大人になるまで生きられないらしいな！」（それ以上は思い出せない）。

実は、このようなことが自分の身に降りかかったことは、五十年以上にもわたって私の記憶から完全に消えていた。

この記憶が期せずしてよみがえったのは、二〇一六年十一月、福島県から原発事故に伴って神奈川県横浜市に自力避難していた、中学生男子生徒が、小学生時代に受けていたいじめにかんする手記についての新聞記事を読んだときだった。

その少年は、手記のなかで次のように述べている。


「三人からお金をもってこいと言われた。

すごい、いらいらとくやしさがあったけどていこうするとまたいじめがはじまるとおもってなにもできずにただこわくてしょうがなかった。

ばいしょう金あるだろと言われむかつくし、ていこうできなかったのもくやしい。

〇〇〇（加害児童生徒名）〇〇（加害児童生徒名）にはいつもけられたり、なぐられたりランドセルふりま（わ）される、かいだんではおされたりしていつもどこでおわるかわからなかったのでこわかった。

ばいきんあつかいされて、ほうしゃのうだとおもっていつもつらかった。福島の人はいじめられるとおもった。なにもていこうできなかった。

いままでいろんなはなしをしてきたけど（学校は）しんようしてくれなかった。

なんかいもせんせいに言（お）うとするとむしされてた。

いままでなんかいも死のうとおもった。でも、しんさいでいっぱい死んだからつらいけどぼくはいきるときめた」。

（表現は原文のまま、抜粋）
『東京新聞』二〇一六年十一月十六日朝刊
同紙・二〇一六年十二月二十四日夕刊でも掲載

この記事を読んだとき、突然、全身がガタガタと震え始めて、涙があふれだして止まらなかった。そうしたこれまで経験したことのないような心身の異変は、十分ほど続いた。いったい自分に何が起こったのか、自分でも皆目わからなかった。しかし、それが収まり落ち着いたとき、この少年の手記にある内容と、前述した自分の過去の失われていた記憶が酷似《こくじ》していたことで、私の頭の中に突如《とつじょ》として二重写しのようによみがえったことに気がついた。そのときに、心の奥底に閉じ込められていた小学校高学年時の記憶が、断片的ながらも次々とよみがえってきた。

私は、大変な差別を受けながら、「つらいけどぼくはいきるときめた」この少年の勇気に心からの感謝とエールを送りたい気持ちでいっぱいである。この少年の勇気が、私に、自分の記憶の底に閉じ込められていた、思い出したくない過去の体験と正面から向き合う勇気を与えてくれたからである。

今思うに、私への同級生たちからのいじめは、（彼らが、家庭などで私の父が被爆者であると話したことなどによって）彼らの親から吹き込まれた偏見と差別観念に起因していると思われる。

あのとき、いちばん心に堪《こた》えたいじめの言葉のひとつが「お前のガチャ目（斜視）は放射能のせいだよな！」。この言葉が、昼夜を問わず耳について離れなかった。そしてたまらず、母にそのことを話した。ただ、原爆（父の被爆）がらみのいじめや差別を受けていることには触れず、「ガチャ目、ロン・パリ！（左右の目がロンドンとパリとは、すなわち目が別方向を向いていることを意味している）とからかわれるのはつらい」と訴えた。

そして、右目の矯正手術を受けた後、東京都世田谷区に住んでいる祖母の家に住民票を移し、五年生になる時、世田谷区内の公立小学校に転校した。だが、そこで待ち受けていたのは、今度は担任の教師からの執拗《しつよう》ないじめだった。それは、おそらくその教師が、〝越境通学〟（住民票だけを置き、実際に学区域に居住していない者が通学する）を極度に嫌っていたためで、原爆等のことはおそらく関係していなかったと思われる。〝越境通学〟を否定する考え自体はある面では間違っていないとは思うが、その教師の振る舞いは尋常ではなかった。日々、今日はどこから来たのか（ちゃんとおばあちゃんの家から来たのか）？　と、同級生たちの前でも躊躇《ちゅうちょ》することなく詰問したり、事実確認のためと称して、ふいに祖母の家に訪問してくるようなことにまで及んでいた。

このことを知った母は、急きょ私を受け入れてくれる学校を探し出してくれ、一学期の半ばで私立小学校に転校した。

私は、NHK放送局で音楽関係の仕事をし、日々家でもヴァイオリンを演奏していた父の影響で、三歳のときからヴァイオリンを習っていた（東京都内のヴァイオリン教室に通っていた）。ちなみに私の名前「聖詩」は、私が生まれた日、父が所属していた広島放送交響楽団がハイドン作曲オラトリオ『天地創造』を演奏していたことに由来していると両親から伝えられている。

ヴァイオリンの上達のためには、できれば毎日二時間、少なくとも一時間の練習は必要と聞いていたが、病弱だった私にとって、学業との両立を含めて体力的な負担は相当なものだった。ただ半面、子どものころから音楽が好きだった私にとって精神的には憩《いこ》いの場でもあった。ところが、五年生になり、転校したころから、ヴァイオリンの練習をしていて、弦を押さえる方の手である左手中指と薬指に、痛みを感じるようになった。次第に、第二関節が腫れあがり、中指と薬指をそろえることができないくらいまでになっていった。指腱鞘《けんしょう》炎（関節炎）・通称ばね指（その指を曲げたり伸ばしたりする際に抵抗があり、ばね仕掛けのように動く症状で、曲げ伸ばしの際等に痛みを伴う）だった。とてもヴァイオリンを弾《ひ》ける状態ではなくなり、七年間習っていたヴァイオリンも、五年生の私立小学校への転校を機にやめることになってしまった。

私立小学校での一年半のことは、今でもほとんど記憶が空白状態である。正直なところ、わずかな断片的なこと以外は、まったく思い出すことができない。

2　中学・高校時代のころ

中学校は、諸事情や、両親の考え・判断から、再び世田谷区立の中学校に通《かよ》うこととなった。中学校に進学するころは、決して丈夫とはいえず、相変わらず胃腸が弱い体質ではあったものの、成長とともにスポーツができるくらいの健康状態にはなっていた。

そのころには、いつの間にか傷口が化膿しやすいようなこともなくなっており、ヴァイオリンで痛めた指腱鞘炎もすっかり治癒していた。部活も、剣道部に入部し、支障なく活動できていたように記憶している。

東京の都立高校に進学してからも剣道部に入部し、二年生の時には部長を務めた。健康状態や基礎体力も中学生のとき以上に向上していたように思う。とくに日ごろの剣道の練習で心肺機能が鍛えられ、校内のマラソン大会などでも、上位に入賞するくらいにまでなっていた。中学生のときは、内向的で、クラスでもおとなしく目立たない存在であったが、高校に進学してからは、一転して、クラス仲間や部活での人づきあいや交友も人が変わったように活発になった。今思えば、高校に進学するとき、自分の性格を変えようという決意や意欲も引き金にはなったが、何といっても体力の向上が気力や積極性の向上の大きな要因になっていたと思う。

今思い出しても、私にとって、人生のなかで最も楽しく充実した青春は、高校の一～二年生の二年間に凝縮されていた。

しかし、二年生の夏ごろ、順風満帆《じゅんぷうまんぱん》であったかのようだった高校生活のなかで、また体に故障が生じた。左手中指・薬指腱鞘炎の再発だった。剣道で、竹刀を握る際、一番大切になってくるのが、私のような右(手)利きの者にとっては左手の中指・薬指・小指であり、そこに常時負荷がかかったことから再発してしまったようだった。とても練習を続けることも、まして試合に出場することもできなくなった。部員たちの要望もあり、部長を退くことはなかったが、五年間続けてきた剣道をそのような形でできなくなったことについての精神的なダメージは大きかった。部長であったこともあり、できるだけ見学や後輩へのアドバイスのためにと、故障後も参加を心がけたものの、自分自身が練習できないことから、それもいつまでも続かず、参加の機会も徐々に減っていった。その後、今日に至るまで、私の左手中指・薬指腱鞘炎は慢性化し、重い物を持ったり、力仕事や握力を要する作業等をすると、再び腫脹《しゅちょう》する。また、パソコン作業などが長時間に及ぶと、たちまち腫脹や痛みが増《ま》してくる状態である。

三学期になると、受験の一年前ということで、二年生は、少なくとも部活の主力からは抜けていたが、私も、三学期から本格的に受験勉強にとりかかった。

経済的にあまり豊かな家庭ではなかった。父は、すでに定年(当時の定年は一般的に五十五歳)を過ぎていて、そういう意味でも家計の状況は厳しかった。それもあって、親の希望としては国立大学を受験させたかったようだが、理数系が苦手な私には到底それはむずかしく、私立大学一本に絞るしかなかった。

母は、子どもに遠慮などせず、はっきりものを言う人だった。母からは「浪人して予備校に通ったうえ、大学卒業までさせられる金などないから現役合格を前提に考えてほしい。入学金は用意するけど、学費全部は厳しい。だからアルバイトをしながらという覚悟でいてね」と言われていた。

私が通っていた高校は進学校とはいえ、四年制大学の現役合格率はとても低く、せいぜい五～七％程度であったように思う。だから、まわりの同級生と同じようなペースでやっていたのでは、現役での合格はむずかしかった。そこで、とにかく一年間の辛抱と思い、わき目もふらずに、受験勉強に集中した。平日は、帰宅してまもなく、四時～七時、夕食後、一休みして八時半～十一時半の六時間、日曜日は午前九時から始めて三時間ずつ、間に休憩をはさみながら計九時間と勉強時間を決めて、習慣化させた。

その成果はみるみる表れていった。

全国共通の模擬試験（正式な名称は不明）での順位も向上し、秋の結果では、このまま順調にいけば、志望校への合格も夢ではない希望が出てきた。

しかし、秋も深まってきて、これから受験準備の集大成へと向かおうというころ（確か十一月半ばころであったかと思う）に、またしても体を異変が襲った。

机に向かっていたとき、蛍光灯の光や本や白いノートからの光の反射がまぶしく感じたり、目がくらむような感じがするようになり、その症状が進むと目と眉間《みけん》に鋭利なものが突き刺さるような激痛を伴うようになった。そしてついには、眉間、鼻、ほおと口から後頭部へと針金でも通したかのようなたとえようもない鈍痛も走り出した。たまらず眼科医に行き診察を受けたところ、目を酷使したことによる眼精疲労と、これに伴う目の毛様体筋の痙攣《けいれん》（調節痙攣）だということだった。確かに遠くの灯りや看板の文字などを見てみると、まるでカメラのピントを合わせたり、はずしたりでもしているかのように自分の意思と関係なく前後に動いて見えた。（目の水晶体のピント調節を行なっている毛様体筋のはたらきを活発にし、ピント調節機能を回復させる効果があるといわれる）ビタミンB12（シアノコバラミン）が含まれている赤色の目薬と、たしか精神安定剤らしき内服薬を処方されるとともに、目に赤外線を照射する治療を受けたように思う。

ただ、その治療では、受験までの進行をくい止めるのが精一杯だった。

その症状が現れてからは、一気に勉強のペースは乱れていった。というよりも、眼痛、顔面痛、頭痛とその影響による胃痛、胃腸の不調で、もはや満足に受験勉強に集中して取り組める状態ではなかった。精神的にも追いつめられていき、机に向かっていても、参考書の文字が目に突き刺さってくる、目と顔中の痛みで何をしても頭に入らなくなり、どこかに逃げ出したい気持ちになっていった。

そのとき、もし、受験に失敗したら、大学進学はせず、病気を治療しながら専門学校に行こうと考えていた。母から言われていたことは別としても、浪人して受験勉強を続けられるような健康状態でなく、気力も残されてはいなかった。そればかりか神経症も発症しており、精神的にも大変危険な状態にあったと思う。

しかし、秋までの勉強の蓄積が奏功してか、何とか希望していた大学の併願二学科の合格が決まり、その時点でそれ以降に予定されていた試験の受験は取りやめた。

3　大学に進学して

私は、かくして上智大学文学部新聞学科に進学した。語学力を磨いて国際関係の仕事に就《つ》きたいと考えていたが、そのためにもまずは、ボロボロになった体と心を立て直さなければと考えて健康食品をいくつか試したりする一方で、東洋医学系を中心に慢性諸病の治療や施術を行なっている治療院、診療機関などをあれこれと訪ねた。

一般的な（いわゆる西洋医学の）病医院には、あまり積極的には行かなくなった。それには、少なくとも二つ理由があった。まず、私の心身を苦しめている幾多の症状についていくら説明しても、医師がこれといった治療法などを示してはくれず、私としては失望を深めるに過ぎなかったからである。

そして、このころの私は、西洋医学やこれに伴う薬剤の処方や市販の医薬品に極度の不信感と恐怖感を感じていた。

小学校の記憶が長年消えていて、福島の少年のいじめについての証言を機に、ほんの一部ながらよみがえったことを前述したが、受けていたいじめの記憶に付随するようにして最近思い出されたのが、私の胃腸症状のことと、そのために、おそらく小学校高学年前後から高校二年生の時まで多飲していた胃腸薬（下痢止めの錠剤の）内服薬のことであった。

物心ついたころから悩まされていた数々の体調不良のなかで、日常的であったもののひとつが、頻繁な腹痛を伴う下痢であった（この下痢は日常茶飯事《にちじょうさはんじ》である。お腹の弱い体質は成長しても変わることなく、今に至っている）。

学校の授業が終り、下校、帰宅途中に急に差し込むような腹痛と便意を催し、三十分前後の自宅までの帰り道に我慢しきれず、失禁してしまうこともしばしばあった（帰路には、公衆トイレや現在のコンビニエンスストアに類する店や公共施設もなかった）。

このため、小学校中高学年のころからだったかと思うが、下痢が日常的なことであるため、そのたびに通院というわけにもいかなかったので、いわゆる市販の当時著名な整腸剤を常備して頻繁に服用するようになっていた。黄色く苦い味の錠剤であった。私にとって、当時の常備薬の一つだった。

ところが、ある日、私を戦慄《せんりつ》させる報道に接することになった。

一九七〇年九月七日、中央薬事審議会が、「(スモン病）発症に対してキノホルムが何らかの要因になっている可能性を否定できない」として販売停止・使用見合わせを答申した。厚生省（当時）は、これにしたがい、キノホルム剤の製造販売及び使用停止を決定した。

私が飲んでいた整腸剤の主成分はキノホルムであり、当然、即刻販売停止となった。

スモン（SMON）病（亜急性視神経脊髄末梢神経炎）は、一般的に下痢や腹痛などの消化器症状が先行し、脊髄、視神経、末梢神経を侵し、下肢、下半身のしびれや冷え、脱力、歩行困難などの症状が現れる。視力障害が現れたり、合併症として白内障、高血圧症などが起きやすくなるとされている。しかも、一日の服用量が多いほど、また服用期間が長いほど、スモン病の発症率が高いとされる。

一九七一年以降、各地で、スモン病の薬害被害者が原告となって、キノホルム製剤を製造・輸入・販売した製薬会社と、その製造を承認した国を被告とした、危険防止責任を問う損害賠償訴訟が行われた。患者・被害者の訴えを裁判所は認め、諸判決などにおいて、薬事法制の欠陥が厳しく指摘された。それを受けて、スモン事件のような医薬品の副作用被害（薬害）の再発を防止するため、一九七九年には、承認基準の明確化、医薬品の製造、品質管理、副作用情報の収集などの点に関連した薬事法の大幅な改正が行われた。

私は、少なくとも、五年前後はキノホルム製剤を服用している（飲み始めた時期は、小学校中高学年というくらいの記憶しかないが、はっきりしているのは、販売停止の報道を知るまで飲み続けていたことである）。しかも、お腹の調子の悪いとき、下痢が長引くようなときには、一日三回、数日飲み続けるようなことは日常茶飯事だった。一九七〇年というと高校二年生のときであり、小中学校のころより体力や健康状態は改善されていたものの、下痢しやすい体質は相変わらずで、胃腸薬との縁は切れなかった。とっくにスモン病を発症していても不思議ではなかった。というよりもむしろ、発症しなかったことの方が極めて強運というほかないように思われる。しかし、この後、成人するころまでの数年間は、いつ自分の体や健康に何らかの新たな異常や症状が現れるのではないかという恐怖感や不安感を、被爆二世であることと併せて複合的に感じるようになった。

現に、大学入学後も、受験勉強中に発症した顔面痛はいっこうに軽快しないばかりか、疲労や睡眠不足、あるいは多湿の日などの痛みは尋常でなく、顔をしかめたくなるほどだった（この顔面痛は、今もなお完治していない。これについては改めて後述したい）。

この顔面痛が引き金となったかどうかはともかく、それまでに経験したことのなかったような新たな原因不明の症状に次々に見舞われた。突然めまいがしたり、目がかすんで焦点が合わなくなったり、朝起きてから一〜二時間、ティッシュペーパー半箱分もを要するほどひどい鼻水が止まらない症状（もしかしたら花粉症であったのかもしれないが、当時は、「花粉症」という言葉さえ知らなかったし、定かではない）にも悩まされた。時を同じくして、いくら手を洗っても数分立つと手が油でも塗ったようにべたべたになった。

これはほんの一例に過ぎない。

前述したように、西洋医学、東洋医学を問わず多種多様の療法、治療法に取り組んでいる病医院、治療院などを次々と訪れてみたものの、私の諸症状の前にはまったくの無力であった。そのようにして、どんどん原因不明でなす術《すべ》のない病状に襲われ、体力が低下していくなかで、自分はこのまま死んでしまうのか、もう先は長くないのではないか、という絶望感、無力感に襲われるようになっていった。大学に入学したものの、少なくとも、大学でまともな学園生活を送り、卒業して社会人になるという自信などは、到底もてなくなっていた。

大学一年の夏休みには、専門の断食道場に入所して二週間の断食をすることになった。実は、医学に見離された慢性諸病と闘病していた人が断食によって体質が改善され、病気が軽快したという話を何冊かの本で知り、断食を試してみたことがあった。それは、おそらく中学校のときであったような気がするが、はっきりと記憶できていない。そのときは、冬休みか何かであったことと、道場などでなく、本を参考にしながら自宅で行なったこともあり、七日間ほどに留めた（断食を始めて二日目以降から、断食終了後摂食し始めて少なくとも二～三日後くらいまでは、一般的に、体力面と食事管理の都合上、通勤、通学はむずかしい。断食中は、歩くのにも力が入らなくなる。また、断食終了後の食事管理、体調管理も大切で、急に食事の量を増やしたり、胃腸、消化器に負担の大きい飲食物を摂《と》るのは、マイナス、さらには危険でもあることから、安全かつ確実な効果を求めて行うためにはそれなりの日数が必要になる）。

そのときは、一時的にではあったが、しばらくは胃腸の調子が確実に改善した。

その経験から、今度は二週間、きちんとした断食道場での専門家の指導と管理の下《もと》で行なう決心をした。言い換えれば、いろいろな療法に、もはや何の期待ももてなくなり、そこに活路を見出すほかなく、わらにもすがる思いからであったのだと思う。

断食（期間）は、あくまで病気を治したり、体質を改善するきっかけであるという考えから、この機会に食生活、食習慣を改善するきっかけにしようと努めた。まず、それまで以上に、野菜や海藻類をできるだけ多めに摂るとともに、味つけがうすめの食物を食べたり、調味料を最小限しか使わないように心がけた。そして、この機会に試してみたのが、「消化吸収率を高めるために細胞壁を破砕処理してある」クロレラを補助食品として、空腹時に飲用することだった。クロレラを飲用しようと考えた理由は、クロレラの成分に、多種のビタミン、ミネラル類などの豊富な栄養と生体内で酸素が関与する有害な作用を抑制する働き（抗酸化作用）や免疫力が上がるともいわれるクロロフィル（葉緑素）が含まれていることに効用を期待してのことだった。

それまでも、諸々の療法や飲料を試してきてはいたが、一～二か月以上経過して何の変化も自覚できないようなものは、やめることにしていた。ところが、断食約一か月後以降、クロレラを飲用して一～二か月を経過したころから、明らかな体調の改善を身体で感じた。魔法のように何もかもがよくなるというわけにはいかなかったが、受験期以降に生じてきた諸症状のうち顔面痛以外のほとんどが軽快していった。

また、その年の春先には、一立方ミリメートル中二七〇〇個しかなかった白血球数が、冬前の検査時には四四〇〇個にまで増えていた（医療機関等によって白血球数の正常範囲とされる基準値は諸説まちまちではあるものの、ほぼその範囲は約三二〇〇個前後から九〇〇〇個前後くらいに収まっている）。

※私は、それ以降、今に至るまでずっとその時からの同じ会社のクロレラ製品を四十年以上にわたって愛飲してきており、そのことが、様々な体調不良や症状に悩まされながらも、何とか社会人としての職責などもまっとうしながら今日を迎えられている数々の理由のひとつでもあると感謝している。何度か一定期間の増減なども試し、効果が偶然や気のせいではなかったかなどと確認を試みたこともあったが、やはり私にとっては、健康維持のために欠かせない補助食品のひとつと確信するに至っている。

ただし、クロレラに限らずこのような補助食品などは、決して万能な効果があると思ってもいないし、私にとって効果を感じられても他の人に同様な効果があるともいえないものとも考えている。人それぞれの体質や特徴、健康状態や症状などによる相性もあるようにも思う。また、クロレラと一口にいっても、製造企業によって成分や品質にも違いや差もあるようでもある。とくに、クロレラは、細胞壁が破砕されているといないでは、消化吸収率に大きな差があるようなので、その点も大切なポイントのようだ。

この後も、私が経験する数々の体調不良に際して愛用することになった補助食品や療法、健康法などに多少とも触れることになるが、それは、あくまでも私個人にとっての効果を確信できたことなどを参考までに披露するもので、決して、あたかも誰にでも効果的であるかのように推奨するものではないことを、念のため、つけ加えておきたい。

年が明けるころには、だいぶ体調も改善されてきて、ようやく精神的にも落ち着いてきてはいた。ただ、顔面痛は相変わらずであったため、今度はその対策を考えた。顔面痛が進行し、眼鏡《めがね》をかけている時の顔面、眉間、鼻、耳への重みや圧力や痛みも感じるようになっていたことなどから、コンタクトレンズ着用に切り替えての痛みの軽減を期待した。しかし、私は角膜が弱いためか、コンタクトレンズは、ハードレンズだけでなくソフトレンズでさえ、強い異物感や充血を伴う痛みを感じるため、着用は無理な状況だった。

従来どおり、眼鏡を使用するしかなく、当時あるなかではできるだけ軽量の眼鏡を眼鏡店で選んで着用していくことにした。

その後、一時期より幾分か痛みが和らいだことと、この痛みに慣れたことで、この顔面痛という原因不明とされる厄介な持病を抱えながら、生きていくこととなった。

二年生の新学期を迎えるころは、心身ともにだいぶ落ち着き、大学生活にも慣れ、学業も軌道に乗る一方、国際交流活動にも従事する語学系サークルの活動にも中心メンバーとして積極的に参加するようになっていた。

母との約束どおり、学費を調達するためにアルバイトもしていた。ふだんは、あまり多くの時間を割かれないように週一回程度の家庭教師にとどめ、それで足りない分は、夏休みや冬休みに、当時では短期間に高収入を得られる自動車工場の昼夜勤交替の仕事の収入で補った。

4　留学生活〜差別問題への気づき

そんなふうにして学業、サークル活動、アルバイトなど大学生活も落ち着き、秋から冬に向かおうとしていたころ、突然、思いがけない話が舞い込んできた。

その話は、伯父（父の姉の夫）から父への申し出だった。「娘（従姉《いとこ》）をアメリカに留学させることになった。この機会に（自分が旅費、学費等を寄付するから）聖詩君も留学させてやったらどうか？（本人たちの勉学環境のためにも、留学先はそれぞれ別の場所で）」という話である。伯父は、大阪で中小企業を経営しており、芦屋に邸宅を構える資産家だった。父とは気が合い、比較的親交も深かったらしい。

当時（一九七四年）は、米ドルが変動相場制になってまもないころで、一ドル＝三〇〇円強であることなど、一般的サラリーマン家庭にとって、子どもをアメリカに私費で留学させるなどということは、決して容易ではなかった。まして私の家庭的事情では、前述のとおり学費を自分のアルバイト代で捻出しなければならないほどだったから、夢のまた夢の話だった。しかも、国際的な上智大学といえども、一部の姉妹校以外は、留学先で取得した単位も振り替えてはもらえず、その間は休学となるが、休学中も学費は減額されても、無料にはならないから、経済的な負担は並大抵なことではない。それを援助してくれるというのだから、まさに千載一遇《せんざいいちぐう》のチャンスというほかなかった。

両親と話し合った結果、ありがたく伯父の厚意に甘え、アメリカに留学させてもらうことになった。

アメリカでは、学年度の始まりは九月だが、渡米するのは三月だった。このため、まずは、ワシントンD.C.のジョージタウン大学で、ちょうど三月に開講される留学生対象の英語トレーニングコースを受講した上で、ワシントンD.C.内の大学に入学し、一学年の前期のみでも単位をできる範囲で取得し、翌年の三月ごろ帰国して上智大学三年生に復学するという計画を立てて出発した（従姉は、サンフランシスコへの留学だった）。

留学中は、アメリカ人の友だちも数人でき、色々な意見・情報交換ができた。ワシントンD.C.は、アメリカの首都、国際都市であり、ビジネスパーソンや留学生など外国人が多く居住している都市である。他国の人たちと出会い、世界観やものの考え方、文化の多様性などについて気づきを与えられたことが、私にとって単なる学業としてのアメリカ留学という枠を超えた深い意義があった。この一年の経験が、日本に帰国してからのその後の人生における考え方、感じ方、価値観などに少なからぬ影響を与えることになったと思う。

ワシントンD.C.に到着すると、まずは、ジョージタウン大学のアメリカ人学生と留学生が居住する寮に住んだ。寮といっても、日本で一般的にいう寮（アパート）というイメージのものではなく、ちょっとしたホテルのような感じで受付もある。

その寮は、二人一部屋であり、クウェートからの留学生がルームメイトだった。彼も、英語トレーニングコースの受講生だったが、違うクラスに振り分けられていた。彼は、中級コースだったが、私は上級コースで、そのクラスのクウェート人と大変親しくなった。クラスメイトの彼も同じ寮の違う階に住んでいたが、頻繁《ひんぱん》に彼の部屋での会食に招いてくれ、他のクウェート人たちともいろいろな話をした。ただ、ここで出てきた問題は、そのクラスメイトやその仲間たち（クウェート人）と私のルームメイト（クウェート人）があまり良好な人間関係にないことと、上級コースは、中級コースに比べて宿題が多く、予習・復習もしていかないと授業についていけなくなることから、就寝時間も遅くなりがちなことだった。ルームメイトは早寝の傾向でもあり、転居が望ましいと考えた。

クウェート人たちと接していて感じたことのひとつは、中東と称せられているように、世界観、人間観は、欧米よりもアジアに近いような印象だった。端的ないい方をするなら、欧米に比べると個人だけでなく、種や集団についての意識も意外に強いと思えることだった。

また、日本（人）に対しては、当時、経済的発展、高い科学技術などについて尊敬の念をもっている半面、軍事的な面など、海外進出について脅威《きょうい》を感じている節も言葉の端々に感じられた。

私は、渡米に際して、東京を中心に活動していた「原爆体験を伝える会」の海外向け英文・原爆体験記『ギブ・ミー・ウォーター　水ヲ下サイ―広島と長崎の証言』（一九七二年、Ａ５判、六〇ページ）を一〇〇冊持参し、親しくなった友だちを中心に手渡していた。

このクウェート人のクラスメイトがこの本を読んでの感想は、当時の私にとっては意外にも冷めたものに感じ、今でもはっきり記憶に残っている。

彼は次のように言った。

「確かに、この本を読むと原爆がいかに恐ろしいものか伝わってはくるが、核兵器がいかに強力な兵器かということは、私もほぼ推測できているつもりだ。今では日本に落とされた原爆よりはるかに威力のある水爆を含めた核兵器が、アメリカ、ソ連（当時）を中心に世界に散らばっている。だから、この本のように、原爆の悲惨さを訴えるだけでは無力だと思うけど。この本には、結局、われわれがどうしたらよいのか何も書いてないよね⁉　それに、そういう日本こそ、近々核兵器を持つんじゃないかな⁉　そう思わない？　だからアラブ諸国も自分達を守るためには、やはり核兵器を持つしかないのかもしれないと思うね！」。

このコメントにはショックを受けたが、当時の私は、「日本人は、広島・長崎の経験で被爆者を中心に今後核兵器が使われないようにと一生懸命運動している。もし、国が持とうとするようなことがあるとしても、国民が絶対にそんなことは許さない、させないことを約束するよ！」と答えるのが精一杯だった。ちなみに彼は、マルクス主義者を自称しており、哲学専攻だった。将来、国の要人か大学の教授クラスの地位に就くような、いわゆるエリートであるように思われた。

一方、私が親しくなったアメリカ人の友だちは、むしろ、私の原爆についての話に強い関心や理解を示す傾向にあった。もちろんたまたまということもあるかもしれないし、「類は友を呼ぶ」という言葉のとおり、多少とも考え方の近い者どうしだから親しくなったということもいえるかとも思うが。

なかでも、もっとも傾聴し、深く共鳴してくれたのは、一歳年上のアラバマ出身の女性・ジャッキーだった。彼女もジョージタウン大学の学生で、同じ寮に住んでいた。大学のパーティーで、いろいろな話をしていたら、同じ寮であることがわかった。

今はともかく、当時のアメリカでは、南部に、より保守的で、人種差別も顕著な傾向があるようだった。

彼女は、白人として、そのことについて強い憤《いきどお》りと罪悪感を抱えている人だった。

ジャッキーには、『ギブ・ミー・ウォーター』は当然渡し、父から聞いていた被爆体験を含めて、原爆の被害の実情についてできるだけ詳しく話したほか、「ABCC」（当時の「原爆傷害調査委員会」）の実態などを例に挙げ、原爆投下の目的のひとつが、いわば「人体実験」であったと考えられることも話した（ABCC、後の放射線影響研究所の問題等の詳細については後述することとする）。

また、当時も苦しんでいた体の不調や諸症状について具体的に話し、それが放射線の遺伝的影響によるものかもしれないと推測していることなどにも言及した。彼女は、「アメリカは原爆を投下するべきではなかったし、今後絶対使うようなことがあってはならない。核実験もやめて核兵器は即刻廃絶すべきだ」と熱く語っていた。

ジャッキーからは、アメリカの人種差別の歴史（とくに南部における実態）がしばしば語られた。

ワシントンD.C.の当時の人口は、六五％が黒人であったが、その主な理由が、行政上の差別が一番少ない都市であるからだと複数の筋から聞いた。それでも、外国人である私から見て、明らかに慣習的なものを含めて根強い差別が存在しているのを感じた。

街なかを走る路線バスに乗っていると、前方の半分くらいまでの位置に白人が乗り、後方に黒人が乗っていた。ドラッグストア（現在の日本のスーパー、またはコンビニエンスストアなどに相当する店）には、ハンバーガーやサンドイッチなど軽食を食べられるカウンターがあったが、そこで調理やサービスを担当しているのは、どこの店でも必ず黒人女性だった。

例を二つ挙げるにとどめるが、こうしたことは枚挙にいとまがない。

前述のクウェート人のクラスメイトは、秋にインディアナ州の大学に入学し、転居した。彼に招かれ、インディアナ州のブルーミントンという町を訪ねたときのことで今でも忘れられないことがある。

彼は、そこで黒人女性と交際していた。私も彼女に会い、三人で話していたなかで、どういう話の脈絡からか彼女が「黒人は、（肌の色が）黒いから差別されるんだ！」と言い出した。

彼は、当然ながら、それを真っ向から否定した。「それは違う！」と理論立てて冷静に諭《さと》すように話していたのが今でも鮮やかに記憶によみがえる。それだけ私にとって衝撃的に聞こえた一言だったからだと思う。（肌の色が黒いことが、あたかも普遍的に負であること、マイナスの価値であるかのように刷り込まれた）差別観念というものは、時として、差別する側の人にばかりか、それに劣らず差別されている側の人（被差別者）の心の奥底にまで深く入り込んで支配してしまう恐ろしいものであることを痛感した瞬間だった。

5　留学生活～インターナショナル・スチューデントハウス、そしてヨーロッパ旅行

インターナショナル・スチューデントハウスへ

私は、五月ごろ、インターナショナル・スチューデントハウスという寮に転居した。そこは、アメリカ人学生と外国人留学生の交流と親善を主な目的としたキリスト教系の組織だった。

そこもやはり相部屋だった。しかも最大三人までの部屋だったと思う。最初のルームメイトは、スリランカからの留学生とアメリカ人の学生だった。二人ともとても友好的で親切な人たちだった。

この寮は、長期間滞在する人ばかりでなく、いろいろな事情で短期間のみ滞在の人も多かったようだ。スリランカ人は私が入寮してから二週間程度でいなくなり、アメリカ人と二人になった。

ここで少し困った問題があった。そのアメリカ人は、とてもよい人なのだが、彼の英語が何とも聴き取りづらく難解だった。彼の英語は黒人特有の発音やアクセントで、一生懸命意識を集中させて聴き取ろうと努めても、三分の一程度しか理解できない。聞き返すこともしばしばであったが、さすがに二回以上聞き返すことはできず、コミュニケーションに難を感じた。

実は、渡米時点で私の英語力には偏りがあった。会話力、読解力については、サークル活動などを通じても、日々英語を話したり読んだりしており、かなり複雑なレベルの内容について自分の考えや意思を人に伝えたり、多少抽象度と難易度の高い英文書籍を読解したりできる域に達していた。ところが、英語を母国語とする人どうしが日常生活で自然に話すスピードの会話を充分に理解できる聴解力（リスニング・コンプリヘンション）が備わっていなかった。渡米前の話し相手は、英語を外国語とする人や、母国語とする人（ネイティブスピーカー）でも、日本人向けに少しゆっくり目に、はっきりわかりやすく話してくれる人が多かったので、それほど大きな弱点と思わなかったのだろう。

少なくとも、当時の日本人には、私ばかりでなく、そのような傾向があったとは思う。私と同じ英語トレーニング上級コースのクラスにもう一人日本人がいたが、彼も同様の傾向と悩みを抱えていた。二人そろって先生から呼び出され、「君たちの聴解力は著しく低い。現状のままなら、無理しないで中級コースに編入したらどうか？　もし上級で続けていきたいなら、できる限り、ラジオやテレビのニュースや番組の視聴の機会を増やすなども含めて聴解力を徹底的に鍛えてほしい」とアドバイスされたこともあった。

前述のとおり、ワシントンD.C.には公的な場所でも黒人が多く、バスの運転手、買い物する時の店員などとのやり取りにも苦労することがしばしばだった。白人の英語も黒人の英語もほぼ理解できるようになったのは七月ごろのことだったように思う。

アメリカ人の彼も、一か月後くらいには予定されていた地方へと旅立って行った。とても親切で思いやりのある人だった。私の英語力（聴解力）がその時点でもっと高ければ、もっと深いやり取りができただろうにと悔やまれた。

彼は、旅立つとき、「コミュニケーションには、少しお互い苦労したかもしれないけど、その分とても楽しかったね！」とアメリカ人特有の底抜けに明るいユーモア（ジョーク）であいさつと握手をしてくれた。

入れ替わりに同室に入寮してきたのは、在日韓国人の短期留学生（高校生）だった。私が入寮した時点で、彼のお姉さんが以前からこの寮にいて、ご本人といろいろな話をしていたのだが、彼女が在日韓国人であることは話題にもならず、知らなかった。

彼はバイリンガルで英語力も高かったが、寮のなかではだいたい日本語で話していた。日本の社会で在日韓国人として生きていくためには様々な差別があり、その意味でも大学は、アメリカの大学に入学・卒業し、アメリカで就職する方向で考えていると語っていた。それまで日本で育っていながら、在日韓国人と直接話したこともなく、彼と話していて、自分の無知を気づかされることが多かった。

彼の滞在期間は、一か月程度で、まもなく日本に帰国するという日が迫《せま》っていたときのことだった。

スティーブとの出会い

寮の近くの公園を散歩していると、英語で「日本人ですか？」と尋ねられた。「そうです」と答えるとたちまち流暢《りゅうちょう》な日本語で話しかけてきた。彼（スティーブ）は言語学を専攻しているアメリカ人の勤労学生だった。スティーブは、自国語である英語を含めて九か国語が話せた。自分のルーツがドイツであることからドイツ語をはじめとする西欧の言語数か国語のほか、アラビア語、ペルシャ語、タイ語、中国語、日本語などを操《あやつ》ることができた。彼は、勉強してきたなかで、日本語が一番むずかしいと語っていた。むずかしいのは、発音などではなく、敬語や、（欧米人と日本人の）文化的な違い、発想の違いに反映された言葉や表現方法の違い、ギャップによるものだと言っていた。英語を勉強していた私も同じことを英語に対して感じていた。日本の文化や日本人の考え方、世界観、人間観を理解しない限り日本語をマスターすることはできないと悟ったそうだ。逆に、日本人が英語に長じるにも、欧米の文化や世界感、発想のしかたを含めて学ぼうとする姿勢が大切であることを痛感していた。

スティーブから、彼が住んでいるアパートにちょうど一室空きがあるから引っ越してこないかと誘われた。それは願ったり叶《かな》ったりの話だった。

まず、インターナショナル・スチューデントハウスのような場所は、いろいろな人と出会えるとはいえ、相部屋続きに、人も入れ替わり立ち代わりでは、ただでさえ気苦労、気疲れの続く留学生活のなかで結構なストレスになっていた。また、寮費も意外に高額だった。スティーブの住むアパートは、中国人が大家さんで格安だった。しかも、個室だからプライバシーが確保できるのも何よりだった。留学の費用を伯父が援助してくれたといっても、先払いの一定額であり、追加はない。もし足りなくなれば、親に出してもらうしかないが、それは何としても避けたかった。一方、友だちから聞いた情報で、ワシントンD.C.からヨーロッパは近く、格安航空券があるほか、ユーレイルパス（ヨーロッパ鉄道均一周遊券）といって、定額（安価）で一か月以内等一定期間内、ヨーロッパ内の鉄道に乗り放題の周遊券があることを聞いていた。

当時、日本からのヨーロッパ旅行はとても高額であり、この機会を逃すのはもったいないとアメリカ在住の日本人や日本人・長期留学生からアドバイスされていた。英語のトレーニングコースも六月いっぱいで終り、七～八月は、これといった行事予定などもなかった。見聞を広める意味でも新学期に向けたリフレッシュという意味でも最適と思われた。ただ、このヨーロッパ旅行に出かけるとなると、いかに安価の旅行とはいえ、それなりの出費にはなり、アメリカでの住居費はできるだけ安く抑えたかった。

かくして話は即決した。中国人の大家さんもおおらかな方だった。スティーブとは、お互いに勉強したいという強い思いから、無意識のうちに彼が日本語を話し、それに私は英語で応答するというような、いささか異様な会話のやり取りは日常茶飯事だった。もちろん、日本語で話すことも結構あった。そうしたなかで、スティーブに日本語を直されるようなことが二～三度あった。それは、彼の語学力に非凡なものがあったからでもあるが、もうひとつ理由があったと思う。それは、私のように、アメリカに滞在して数か月、大半の時間を英語で話したり聞いたりする生活をし、英語を習熟することに集中している時期は、まだ、いわゆる完成したバイリンガルの人のように安定した二か国語のスイッチの切り替えができる域に達しておらず、多分に日本語が、英語を直訳したようになってしまう傾向があった。はっきり覚えているのが、「完璧」と言うのが適切な表現である文脈のなかで「完全」と言ったところで、彼が、「してやったり！」という顔の笑みを浮かべながら「『完璧』じゃないの？」とチェックを入れた。彼の言うとおりだった。それは、日本語を話していても「perfect」という単語が先に頭に浮かび、それをとっさに日本語訳したために起こった語法だったと思う。

そこで、彼は、アメリカ人ならではのパンチの効いたジョークを笑いながら英語で言った。「日本語は、このように、ネイティブスピーカーにさえ完璧に話すことがむずかしい（不可能な）言語だ！　まして俺のような外国人にまともに話せるわけなどないよな！（笑）」と。

ジョージワシントン大学の受験

ジョージタウン大学での英語トレーニングコースを無事修了した後、すぐにＴＯＥＦＬ（国際基準の英語能力測定試験）を受験した。外国人がアメリカの大学に入学願書を提出するに際しては、この結果の証明書と日本の大学の成績証明書が必要だった。ただ、アメリカの大学は、日本の大学のように入学はそれほどむずかしくはなく（卒業するまでは厳しい）、実質上、外国人にとっては、このＴＯＥＦＬの結果がほとんどすべてのようなものだった。

入学願書の提出先は、ジョージワシントン大学だった。

私にアメリカ留学の機会が与えられたときに、やりたいと思ったことのひとつが、文化人類学の勉強だった。

文化人類学は、欧米の人類学者などが、外国などを訪れて異文化を比較・観察のうえ、その様相について具体的に考察・研究するところから始まった学問であった。だが、外国や異文化を観察するのと同じような視点で、自分たちの文化を見つめ直すことにつながっていく。そうすることで、今まで当たり前だと、無意識にしていた日常的な行動や慣習、行動規範などが、実は決して当たり前なものではないことに、気づくようになっていった。

このように、文化、慣習、行動規範などをいわば客観的に観察する視点をもつことは、島国に住む私たち日本人には、大切な意義があると考えていた。また、とくにアメリカの先住民族の文化などについては、ぜひとも文化人類学の本場であるアメリカの大学で学んでみたいと願っていた。

ジョージワシントン大学には、人文科学部に文化人類学専攻が開設されていた。ジャッキーをはじめ、アメリカ人の友だちに私の希望を伝えたうえで、意見を聞いてみたが、みなジョージワシントン大学を勧めてくれたので、この大学に願書を出そうと決めた。

ヨーロッパ旅行

願書を提出した数日後、ヨーロッパ旅行に出かけた。アイスランド航空でロンドンに飛び、ドーバーからフランスに渡り、あとはユーレイルパスでの移動だった。帰る日の期限とルクセンブルグからの飛行機であることが決まっているだけで、あとは気の向くままの旅行だった。駅に着くと、まず観光案内所で宿泊先を確保してからの観光だった。経費節約のため、泊まるのは、だいたいユースホステルか安価のペンションだった。旅道中に出会う日本人旅行者、アメリカ人旅行者からの情報なども参考にしながら、その日暮らしで旅を続けていった。

大変な思いをしたのが、フランスだった。フランス人は、母国語に対するプライドが高く、フランスでは〝外国人に対してもフランス語でしか話さない〟といううわさを、日本にいる時も聞いたことが何度かあったが、あながち誇張ではないと思った。それも、街中などではなく、国際線の列車が出入りする、パリのターミナル駅においてでさえ、である。こちらが英語で話しかけて質問をしても、徹頭徹尾《てっとうてつび》フランス語でしか返答してもらえなかった。相手の雰囲気を見ていると、こちらの言っていること（英語）は、明らかにわかっている様子だった。旅行中出会ったアメリカ人（若者）にその話をすると、「ああ、そうだね！　フランス人は、アンチアメリカンだからね！」と、苦笑いしていたのが思い出される。

ただ、当時でも、何かにつけて安易かつ必要以上に、英語を日本語に交《まじ》えながら話す日本の風潮が頭に浮かんでいたので、少しは、日本人もフランス人の母国語に対する愛着精神を見習ってもよいようにも感じていた。

旅も三週間を過ぎたところで、西ヨーロッパの主な国をだいたい訪れたこと、疲れもたまってきて、出費のことや大学入学申込結果のことも気になってきたので、帰りの飛行機を予約し、旅行は二十六日間で、アメリカへの帰国の途についた。

そのときのことで、今でも印象に強く残っているのが、アメリカへの帰国時の、ワシントンD.C.の空港での入国審査の時における係官とのやり取りである。

「これからアメリカで何をするのか?」と聞かれ、「入学願書を提出したが、その結果待ちである」ことを告げると、「入学が認められなかったらどうするのか?」と問いただされる。

「そうなったら、またジョージタウン大学の英語トレーニングコースを受講する」と答えたが、それに対して、さらに細かい質問が続いた。その後のやり取りの詳細は忘れたが、結論として言われたことは、アメリカに今後も滞在するためには、早急に所定の手続きをするか、さもなければ、直ちに出国するように、という話だった。

万が一、大学入学が叶わなかったとしても、何がしかの学校に通えばよいのだろうが、自分としては、正直なところ、TOEFLの結果がよかったこともあり、そこまで深くは考えていなかったのが本音だった。英語のトレーニングコースをまた受講すると、とっさに受け答えしたものの、私はすでに上級コースを修了したわけだから、よく考えてみたら、それは現実的な話ではなかった。

そもそもが、それ以前の問題として、海外旅行といっても、日本から直接に出国したのではなく、アメリカからの出国だった。したがって、その後の滞在についての手続きがまだ済んでいないため、アメリカに再入国できる権利がその時点では確保できていなかったということなのである。後で考えてみれば、係官の言っていることはもっともなことなのだが、そのときは、まったく予期していなかった問答にあわてて、係官の言い方が、ことのほか杓子定規《しゃくしじょうぎ》で非情な響きに聞こえてしまった。おかげで、ヨーロッパ旅情も一気に吹っ飛び、アメリカでの留学生活の現実に引き戻された。

6　留学生活〜ジョージワシントン大学での学生生活

ジョージワシントン大学からは、無事に合格通知が届き、九月から新学期が始まった。

受講した科目は、七〜八科目程度であったと思う。記憶しているのは、「社会学入門」、「文化人類学入門」、「言語学」、「考古学」、このほか具体的な科目の名称は忘れたが、ナバホ族などアメリカ先住民の部族などの言語や文化についての演習科目だった。

アメリカの大学は、九月から学年度の前期が始まり、学期末試験は、はっきり記憶していないが、一月末からせいぜい二月上旬には行われたのではないかと思う。なぜなら、遅くても二月中旬には、大学が休みに入り、ニューヨーク、ボストン、ナイアガラに旅行して、ワシントンD.C.に戻り、その後、おもむろに荷物をまとめたり帰り支度《じたく》、あいさつまわりをして、サンフランシスコに寄るなどして三月上旬には帰国しているからである。

だから、正味でいうと、大学で過ごした月日は五か月程度だったはずだが、多くのことを学んだ。秋以降は、大学では、アメリカ人の友だちと話したり食事に行ったり、アパートに帰ってからスティーブと話したり、休日に映画を観に行ったり、博物館を訪れたりなどした。ただ、それ以外の時間の大半は、大学の図書館でテキストや参考書を読んだり、調べものをすることに費やしていた。そのように、予習や復習に身をいれて臨まないと、授業を理解し、ついていくことなどできなかった。

留学の目的の一義は、語学力の上達や、視野を広げることなど、いわば無形の財産であったとはいえ、たとえ何科目かでも単位を取得してそれを心の糧《かて》や励みにしたい気持ちはあった。また、そういう気持ちで臨まず、聴講だけで済ますつもりでいたら、気分もだらけ、集中力も散漫になり、身に着くものも少なくなるのが必定に思えていた。

受講した科目のすべての試験を受験できるところまではいかなかったが、そのうちの五科目の試験を受けて、すべて単位を取得することができた（A：一科目、B：二科目C：二科目）。

実は、大学の授業を受けるうえで、もっとも語学的なハンディキャップが影響するのが、社会学や文化人類学だと、英語のトレーニングコースの先生などからも注意喚起をされていた。とくに、文化人類学は特異で難解な専門用語が多く、しっかりとした聴解力も必要なうえに、記述力も要求される。

「常識的に考えて、日本で英語を勉強していても、アメリカに来て数か月で、アメリカの学生と同じ持ち時間で文化人類学の試験の答案を仕上げるのは、記述力の面だけからみても厳しいものがあるから、事情を話して特例の『追加時間（extra time）』をもらうよう申告するとよい、そのようなことは結構認められているから」、とアメリカに長く住んでいる日本人の誰だったからかよく覚えていないが、こうした事情に詳しい人からアドバイスされていたので、それぞれの科目の教授や講師の方々にお願いしてみたところ、どなたも快諾してくださった。

ジョージワシントン大学の学生生活で学んだことのなかで、印象に残っていることのなかの二つについて、あえて記述しておきたい。

ひとつは、社会学の授業のなかでのことである。

社会的差別の説明のなかで、日本の部落差別のことが紹介された。教科書にもそれが掲載されていたのであるが、ほんの数行のかんたんな説明であった。それでも、それは私にとって驚きだった。それまで、日本の社会において部落差別が深刻な問題として存在していることにまったく無知だったからである。私が育つ過程においても、部落問題（の現状など）についての話を聞いた記憶がまったくなかった。後にしてみれば、もしかしたら、小学校でも同和教育や、それに関連した映画などを観たことがあったのかもしれない。

いずれにしても、小学校時代のことは、前述したとおりで、記憶がほとんどすっぽり抜け落ちていて思い出すことができない。

私は、その日の夜アパートに帰ってからも何となく部落差別のことが気になり、差別問題にまつわる留学中に見聞したいろいろなできごとなどを回想するうちに、ジョージタウン大学の寮に住んでいたときのジャッキーの話を思い出した。彼女は、留学生など外国人とアメリカ人が交流するパーティーや会合などの親善の場に積極的に参加していたらしく、そうした場で出会った日本人についての話も聞いた。彼女は、ある大都市出身の日本人男性の話をしていた。「彼が在住している地域は、歴史的に深刻な社会問題を抱えている場所で、彼自身、その問題に当事者として取り組んでいる」というような意味のことを私に語っていた。

奇しくもその話は、私が、原爆や被爆二世の問題についての話をしている流れのなかで、何かのタイミングで彼女が語ったことだった。そのときは何のことだかよくわからなかった。彼女の英語は、アラバマ特有の南部アクセントがあっても、いつもゆっくりわかりやすく話してくれるので理解しやすかったが、それでもまだそのころは聴解力が弱く、言葉を拾うのにいっぱいいっぱいで、わからなくても、それを解明しようと深く考えられていなかった。この記憶がよみがえったとき、「ああ、あれは、被差別部落と部落差別の話だったに違いない。そして彼は、被差別部落の出身で、きっとそのことに取り組んでいる方なのかもしれない」と思った。そして、部落問題については、日本に帰ったらしっかり学んで、なんとしても事実・現状を知らなければ、と考えた。それは、無知であった自分に対する反省もあったが、そういう理性的なものより、理屈抜きの直感のようなものが、私を包み込んだようであった。

もうひとつ印象に残っていることは、ナバホ族についての話を講師（教授等ではなく、もしかしたら大学卒業後まもない、研究生かもしれない若い方）の方から聞いた話である。その話は授業中ではなく、他のアメリカ人も交えて食事をしながらのことだった。彼といろいろな話をするようになったきっかけは、実に、学期末試験のときに、答案を書くための「追加時間」がほしいとお願いしたことだった。それを機に話をするようになった。日本のことにも関心のある方で、さまざまな質問をされた。彼は、とくにナバホ族に詳しかった。

「ナバホ族の人びとの多くが、古くから、放射能の危険性について知らされないまま（核兵器製造に必要とされる）ウランの採掘のために働かされ、被曝して、長年、放射線が原因と思われる病気や症状に苦しんでいる」と聞かされた。この話は、私が被爆二世であることにまつわる話をし、『ギブ・ミー・ウォーター』を渡すなどしていたからこそ、当時でも語ってくれた話だったのだろうと思うのだが、その時はまったく認識がなく無知であった私にとっては、その話は驚愕《きょうがく》の事実であった。

以上の二つのことだけでも、一年間のアメリカでの留学生活は、私のその後の考え方や価値観、生き方と、それを伴っての人生に計り知れないほどの影響をおよぼした重要なものであったと言いきって過言ではないだろう。

7　留学から帰ってきて

私と部落問題との出会い～狭山闘争とのかかわりから

一九七五年四月、上智大学に戻った私の目にいち早く飛び込んできたのは、キャンパス内メインストリートに大きく立てかけられていた狭山事件に関する立て看板と配布されたビラだった。日本に戻ったら、部落問題についてしっかり学ばなければと思っていた私を、この立て看板は、今や遅しと待ち構えていたかのように感じた。

狭山事件は、一九六三年五月、埼玉県狭山市で起きた女子高生殺害事件で、被差別部落の青年である石川一雄さん（当時二十四歳）が逮捕された。そして翌一九六四年にわずか半年の審理で死刑判決（第一審）が出された。そして、私がアメリカに留学中の一九七四年十月三十一日、第二審の東京高等裁判所控訴審では、無期懲役判決が言い渡されていた。

無期懲役判決は、死刑からの「減刑」と受け取られる。だが、死刑判決を受けた被告人が最高裁判所に上告した場合には、事実審理が行われるのが慣例であるのに対して、死刑から無期懲役に「減刑」された被告の場合、公判を開かずに書類審査のみで処理される傾向にある。さらには、その後の再審請求については、よほどの証拠などが提示されない限り棄却されるという。この判決には、そうしたねらいがあったのではないかと指摘されている。

この事件に関しての警察・検察の取り調べは、実に予断と偏見に満ちたものだった。石川さんは、事件とは無関係な別件で逮捕されたが、一か月にわたって自白を拒否し続けた。有罪の証拠とされた物には、どれ一つとして石川さんの指紋は存在していない。犯人が書いたとされる脅迫文も、石川さんが事件当時はまったく書くことができない漢字が多数使われていた。字配りのしかたにも、石川さんのものとは明らかな違いが見られた。石川さんの家庭は、経済的に貧しく、生計のため、小中学校時代においても、学校を多く休んで働かざるを得なかったため、あまり字を書けず、語法もよくわかっていなかったのが実情だった。一九六三年五月二十一日の狭山警察署への上申書の事例でも見られるように、自分自身の名前（一雄）を「一夫」と書いていたほどだった。読み書き（識字）習得状況についての石川さんのような例は、当時の被差別部落においては決して珍《めずら》しいことではなかった。

一九六三年の識字学級の開設をはじめ、一九六〇年代以降における部落解放運動の原点ともいえる識字運動、また一九六九年の同和対策事業特別措置法の制定などに伴う住環境面の改善などと併《あわ》せて識字率は向上してきたが、二〇〇九年に、ある自治体が行なった実態調査でも、「読む」ことに関する非識字率が九・三%、「書く」ことについての非識字率が一三・六%となっている。

石川さんが文字を学んだのは獄中だった。一審の死刑判決後、死刑囚を収容する監獄で、石川さんの無実を確信していた看守が、「無実を訴えたかったら文字を勉強しなさい」と言って、こっそり文字を教え、石川さんは懸命に学んだと聞いている。

私は、何の躊躇《ちゅうちょ》もなく、上智大学内の部落解放研究会を訪ねた。まずは部落解放同盟発行の狭山事件・裁判についての小冊子をはじめ、部落解放についての参考図書をもらったり借りたり、買ったりして、食い入るようにして読み込んでいった。

そして、まもなく開催された部落解放研究会主催の狭山事件現地調査に参加した。それは、警察・検察の主張、あるいは第一審に際して強要されたと考えられる石川さんの当初の自白内容と照らし合わせながら、物理的・時間的な整合性の有無などを含めて検証するためのものだった。そして、石川さんの無実を確信するとともに、日本社会に部落差別が厳然として根強く存在しており、この事件と裁判がそのことを物語っていることに強い衝撃と憤りを覚えたのである。

かくして、私は、五月二十三日に確か日比谷公園で行なわれた「石川一雄氏不当逮捕十二年」に抗議する部落解放同盟主催の集会とデモに、部落解放研究会の一員として参加した。

それまで一度も、いわゆる政治的な活動に参加したことはなく、いくばくかの恐怖心や抵抗がなかったわけでもなかった。その一番の源《みなもと》は、当時の学生運動に対するアレルギー感情であったかと思う。ちょうどそのころは、学生運動というと、一九七〇年の「よど号」ハイジャック事件や自分自身の大学入試時点におきた浅間山荘事件を含め、いわゆる一般国民から遊離したテロリズムとそれから派生した暴力的党派闘争がつきものであるようなイメージが脳裏に焼きついていた。そのような思いは、決して私ばかりではなかったと思う。

ただ、そうした恐怖心をはるかに上回る思いが、そのとき、少なくとも二つはあった。

ひとつは、参加する「窓口」が学生で構成されている部落解放研究会等であっても、主催者は被差別部落のみなさんが結集している部落解放同盟であること、しかもこの運動を支援・支持し、参加しているのは、学生以上に多くの勤労者、諸々の差別問題に取り組んでいる団体や人びと、市民、知識人、芸能人など様々な分野の多様な人びとだった。

もうひとつは、この問題は、その時点では充分に自分自身の問題との関係でしっかり理解できてはいないものではあったが、この事件のことを知った時、私には到底他人《ひと》ごととは思えない怒りでいっぱいになり、そこではすでに傍観《ぼうかん》という選択肢は自分にはあり得なかった。

一九九四年、石川一雄さんの仮出獄が実現し、三十一年七か月に及ぶ長い獄中生活から解放され、今も、再審を求める運動は続いている。なお、一九九六年、石川一雄さんは、徳島県で狭山闘争の支援に携わっていた佐智子さんと結婚している。

そして、この年（一九七五年）の十一月、「部落地名総鑑事件」が発覚した。『部落地名総鑑』とは、全国の被差別部落の名前・所在地などが一覧の形で記された、「差別図書」のことである。最初問題になったものが、ダイレクトメールで『人事極秘　特殊部落地名総鑑』と銘《めい》うっていたことから、その後明らかになった同様のものを『部落地名総鑑』と総称している。

「秘密資料」として大企業などにひそかに販売されていたことが部落解放同盟大阪府連合会への匿名投書で発覚した。この地名総鑑の序文には、「採用問題と取り組んでおられる人事担当者や、お子さんの結婚問題で心労される家族の人たち」のために「このたび世情に逆行して本書を作成することと致しました」などと書かれていた。この地名総鑑の購入者は、企業を中心に大学、病院、個人など二二〇社に及ぶことが明らかになった。部落解放同盟は、発行元や購入先の企業と確認・糾弾会をもつなどしながら、こうした問題の根絶のために広く社会的に訴えた。この事件は、マスコミや国会でも大きく取り上げられた。

この事件が明るみに出たころの私は、部落（差別の）問題をあくまで、国民の一人として、どのように自分の問題として考え、取り組むかという見方に集中していた。主に小学生時代に受けた被差別体験は、おそらく潜在意識のなかにあっても、前述したように記憶の奥底に封印されてしまっていて、自分自身に降りかかる差別の問題と照らし合わせて考えることは、ほぼなかったように思う。

自分自身の問題として〜被爆二世問題との出会い　近藤発言の衝撃

ところが、この翌年（一九七六年）事情は一変する。

一九七六年七月一日、東京都議会衛生経済物価清掃委員会において自由民主党都議団幹事長・近藤信好《こんどうのぶよし》議員（東京都足立区選出、近藤弥生《こんどうやよい》・現足立区長の父）が次のような発言を行なった（ちなみに近藤議員は歯科医師でもあった）。

「被爆者を絶滅するにはどういう方法をとらなければならないか？」「遺伝の傾向があるので、都は、優生保護的な見地から、子供を生まないように行政指導すべきである。もし遺伝があるとするなら生まれてくる子に罪はないし（中略）、このことは人権問題につながるかもしれないが、それなくしては後世に遺恨を残すことになるかもしれない。（中略）日本民族の新しい息吹を吹き込む意味でも必要（中略）」などというものであった。

この、いわゆる「近藤発言」について知ったとき、私は即座にこれは、被爆二世がこの世に生まれ、存在することそのものを否定する究極の差別発言であると受けとめた。

一気にそれまで学んできた部落解放の思想と理論、差別というものの本質についての分析が頭のなかをかけめぐっていった。怒りのなかにも冷静な思考が同居していたように思う。

部落差別がなぜ、またどのようにして今の日本社会に存在しているかについては、部落解放研究会での学習会に参加したり、解放新聞社、部落解放・人権研究所等発行の図書などを読んだり、西岡智《にしおかさとる》さんをはじめ部落解放同盟の皆さんの講演を聴いたり、狭山闘争を中心に部落解放運動に参加しているなかで、私はおよそ次のように理解していた。

被差別部落民は、市民的権利のなかでも、就職の機会均等の権利を不完全にしか保障されていない。石川一雄さんのご家庭が典型であったように、国は、被差別部落民に、雇用が不安定で低収入な労働市場の底辺を支えさせ、一般勤労者の低賃金、低生活の鎮《しず》め（国民に対する国の統治を鎮静、落ち着かせる）としての役割を果たさせ、この状態をあえて温存・助長することで、被差別部落民と一般勤労者・国民を対立させる分裂支配に利用している。

これが〝社会的差別〟ということである。

そして、このことに起因して社会意識（一定の社会の成員がもつ、思考・感情・慣習・世論・道徳観など共通した意識。集団意識）としての被差別部落民に対する差別観念（日常生活化した伝統の力と教育のあり方などによって個々人が意識するか否かにかかわらず、客観的に空気を吸うように一般大衆のなかに入り込んでいる）が存在している。

こうした部落差別についての理解・分析のしかたから、この近藤発言の本質を掘り下げて考えてみたい。

さて、ここで確認しておきたいことがある。それは、近藤都議会議員が、当時被爆二世の健康状態や実情をどれだけ把握できたかどうかは別問題として、放射線による遺伝的影響があると考え、そのことを前提にこの発言は行なわれていたということである。

つまり、「病弱であったり、障害があったりすると社会・企業の生産性から見てマイナスであり、そのうえ医療費補助、生活保障を国がしなければならないのは、福祉よりも企業などの利潤・収益を擁護優先する国にとってマイナスであるから、予め生まれないようにする」という優生思想に基づくあからさまな差別発言にほかならなかった。

優生思想とは、障害の有無や人種等を基準に人の優劣を定め、「優秀な」者にのみ存在価値を認めるという思想、価値観、考え方のことである。

「優生保護法」は、この優生思想を基盤として「不良な子孫の出生防止」を目的として議員立法で成立し、一九四八年に施行された。ナチス・ドイツの「断種法」の考えを取り入れた「国民優生法」が前身で、知的障害や精神疾患、遺伝性疾患、ハンセン病などを理由に本人同意がない場合の不妊手術を容認していた。日本弁護士連合会（略称：日弁連）によると、全国で手術を受けた約八万四〇〇〇人のうち約一万六五〇〇人は同意なく不妊手術をされた。一九九六年に障害者差別や強制不妊手術の条文を削除し、「母体保護法」に改められた。同様の法律により不妊手術が行われたスウェーデンやドイツでは国として正式に謝罪し、補償している。

近藤議員は、当日の委員会終了後、大西《おおにし》東京都医務部長に都の被爆者問題と同和問題の関係についても質問をしており、そのことについて『毎日新聞』の記者に問いただされると、「つまり、あの同和の組合と被爆者団体と同じものかどうかを知りたかった」と答えている（部落解放同盟のことを「同和の組合」と呼称していることなどは論外としても、ここで私は、被爆二世への差別の本質をとらえるうえで、部落差別、障害者差別などとの共通点や相違点についてしっかり整理して把握する必要があると考えた）。

これは、被爆者や部落大衆が、自らの生活権、基本的人権の保障を獲得しようとするまったく当然な要求運動やそれによる成果について、あたかも「過分な権利」を得ているかのような印象を与え、「被爆者や部落民に国や自治体の予算を割《さ》くのはもったいない」というような感情を煽《あお》るものである。

被爆者や部落大衆に対して向けられる「特権があってうらやましい」（「戦争の犠牲者は、被爆者ばかりではない」「部落の人は、ただで住宅に入れていい」）というような意識や意見は、近藤都議に限らずしばしば聞かれるものであるが、これは、被爆者や部落大衆がなぜ独自や個別の保障対策や改善を必要としているかについての無理解から生じる、いわゆる「ねたみ差別」によるものである。

さて、この近藤発言に対して、野党、原水禁団体、被爆者団体などから、抗議の声が続々とあがっていった。

それらの内容を読んでいて気になったのは、まず、この近藤発言を差別発言として抗議・批判・糾弾などをしている主張、声明などは、ほとんど見当たらず、むしろ「暴言」とするものが多かったことである。暴言というのは、「他人を傷つけるような乱暴なことば」とか「礼儀を欠いた無茶な発言」といった、ほぼ情緒的意味合いの強いことば・表現である。また、現に文面そのものが、いわば「近藤発言は非人道的」とする感情的反発の域を超えていないものが多かった。まれに一部に、少し（近藤都議の主張が）優生思想的発想に起因している旨指摘しているものがあった程度だった。

そこには、相応の理由があったと考えられる。

それは、いわゆる運動側自体が、被爆二世への遺伝的影響をはじめ、健康状態など被爆二世が置かれている状況や問題の本質についての把握やこれに対する明確な考えや立ち位置と問題解決の方向性、指針を明確にできていなかった、あるいはそれをもっていなかったからではないだろうか？

そして、実は、このことは、今なお被爆二世を含めた運動側が完全には克服しきれていない問題であると私は考えている。

この後、いろいろな角度からこの問題を検証してみたい。それが、この本で取りあげる大切なテーマのひとつでもある。

この近藤発言から四十年以上も経た今、このことについて、あえて述べさせてもらったのは、そのような理由である。

私は、近藤発言のあった翌月（一九七六年八月）、急きょ広島を訪れることにした。その直接の動機は、原水爆禁止世界大会【原水爆禁止日本協議会（原水協）主催】のプログラムのなかに「被爆二世運動分科会」があることをたまたま知ったからである。

私は、部落解放運動への参加を通じて、自分の問題から逃げずにしっかり向き合うことの大切さを教えられてきていたので、近藤発言を機に、まずしっかり被爆二世の現状を把握したいと思っていた。そのためには、とにかく一人でも多くの自分以外の被爆二世の生の声を聞いたり、顔と顔の見える関係で、話を聞いたり、話したりしてみたかった。それまで、紙面上では、被爆二世についての新聞記事や原爆・被爆者問題などに関する書籍のなかの記述を少し読んだりしてはいたが、実際に面識のある被爆二世は、その時点では（親戚等を除けば）いなかった。

あの夏、私の知り得た範囲では、被爆二世が集まる唯一の交流の場であった。被爆二世といっても、一定の政治的傾向の人たちが多いのでは、という推測もしたが、たとえそうであっても、今後自分自身（被爆二世）の問題について考え、取り組むうえでの何かしらのきっかけ、手がかりがつかめるかもしれないという淡い期待を込めてこの輪のなかに飛び込んでいった。まさに清水の舞台から飛び降りる思いだった。まして、部落解放同盟とかかわりの深い部落解放運動、狭山闘争にかかわってきた者が、部落解放同盟と対立していた日本共産党の影響の強い原水協の大会に参加するということは、当時では考えにくいことでもあった。

分科会では、いろいろな職種の勤労者、学生、市民などの被爆二世が体験発表をしていたが、言われていたことは、つきつめれば、ほぼ次のようなことに集約されていたように思う。

「被爆二世は、被爆体験を風化させずに『継承』し、平和運動に積極的に参加していく必要がある」。

でも、なぜ被爆二世にとって（被爆二世）運動が必要なのか、その必然性が少なくとも私には伝わってこなかった。

近藤発言についても、何人かの人が触れていたが、やはり差別発言という認識ではなく、「被爆二世の人権を無視した暴言」、「非人道的」、「言語道断」等の情緒的、感情的反発の域を超えていないように感じられた。

また、この分科会で目立っていた多くの発言者に共通する決まり文句のような一言があったのが、今も強く印象に残っている。

それは、「（私は）健康です」であった。

最初は、「ああそうか！」くらいに思って聞いていたが、大半の誰もが判で押したかのように同様のことを言うので、だんだん違和感と疎外感が深まっていった。

私は、自分自身の健康状態に様々な支障や不安を感じていたため、それが被爆二世の共通の課題・話題になるものと思っていたのだが、みな競うように自分が「健康」であると強調している。どうも言外のニュアンスとして、「被爆二世は健康なのだから差別しないでほしい」と言っているようにも聞こえてきた（と同時に裏返せば「病弱、あるいは障害などがあれば差別されてもしかたがない」と言われているようにも感じられた）。

今にしてみれば、この分科会でこのような発言が目立ったのは、近藤発言の影響が、少なからず影を落としていたように思える。

近藤発言は、ほぼ遺伝的影響があるとしたうえでの主張であり、そのこと自体を否定しようという潜在意識の表れではなかったかと考える。

もし、本当に被爆二世に放射線の遺伝的影響がなく、健康状態なども非被爆二世と比べて有意差がないのなら、話はかんたんだと思った。あえて被爆二世運動というくくりで運動を創生する必要性、必然性はないであろう。それなら、差別の問題も、「健康であること」「有意差がないこと」を明らかにすれば解消されるはず。そして「被爆体験の継承」であるとか原水禁運動・反核平和運動などについても、それはあくまで個人の思想信条により取り組むべき問題だろうと考えた。今もそう思っている。

すなわち、被爆者運動の二本柱が、被爆者援護の拡充と核兵器の廃絶であることは、広く認知されているところである。核兵器の廃絶が誰もが認める被爆者運動の目標とされているのは、被爆者の生きる権利、医療・福祉の充実を前提に、この被害をこれ以上くり返させないという不可分な両輪であると（必ずしも活動家でない）被爆者や多くの国民に理解されるものであるからだと思う。

「被爆体験の継承」というようなことも、（もし仮に被爆二世に解決が必要な問題が存在しないということなのであるならば）それは、あくまで「被爆者の身近にいる家族」としてそれを大切と思うかどうかということであり、それ自体は直接の被爆二世共通の問題（課題）とはいえない。

私がなぜこのようなことにこだわるかというと、部落解放運動や障害者解放運動をはじめ、広く市民権を得ている運動には、必ず共通点がある。まず、その運動の目標が、当事者（集団の各人）の直接の権利の獲得や拡充であるとともに、それが社会・国民全体、あるいは世界の人々にもプラスになる（あるいはつながる）ものになっていることである。

だからこそ、一部の突出した意識や政治主張の人だけでなく大衆的な広がりをもって発展し、支持も得られるものだと考える。典型的な事例をひとつ示してみよう。

一九六一年、高知市長浜《ながはま》の部落では、学校の教師と学習会をもっていた母親たちが日本国憲法第二六条二項に「義務教育は、これを無償とする」とあることを学び、教師や地域の民主団体、部落外の人々にも働きかけて「教科書をタダにする会」を結成した。部落から始まった教科書の無償化を求める運動は、地元自治体を動かして、教科書無償化を実現した。こうした動きは全国にも及び、一九六四年度から、すべての小学校低学年から順次、教科書の無償化が実施されていったのである。

私は、被爆二世のみで構成される団体の統一課題とするに値する必然性が認められないような目標を掲げているような運動は、国民的支持以前に被爆二世の間での支持も広くは得られないものと考えていた。

被爆二世運動分科会は、終了時間が近づいていた。

どうやら私と同じような、といわないまでも、「問題意識を何かしらでも共有できる話はもはや聞くことはできそうもない」と、失意のなかに席を立とうとしたときだった。

自分と同世代らしき男性が、挙手をして発言を始めた。

何やらそれまでの発言者とは、まったく内容も主張も違うようだ。お世辞にも流暢《りゅうちょう》とはいえず、朴《ぼく》とつな語り口であったが、なぜか話の内容には説得力があった。彼は、自分自身の健康状態の不調のことや被差別体験のことを切々と語り、「こうした被爆二世は少なからずいるはずだ。そういうことを分かち合い、解決するために結集することこそが、被爆二世運動の存在価値であり必要性ではないか⁉」と訴えかけた。この言葉を聞いたとき、鳥肌が立ち、体中にアドレナリンがかけめぐった感覚が未だに鮮明に記憶に残っている。それと入れ替わるように場内は、一瞬シーンと静まり返った。まわりじゅうから「この人何者?」とでもいったような冷ややかな視線が注がれる。しかし、数秒立つと、場面転換され、何やら役員らしき人たち数名がまた元の論調で「まとめ」、「決意表明」のようなものを読み上げ、会合はお開きとなった。

私は、閉会と同時に彼の前にかけより、声をかけた。あいさつと自己紹介をした後、感じたことを二言三言述べたと思うが、正直なところ何を話したのかは思い出せない。

いずれにしても、そこは長話ができるような場ではなく、連絡先の交換をし、秋以降に再会して改めてゆっくりお話を、という約束をしてその場を後にした。この人物が誰あろう西河内靖泰《にしごうちやすひろ》さんであった。西河内さんとは同学年であったが、私は、留学時一年休学していたため大学四年、彼は、その年の春、大学を卒業し、荒川区役所の国民年金課に勤めていた。

その後最初に会ったのは、九月だった。私は被爆二世運動分科会に参加していて感じたこと、自分がそれまで体験したこと、健康上のこと、被爆二世への差別の問題について思うことなどについてありのままを話した。話していて驚いたことは、そうしたことについての一つひとつの考え方や主張がお互いに酷似していたことである。

十月にも会って、原水禁運動や反原発運動、障害者問題や医療・私自身服用していた前述のキノホルムのことを含めた薬害の問題など、いろいろな社会問題について幅広く情報・意見交換をした。

話し合った内容について、とくにはっきりと印象に残っているのは、十一月に会った三回目のことである。西河内さんが、当時劇場公開されたばかりの「部落解放の父」といわれた松本治一郎・戦前の全国水平社委員長・部落解放同盟初代委員長の半生を描いた映画『夜明けの旗　松本治一郎伝』（山下耕作／監督、一九七六年、一一〇分、東映）のチケットをさりげなく見せながら、それとなく狭山闘争の話に触れた。十月三十一日（一九七六年）は、狭山事件において、一九七四年の同日に東京高裁から無期懲役判決が出されて二年目に当たる日で、部落解放同盟主催の日比谷での抗議集会とデモが開催されていた。西河内さんが荒川区職労で参加した話をし、私も、首都圏の部落解放研究会の連絡会で参加した話をした。それ以降、それ以前の二回目まではしていなかった部落解放運動の話を中心に一気に盛り上がり、核心的な話が煮詰まっていった。私たちの運動観（論）が酷似している大きな要因のひとつが、お互い狭山闘争に参加してきたことにもあることがわかった。

確かその日に被爆二世の会を二人で協力して結成しようという話の流れになったと思う。

そうなると喫茶店での話ではこと足りないため、年が明けてからは、土曜日などに西河内さんの寮に泊まり込み、運動のあり方や進め方、展望などについて意見交換しながら話を煮詰めていった。

いちばんむずかしい問題は、どうやって被爆二世の仲間を掘り起こしていくかだった。

当時は、今のような情報収集手段として効率的なインターネットや、情報発信・受信・交流手段としてのフェイスブックをはじめとするＳＮＳ（ソーシャル・ネットワーク・サービス）も普及していない世の中であり、思いつく方法は、ひたすらいろいろな集会や会合に出向いて、呼びかけビラを配布したり、発言をさせてもらったり、口コミなどを丹念に積み上げていくようなことしかなかった。

ただ、年が明けた時点で、私はまだ就職先も決まっていなかったので、あくまで二人の間で計画を練ることに留め、当面は就職活動に専念し、就職して一段落してから本格的な組織づくりに向けて動き出そうという話だった。

第二章　私の半生から②　就職
――病院での仕事、労働争議と被爆二世運動

1　就職差別、病院への就職～労働争議

私の専攻は新聞学（ジャーナリズム）だった。それ自体は学際的な専攻ではあったが、主に学科で勉強していたことは、番組制作のようなテレビ系のこと以外は、取材を記事にしたり、時事問題の論説をしたり、題名を与えられて、即興で文章をつくったり、一にも二にも毎日最低二紙の新聞記事に目を通しつつ、書くことの訓練だった。

できるだけその経験と語学力を活かせる就職先を丹念に探し、応募することにした。新聞学科生の多くは、新聞社、テレビ局以外は広告代理店や出版社などに就職していた。

ただ、私の場合は、不規則勤務なども伴う激務に耐えられる体力的な自信がなかったことと、そのときは、被爆二世運動の創生にも心ひそかに志を抱《いだ》いてもいたため、必然的に新聞社やテレビ局、広告代理店などは最初から頭になかったし、また体力以前にそういう才能や適性もなかったと思う。

したがって、具体的な記述は差し控えるが、たとえば、科学技術や諸々の学会の出版物などを扱う業種や教育関係（英語系）の出版物を発行している会社などで、語学力と編集能力のある人材を求めていると

思われる会社や協会（財団法人）などが結構見つかり、応募した。

そのような業種、職種のため、一次試験の内容は、一般常識や国語の読解力、要約力などに関する問題、小論文を書かせたりする会社などもあり、多様ではあったが、必ず共通していたのは少なくとも三分の一は英語の問題が含まれていたことであった。読解力や作文力を問うものが中心だったが、なかには聴解力のテストをするところもあった。

また、そういうところを私があえて探して応募したともいえる。

私が就職活動においてこのような方針で臨んだのは、自分の専門知識や語学力を仕事で活かしたいという視点に劣らず、できる限り筆記試験（ペーパーなど一次試験）が自分の得意分野から出題されそうな企業等に応募し、面接試験以前に大勢を決めてしまいたいという思いが強かったからである。なぜなら、その時点ではまさかとは思いながらも、もしかしたら就職差別に直面するのではないかという一抹の不安も頭の片隅にあったからである。

当時の履歴書書式には、必ず、「本籍」記入欄があった。私の本籍地は「広島市中区」（爆心地から二キロメートル以内）だった。そういうこともあり、仕事への適性を評価・判定したうえで採用してもらえそうなところに応募したいという潜在意識が働いていた。それは、世の中をまだよく知らない青年の甘さでもあったかと思う。

私の思惑《おもわく》通り、一（〜二）次試験はどこもほぼ思い通りのできばえで合格し、面接に進むことができた。ところが、面接試験に進むと雲行きがあやしくなった。当然、会社によって面接で聞かれることはさまざまだったなかで、共通して決まって聞かれたのが、出身地と両親の職業や健康状態などだった。私の健康状態や既往症などについても聞かれた。採用する側として受験者の健康状態について質問するのは、ある程度は自然であるとしても、両親のことなども含めた質問のしかたやその立ち入り度合いが尋常と思えず、被爆の有無やその影響などについて遠まわしに、あるいは会社によっては単刀直入に聴取しようとしているのが伝わってきた。そして、その結果、不採用の通知が送られてきた。

一抹の不安があったとはいうものの、まさかここまでは予想していなかった。被爆二世にも結婚や就職の差別が及んでいるという話は、多少聞いたことはあったが、結婚差別はともかく就職に際しては、被爆地から遠い首都圏では大きな影響はないものと、ある程度楽観視していた。

このとき、私は部落地名総鑑事件のことを思い出した。このような差別図書を（有料で）購入し、採用等人事上の参考にしようという企業があることを思えば、私の本籍地は、確かに「私の親は被爆者です」と半ば表記しているようなものでもある。部落差別と被爆二世への差別を決して同列で論じるべきではないが、就職差別というものの本質から考えて、このようなあからさまな面接対応をされても不思議ではなかったかもしれない。

しかも当時は、戦後三十年以上が経過していた首都圏とはいえ、まだまだ、今以上に広島といえば原爆が生々しく連想される状況でもあったと思う。

そうこうするうちに二月も半ばを過ぎ、就職についての方針転換が必要となった。当初は、企業の説明会へも行くなど、大学で閲覧できる資料や就職雑誌などにも掲載されている中規模の会社等への応募だったが、この時期になり、新聞の求人広告で、地方版なども含めた小さい広告記事からも探すようになっていった。

そして小規模の学生向け参考図書の出版社に採用となった。そこは、比較的かんたんな面接試験のみだった。しかし、採用時見学ということで実際に職場に行ってみると、文字通りの零細企業で、事務室の雰囲気も殺ばつとしており、働く前にして、とても長く勤められる職場とは考えにくかった。

その後も毎日、新聞を見ていると、朝刊の地方版に病院の医療事務職の求人があるのを見つけ、そこに応募することにした。

実は、病院という選択肢は、以前から少し頭にあった。私は、そのころから被爆二世問題の根幹のひとつは、医療の保障にあると考えていた。そして私のように人知れず健康上の問題、体の不調に悩んでいる被爆二世が安心して受診できる医療機関、医療拠点を形成していく糸口を見つけるためにも、医療現場に身を置くことは、ひとつの近道のように考えていた。もし医療機関に就職するようなことになった場合は、(社会福祉学科の人などがもっているソーシャルワークの資格を取得して)医療ソーシャルワーカーをめざすという計画もあった。しかし、それはまだ漠然とした考えであったうえ、そうした求人も見当たらず、しかも自分の専門とかけ離れた分野であることからも、その分野に是が非でもと、能動的に求人を探していたわけでもなかった。

その病院もかんたんな面接だけだった。面接に赴《おもむ》くまでは、ハラハラドキドキだった。なぜなら、ここでも本籍地のことでまた質問されるのではないか？　しかも医療機関だから、なおさら健康状態などについて鋭い突っ込みをされるのではないか等々すっかり疑心暗鬼《ぎしんあんき》になってしまっていた。しかし、そのような質問も、そうした気配もまったくなかった。むしろ、言われたのは、「大学で新聞学というせっかく希少価値の高い学科を専攻したうえ、留学までしているのに、ここではそういうものはまったく活用できない医療事務の仕事です。しかも給料も決して高いとはいえない。それでもいいんですか？」と念を押されただけだった。

私は、この病院に就職することにした。

上述の「病院＝医療現場」という動機以外に、決断できた理由が、少なくとも二つはあった。

ひとつは、この病院の規模が程よく大きい中規模病院（当時の入院ベッド数：六十四床）であることだった。その規模の社会医療法人財団で、雇用もひとまず安定していると思われた。

もうひとつは、提示された労働条件が、そこそこよいものだったことである。給料も安いように言われたが、諸手当を含めて一定の基準は満たしているように感じられた。栄養士の献立メニューの昼食が無料であることを含め、福利厚生も結構充実していた。労働条件は、給与体系をはじめ諸々、主に公務員のものを参考に決められていたように思う。その典型が休暇だった。一般的に、民間企業の採用初年度の年次有給休暇は、労働基準法最低基準である六日から多くても十日くらいがよいところであったが、この病院では実に初年度から二十日間であり、これなどは、明らかに公務員の労働条件に準じたものだろう。この他の夏期休暇や冬期休暇などを含めた初年度からの豊富な休暇は、就職しても、被爆二世の運動やソーシャルワーカーになるための勉強時間などを確保するために余暇がほしかった私には、願ったり叶ったりのものだった。

まだ世の中のこと、職場のことがよくわかっていなかったくちばしの黄色い私でも、地方公務員であった西河内さんや、一方で民間企業に勤めていた社会人の先輩方からの情報提供などからその辺の相場の価値判断くらいまではできた。

かくして、一九七七年三月二十八日、私は社会人となり、病院で働き始めた。

しかし、前述したような計画に反して、事態は、まったく予想だにしていなかった方向に進んでいくことになる。

私は、医事課に配属され、窓口での受付事務を担当し、窓口対応、会計事務、レセプト（診療報酬明細書）作成業務などに従事した。

一方、就職して早々に職場の春闘が始まった。昼休みなどに医事課の上司に組合の話し合いがあるからと誘われて出席したりもしたが、今振り返れば奇妙な話だった。労働組合の説明を誰から受けたわけでもなく、まして加入申込書に類するものを書いてもいなかった。

私が就職したばかりのころのその病院の組合は、名ばかりのものだったようだ。いずれにしても、私は、労働運動に深くかかわるつもりはまったくなかった。勤めた職場に労働組合があれば、それに加入はして組合員としての相応の義務を果たそうとは思っていたが、組合活動家や役員になって組合活動に注力しようなどとはさらさら考えてはいなかった。理由は、私の本分は、被爆二世としての運動であるとの思いが強かったからである。

だから、春闘のなりゆきなども遠巻きに距離を置いて見ていた。という以前に、仕事を覚えたり、新社会人として職場に溶け込むことだけでも精一杯だった。また、この間も、西河内さんとは、随時連絡を取り合い、被爆二世の会も四月をもってひとまず二人で準備会発足として、実質上の創生へ向けた準備も進めつつあり、すでに、被爆二世の人、数人から、この準備会への電話照会などもちらほら来はじめてもいた。

しかし、四月後半から五月にかけてだんだん職場に異様な雰囲気を感じるようになってきた。職員間で何やら春闘のあり方をめぐってもめている様子だった。

そして、長引いた春闘が終り、妥結後一段落した六月上旬に人工透析室勤務の本村明彦《もとむらあきひこ》さん（仮名）が突然解雇された。それも白昼、経営陣からの暴行を伴ってだった。

ことの本質は次のようであった。

この年の春闘には例年にはない争点があった。本村さんは、前職から労働運動の経験があり、実質上の突出したリーダーであった。

実は、この病院は、いわゆる一般的な経営者の病院ではなかった。理事長をはじめとする経営陣は、当時「新左翼」と呼ばれたある系統の党派の分派のひとつを形成しており、この病院は、その地域医療の拠点と目されていた。もちろん新聞地方版のわずか三行ばかりの何のへんてつもないと思われる求人広告からは、そのことを知る由もなかった。てっきり、いわゆる普通の病院と思って就職したものの大きな誤算があった。その党派のメンバーは、理事長（＝院長）が医師である以外は、総務課長、事務長、医事課職員（一名）、検査技師（一名）などであった。

医師たちは、そのほとんどが東京大学の学生時代、学生運動、医療運動にかかわっていた人たちであるが、その党派のメンバーではなく、公害、薬害、労災、血友病、難病治療などに取り組み、地域医療の発展をめざす志の高い方がただったことは、せめてもの救いだった。

だが、この暴力的不当解雇により労働争議が始まり、職場は殺ばつとし、荒廃していった。良心的な医師たちは、いち早く職場を去っていき、入れ代わりに院長の息のかかった医師たちが入ってきた。

組合は、この解雇が不当労働行為（使用者が行う労働者の団結権を侵害する行為であり、労働組合法において禁止されている）であると抗議して解雇撤回闘争（労働争議）に突入した。組合といっても、それまではあってないような、半ば御用組合のようなものであったので、ここで組合は再編成されるような形になり、結果的に半数以上の職員が組合を脱退していった。それまでの委員長をはじめ、何人かの職員は退職していった。

組合は、ここでいっきに少数となり、私を含めた医事課職員のほとんど以外は、看護師の一部、薬剤師、栄養士、人工透析室技術職員、営繕担当者（高齢職員）などとなった。医事課は、いわば拠点だった。

新しい委員長には、医事課職員の星野正章《ほしのまさあき》さん（仮名）が選出された。医事課は主任を除けば男性は彼と私だけで、あとは、前述の党派メンバー一人を含めて七～八名の女性職員だった。星野さんは、私と同い年でもあり、職場ではいちばん親しかった。星野さんから、ぜひ執行委員になってほしいと頼まれた。もちろん断るわけにはいかなかった。ほかにもう一人、医事課の職員（女性）、薬剤師（女性）、人工透析室技術職員（男性）、栄養士（女性）の六人が執行委員となった。とはいえ、執行委員会の際には、随時、地域の労働運動、労働争議などに取り組んでいる活動家の人たちが来て、アドバイスなどをしていた。それというのも執行委員は、私を含めて、労働運動の経験のない、ど素人だったから、必然的にそういう方がたに頼らざるを得なかった。

その一方では、すぐさま、院長率いる政治党派メンバー中心に第二組合（御用組合）が結成され、その当初は、確か職員の約三～四割程度が加入した。

病院の前では、朝から二つの組合がビラをまき、小競り合いが生じるようなこともおきてきて、職場はますます殺ばつとし、日々緊張感が漂《ただよ》っていた。

また、この病院の争議のことは、地域でもうわさが一気に広まり、「地域住民のための医療」を標榜《ひょうぼう》していたことなどからも物議を醸《かも》していた。

そうしたなかで、地域の労働者を中心に支援の輪も広がり、不当解雇抗議集会が開催されることになり、組合事務室で準備が行われていた（組合事務室は、病院敷地内にあった）。

そこには、支援者の人たちも集まっていた。そこに、病院側の政治党派のメンバーが鉄パイプを持って乱入してきて、組合員や支援者の人たちを襲撃し、支援者の一人であり、病院の労災の患者さんでもあった小野寺茂樹《おのでらしげき》さん（仮名）に流血の頭部裂傷を負わせる暴力事件が起きた。

私は、ちょうどそのとき、集会に必要な物品の買い出しに出かけていたため、その場にはいなかった。当時は携帯電話などの連絡手段などもない時代であり、病院に戻って初めて事態を知った。

この暴力解雇事件は、新聞記事に掲載されたほどであり、地域住民をも震撼させた。

この事件を機に執行委員会では、早急に、総評系（当時）神奈川県下の地域合同労働組合への加入を検討の上、決定した。

暴力沙汰を伴うような険悪な労使関係のなかで、もはや企業内労働組合のままでは、病院理事会の組合つぶしに抗しきれないことが明らかであった。

一方、支援者・団体のなかにも、いろいろな考え、政治色、潮流、あるいは党派の人たちが入り混じっている。しっかりとした組合（上部）組織に加入しないままでいると、いろいろな人たちに内部をかき回されたり、内紛に発展する恐れも出てきており、その意味でも緊要なことだった（現に、そのような兆候は出はじめており、理事会＝経営陣も、それをある程度見透かしたうえで、ゆさぶりをかけ、分断しようとするねらいから、暴力行為に及んだとも考えられた）。

しかも、理事会は、患者さんたちをも巻き込み、組合つぶしに利用する暴挙に出た。

ある日、日々人工透析を必要としている腎臓病の患者さん三名から、私に事務上のことなどで相談があるとの話で呼び出され、人工透析室に赴いたところ、突如そのなかの片隅にある応接室に、拉致・監禁されて、のど元に果物ナイフを突きつけられ、一時間半あまりにわたって争議撤収を迫り、恫喝《どうかつ》されるという戦慄《せんりつ》すべき事態が起きた。私が、長時間医事課事務室を離席し、行方不明になっていることに異変を感じ、医事課の上司と星野さんが院内中を探しまわり、見つけ出してくれたことでようやく解放されたが、このときは命の危険を感じた。今思い出しても身がすくむ経験だった。

患者さんたちの言動の数々、言葉の端々からも、理事会が患者さんたちを扇動《せんどう》していることは明らかだった。

人工透析を必要としているような腎臓病の患者さんにとって病院や医師には、いわば命を握られているともいえる。そういう人たちに対して、組合が、あたかも病院をつぶそうとして運動しているかのように言葉巧みに吹き込み、「組合＝患者の命を奪おうとする敵」であると扇動する。そうすることで、自分たちの手を汚さず、患者さんを利用し、「盾」にして組合つぶしをしようとする。彼らのやっていることは、医師として、人として極めて卑劣《ひれつ》なやり方だった。

私たちの地域合同労働組合への加入申請は、即刻滞《とどこお》りなく承認されて、それまでの組合は、この合同労組の一支部となった。

この組合では、支部からは一名、本部執行委員を選出しなければならず、私がこの任務に当たった。本部執行委員会は、週に一回程度、横浜市中区や磯子区で開催されていた。会議が始まるのは一九時以降で、終了は早くても二二時、夜半近くに及ぶこともあった。なぜなら、支部の数は相当数あり、大半のところが何らかの労働争議を含めた解決困難な労使問題に直面しており、それらひとつずつについて現状報告を受けたうえで、討議をし、今後の方針を論じていかなければならない。しかも業種はさまざまだった。製造業、書店、設計会社、個人タクシー、屠場《とじょう》、実に多岐にわたっており、討議も長時間かかることが多かった。当然、このころには実家から離れ、職場から自転車で七～八分程度の場所にあるアパートで一人住まいをしていたが、それでも疲れ切って帰宅して、四時間前後の睡眠での翌日の勤務はとてもきつく、つらかったことが今も思い出される。

また、本部執行委員を務めていて大変なのは、決して執行委員会への出席だけではなかった。いろいろな支部で開催される集会などの行事や、時には使用者側との団体交渉などにも出席しなければならない。地域合同労組への加盟は、組合強化につながったことは明らかだったが、当然その分義務も負担も増えた。守られる権利の分、義務、負担が増えるのは当然だったが、その多くを本部執行委員として私が担い、背負っていたのが実際のところだった。

しかも、私の本分は被爆二世運動であることを忘れるわけにはいかなかった。したがって、星野さんが、被爆二世運動の支援に来て、連帯のあいさつのときに発言してくれたとおり、私のスケジュール帳は、いつもほぼ全日活動予定の記入で真っ黒に埋め尽くされており、白いところはなかった。

ただ苦しい思いをした分、病院での労働争議はもちろん、本部執行委員の経験は、結局、同時並行の被爆二世運動とその後の人生においても無形の貴重な財産として私を助けてくれることになった。私は、今まで、（アルバイトなどは別として）本業として勤めたのは、結局病院と郵便局だけである。それでも、様々な業種の人たちの労働実態や環境や気持ちをいくらかでも理解しているかと思えるようになった要因のひとつは、間違いなく、この本部執行委員の経験だったと思う。執行委員会はもちろん、集会や、まして団体交渉などにまで出席するに際しては、それぞれの業種の仕事の中身やあり方、問題の本質や働いている人の思いなどについて相応の理解ができていないと務まるものではなかった。いろいろな職場に足を運び、さまざまな職種の人たちの生の声に接し、視野も、ものの見方も広がった。

被爆二世の組織化に取り組み、入会を呼びかける際にこの経験がさっそく活《い》きた。被爆二世として抱えている問題や悩みの共有化が話題の中心になるとはいっても、みなそれぞれの、職業、職種を通じての問題意識や悩みなどが占めるウエイトも少なくないと思う。この部分についてのある程度の知見があったことで、いろいろな職種の被爆二世の人たちに入会してもらえたように感じている（詳細は後述することとする）。

ここで、ひとまず、私が就職して以降の二世の会結成に向けた活動の進捗《しんちょく》についての話に舞台を戻したい。

2　関東被爆二世連絡協議会の結成と全国被爆二世連絡協議会（準備会）への参加

以上のように、就職してまもなく、組合活動、解雇撤回闘争に注力しなければならない日々とはなったが、執行委員会、組合活動も毎晩というわけではなかったので、空いている日や土日、また、適宜豊富な年休を被爆二世の運動に充てた。ただ、そのころは、週休二日制ではなく、土曜日は、八時三〇分～一二時三〇分の勤務だった。ちなみに当時は、このような半日勤務のことを半ドンと呼んでいた。

あの時期（就職して一年目の一九七七年の春以降）、西河内さんとともに、あるいは、時には手分けしながら一生懸命取り組んだのが、会員を募るための周知宣伝活動だった。核・原発問題関係、障害者関係、狭山闘争、労働争議団関係などの集会や会合でチラシを配布させていただいたり、二世の会発足へ向けた活動紹介や会員募集の発言アピールをさせていただいたりした。また、学生時代の部落解放研究会の後輩に、口コミ、情報収集・情報提供を頼んだりもした。

五月ごろから、少しずつ問い合わせの電話などが入るようになり、そのたびに、面会し、入会を勧《すす》めた。自分から連絡をしてくるような方がたなので、何かしらの問題意識のある人たちがほとんどで、積極的、恒常的に活動に参加するかどうかはともかくとして、だいたいの人が会った日に入会した。

集まってきたのは、千葉県、東京都、神奈川県の被爆二世だった。会社員、医療関係者、公務員、保育士、音楽家、新聞拡張員、学生ほか様々な職種の人たちだった。私たちは、会の名称を「関東被爆二世連絡協議会」（関東二世協）とした。私が代表者である委員長、西河内さんが事務局長を務めることとなった。関東地方在住の被爆二世なら誰でも入会できるゆるやかな組織性格とした。当時、関東地方には、実質上、社会的に活動している被爆二世組織は存在していなかった。西河内さんがかかわっていた東京原爆被爆二世の会は、すでに休会状態にあった。

当面する活動目標は、

① 現行（当時）の「原爆二法」【「原子爆弾被爆者の医療等に関する法律」（原爆医療法・一九五七年に施行）、「原子爆弾被爆者に対する特別措置に関する法律」（被爆者特別措置法・一九六八年に施行）、一九九四年、第一三一回国会において、これを一本化・統合して「原子爆弾被爆者に対する援護に関する法律」（被爆者援護法）が制定された】の被爆二世への即時適用

② 原爆被爆者および被爆二世・三世に対する国の責任を明確にした「被爆者援護法」の制定

③ 近藤発言に象徴される被爆二世に対する差別の根絶

であった。

一九七七年夏に、近藤発言とその背景にある当時の社会情勢を分析し、被爆二世問題の本質とその解決のための展望や活動のあり方について論じ、また被爆二世の手記・体験記なども掲載した『被爆二世宣言』（創刊号）を発刊した。

また、対外的には、反原発運動との連携、問題・情報共有にも取り組んだ。

私たちが会として反原発運動にかかわるいちばんのきっかけになったのは、差別の問題だった。

当時、原子力発電所立地に反対する、建設予定地などにおける反対運動にありがちな反対根拠として「『奇形児』が生まれる（から）原発はごめんだ！」という類《たぐい》のものが目立った。

原発が人間の命や健康を左右することは確かであり、それは必然的にひとつの反対理由となってしかるべきではあっても、このような発想には少なくともいくつかの見過ごすことのできない問題があると感じられた。

まず、発想の根底に障害者に対する、著しい差別意識が見受けられる。私たちが、自分の命や健康を大切にし、病気や障害を防いだり守るのは大切なことであり、その権利はあると思う。しかし、現に障害のある人が「障害」なく生きる権利を守ろう（拡充しよう）とすることも大切なはずである。「『奇形児』が生まれる（から）」という考え方には、そこが欠けていた。

また、放射線の被害・影響のなかの遺伝的影響ばかりをことさらに強調し、しかもそれをいわゆる「身体障害」に短絡的に限定するのも、事実に反し、放射線の遺伝的影響についての誤解を与えたり、被爆者（被曝者）、被ばく（爆・曝）二世への差別・偏見を助長するものと考えられた。

※原発問題、被爆二世への差別・偏見などについての考察の詳細については、第六章を参照しながら読み進めていただきたい。

私たちは、反原発運動の集会や会合にも積極的に参加し、原爆被爆者・被爆二世問題の現状などについて解説しながら、理解と問題の共有を求めていった。

とりわけ高木仁三郎《たかぎじんざぶろう》さん（「原子力資料情報室」、「プルトニウム研究会」）、西尾漠《にしおばく》さん（「原子力資料情報室」、

「反原発新聞」編集部）のお二人は、原発の問題点などについて教えて下さる一方で、被爆二世の健康状態等について深い関心を寄せていただき、被爆二世運動への支援・協力もいただいた。

また、障害者解放運動に取り組んでいる人たちとの交流にも重点を置いていた（関東二世協の会員の多くが元々、障害者解放運動や障害者介護のボランティア活動にかかわってきてもいた）。とくに、「全国障害者解放運動連絡会議（全障連）関東ブロック」と「村田実 学校へ入る会」とは、積極的に交流・情報交換・意見交換を深めた。

そして、被爆二世他団体との交流にも努めた。

といっても、地域の会として積極的に活動し、存在していたのは、私たちの知る限り、大阪被爆二世の会ぐらいだった（被爆地・広島、長崎でも地域の組織としての二世の会が活動するのはむずかしかったらしく、確認できていたのは、官公労働組合・部落解放同盟などの組織内の被爆二世組織だった）。

したがって、まず私たちは、私たちと同じく地域の会である大阪被爆二世の会（大久保定会長）と連絡を取り、交流を重ねた。

大阪被爆二世の会は、「放射線の遺伝的影響はある」とする想定のもとに被爆二世への〝ほしょう（補償・保障）〟の獲得をめざしている点、近藤発言は、いわゆる優生思想を背景とした差別発言であると明確に認識し、その主因を、国が被爆二世に対する〝ほしょう（補償・保障）〟を行わず放置していることにあると考え、主張している点など、基本的な立場、考え方がほぼ一致していることからも友好関係は深まっていった。

同時に、原水爆禁止日本国民会議（「原水禁」）との協力関係も深めた。当時は、広島、長崎の官公労働組合内の被爆二世団体は、組織性格から必然的に原水禁の傘下にあった。大阪被爆二世の会も原水禁と連携していた。

そうした趨勢《すうせい》と、放射線の遺伝的影響のことや当時もいわゆる「平和利用」といわれていた原発を含めたいかなる核にも反対する立ち位置などにおいて原水禁と考え方も近く、原水禁の協力を得ながら被爆二世の全国（連絡）組織の結成と厚生省に対する統一要求行動の実現をめざした。

発足時点では、広島県被爆二世連絡協議会（準備会）、国労長崎被爆二世の会、大阪被爆二世の会、関東被爆二世連絡協議会の四団体で構成されたが、組織性格、構成については、会の「基本原則に賛成する被爆二世の団体及び個人をもってする」とした。なぜなら、全国には、被爆二世の会等団体が組成されていなくても、被爆二世の運動を必要と考えていたり、参加を希望する人が散在していると考えられ、そのような人たちが結集できるような、開かれた組織であるべきだと考えたからだった。

したがって、組織名称についても、私たち関東二世協が「全国被爆二世連絡協議会準備会」と提案し、了承された。「全国被爆二世団体連絡協議会」とする案も出されたが、個人加入（参加）を受け容れる組織性格にふさわしくないため、取り下げとなった。

そういう歴史的経緯を踏まえれば、この後一九八八年十二月に発足した「全国被爆二世団体連絡協議会」は、この点の考え方の異なるまったくの別組織であり、このときの組織の継承組織ではないことを念のため補足しておきたい。

現に、少なくとも、私が知る限り二〇一二年二月に開催された全国被爆二世団体連絡協議会の交流会などでも、いわゆる（二世団体に加入していない被爆二世の）個人参加は認められておらず、参加要件は、構成団体の会員のみであった。

3 被爆二世運動の試練～「被爆二世健康調査」のねらいと本質

「原爆被爆者二世の健康に関する調査・研究」（「被爆二世健康調査」）をめぐる経過の概略

厚生省、「被爆二世健康調査」の実施を発表

一九七八年の春に結成された全国被爆二世連絡協議会（準備会）（以下「全国二世協」と記す）は、被爆二世に対する医療・生活等の保障を厚生省に要求するための「統一要求書」をまとめていた。そして、これを提示しての要求行動が準備されていた一九七八年秋、その当の厚生省から「『原爆被爆者二世の健康に関する調査・研究』（以下「被爆二世健康調査」、あるいは「健調」等と記す）を実施したい」との意向が発表された。それまで「被爆二世には遺伝的影響は認められないから健診を含め、二世対策は一切必要ない」と主張していた厚生省が、はじめて被爆二世による明確な形での要求などが出ようとしていた時期に、何の前ぶれもなく唐突《とうとつ》に提案してきた。

厚生省から「実施要項」の提示と説明を受けた全国二世協を構成する四組織は、①日本公衆衛生協会を通じて医療機関から吸い上げたデータを収集する一方、医療等の保障は伴わず、調査・研究の「モルモット」にしようとしているだけだ ②プライバシーが侵害される恐れが強い ③「健診」内容が粗雑すぎて、被爆二世の健康状態を把握し、異常を発見して治療の対策を立てるのにはあまりに不充分である、などとして「被爆二世健康調査」への反対を公式に表明して、反対運動に入った。そして、厚生省との交渉をく

り返し行なうなかで、「健調」の問題点はさらに明らかになっていった。

だが、反対運動がすすむなかで、被爆二世以外の一部の人たちにより、次のような方針がもち込まれてきた。その内容は、「この『健調』を逃せば当分（被爆二世への施策獲得への）チャンスはない。『問診票』を充実させ、それだけを行ない、血液等の検査（検診）を行なわないことを条件にこの『健調』を行なえば、それによって被爆二世の実態を明らかにでき、医療保障につなげることができる」というものだった。このことは四組織のなかでも議論となったが、私たち関東二世協以外の三組織はこの意見に動かされ、「二世組織の作成した『問診票』が『健調』において採用されるのであれば賛成する」という「条件つき賛成」の立場となった。私たちも率直なところを言えば、当時この「一部の人たち」による「方針」にまったく惑わされなかったわけではなく、内部的にも検討を重ねたことは確かだった。

「被爆二世健康調査」のねらい

しかし、①医療保障も伴わず、この「健調」の「データを収集する」というしくみ、すなわち「調査・研究」としての性格が変わらない限り、「問診票」などを変えても、へたをすれば逆に、より綿密なデータばかりを吸い取られることになりかねない。しかも、②厚生省は明らかに調査・研究をねらいとしているにもかかわらず、表向きには「遺伝的影響がないことを明らかにし、不安を解消することが目的である」と主張している（館山不二夫厚生省公衆衛生局企画課長「二世の健康診断は二世の不安を取り除くことが主眼であくまでも研究、調査の一環だ」《中国新聞一九七八年九月二十六日》）。

さらに被爆二世の健康状態について、被爆二世団体などの自主実態調査の結果などを根拠に訴えたときも、厚生省はこれに対して、「あなた方の言う被爆二世の病気や症状が遺伝的影響によるものとは考えられない。病気の原因は様々なことが考えられるので、健診を行ない『異常』が発見されても、それが遺伝的影響によるものとは言えず、これに対して医療保障を行なうわけにはいかない。また今回の『被爆二世健康調査』は希望者だけが受けるもので、そもそも遺伝的影響を科学的に調べて医療保障などの対策を立てるためのものではない」と答えている（最近の厚生労働省の答弁内容も、この応答内容と判で押したように符合している）。

厚生省のこうした主張・答弁内容からも、被爆二世たちが提案する「問診票」を使っての「健調」を行なわせ、これを医療保障の「テコ」にするという方針は、極めて非現実的であった。そこで、私たち関東二世協は、①「調査・研究」の性格（「健調」におけるデータ収集の過程）を取り除くとともに、②最低限、健診によって異常が発見された人に対しては、医療費補助等何らかの医療保障を行なうという、二つの条件が満たされない限り「健調」の実施に反対するとの方針で臨むことを組織決定した。

「被爆二世健康調査」をめぐる二つの方針と反対運動の展開

この時点では、関東二世協と他組織との見解の相違は極めて部分的、かつ一時的なもののように思われた。なぜなら、彼らが提示した前述の条件（被爆二世組織作成の「問診票」の採用等）は、少なくとも当時の情勢下では、到底厚生省に受け容れられるものとは考えられなかったからである。

しかし、私たちの希望的観測に反して事態は動いていった。全国二世協の他組織は、ずるずるとなしくずし的に見解を変え、一九七九年二月、ついに「いかなる条件であっても『健康調査』の実施を認める」立場に方針転換するに至った。いずれの組織も、なぜそうなったのか、その根拠を明確に示そうとはしなかった。彼らはわずか四か月のうちに「反対派」から「条件つき賛成派」へ、そしてさらには積極的「推

「原爆被爆者二世の健康に関する調査・研究」の実施に反対し、厚生省との交渉決裂後の抗議集会において、ハンガーストライキに突入する宣言を行なう著者【当時関東被爆二世連絡協議会委員長】(左)・厚生省前(関東被爆二世連絡協議会主催) ／ 1980年1月7日・撮影:福島菊次郎

進派」へと変貌していった。
一九七九年三月、ついに全国二世協の運動は、「健調」問題をめぐっては分裂を余儀なくされた。「『被爆二世健康調査』の本質的なあり方において問題があり、それが被爆二世にとっても国民全体にとってもマイナスだから、その変更が認められない限り実施に反対である」とする私たち「反対派」と、いつのまにか「『健調』は運動が勝ち取った『成果』である」として（一九七八年以前のどこの誰が取り組んできた「運動の成果」なのか?）、「一人でも多くの被爆二世に受診させよう」とする「推進派」との、相反する方針を掲げる二つの運動に分かれたのだった。

そして、それ以降は、一九八〇年一月に五日間（一二二時間）行なった関東二世協の厚生省前での「健調」阻止ハンガーストライキを頂点に盛り上がった「健調」阻止闘争と全国の被爆二世からの「健調」に対する抗議、公害患者や障害者、医師・医療関係者等の健康診断（制度）の問題に関連のある様々な人たちからの不審や疑問、反対の意思表明が続くなかで、一九八〇年二月、第一回（一九七九年度）の「被爆二世健康調査」の実施が強行された。

その後の対厚生省交渉からわかったこと

全国二世協の構成組織は、一九八二年三月十六日、久々に「健調」問題が発生して棚上げになっていた「統一要求」をもって、厚生省との統一交渉を行なった。

※「統一要求書」（項目）【趣旨説明文は省略】

122時間に及ぶハンガーストライキを終え、厚生省前での報告集会に臨む著者／1980年1月12日・撮影:福島菊次郎

（一）原子爆弾被爆者の子や孫（以下、それぞれ被爆二世・被爆三世と呼ぶ）の生命・健康・生活などの基本的人権を保障するために、被爆二世・三世の生活及び健康の状態を実質的に把握していくための施策を要求する。

①　被爆二世・三世の生活と健康の状態についての実態調査の実施。

②　包括医療の観点に立った被爆二世・三世健康診断の実施。

（二）現行「原爆二法」による施策を、被爆二世・三世に対して適用すること。

（三）原爆被爆者及び被爆二世・三世

に対する国の責任を明確にした「被爆者援護法」を制定すること。

全国被爆二世連絡協議会（準備会）
大阪被爆二世の会
関東被爆二世連絡協議会
長崎県被爆二世の会（準備会）
広島県被爆二世連絡協議会（準備会）
全電通広島被爆二世協議会
国労広島被爆二世の会
全逓広島被爆二世協議会
自治労広島被爆二世協議会
部落解放同盟広島県連合会被爆二世の会

それから三か月を経て示された「『統一要求書』に対する厚生省の見解」とその後の関東二世協との交渉における厚生省の一連の答弁は、よりいっそう「健調」の悪質な本性をむき出しにしたものであった。

※「統一要求書」に対する厚生省の見解（一九八二年六月十四日受領）
一．原爆放射線の遺伝的影響については、現在までのところ有意な影響は認められていないので、被爆二世の実態調査を実施する考えはない。しかしながら、被爆二世のなかには健康面で不安を持って

いる者がいることも事実であるので、昭和五十七年度（一九八二年度）においてもひき続き健康診断を実施することとしている。

二．原爆放射線の遺伝的影響については、現在までのところ有意な影響は認められていないので、現行二法を被爆二世に適用することは考えていない。

三．原爆被爆者援護法については、今後とも「原爆二法」によって対処する考えであり、「原爆被爆者援護法」を制定する考えはない。

7・2対厚生省交渉

私たち関東二世協は、この「厚生省の見解」に関することを中心に一九八二年七月二日、厚生省との交渉を行なった。

この交渉のなかでも、厚生省は、「健調」の悪質な目的と本質をそれまで以上に露《あら》わにする発言を行なってきた。

まず、「全国二世協の要求である被爆二世の『実態調査』を実施する考えはない」とする一方で「現在『健調』を実施しているのはなぜか？」という私たちの質問に対し、厚生省は「実態調査とは『黒』であるという疑いが強いか、少なくとも『黒』か『白』かはっきりしない時＝つまり何か対策などを必要とするような問題がある、またあるかもしれないという疑問があるような時に行なうものであるが、被爆二世の場合は遺伝的影響がないとはっきりしているのだから『実態調査』は必要ない。『健康調査』は遺伝的影響がないことを明らかにし、被爆二世の不安を解消してもらうために行なっている」と答えたのである。

一方、「厚生省がいつも依拠している旧ＡＢＣＣや放射線影響研究所が『公表』している『乳幼児期における死亡率』、『白血病の発生率』、『男女の性比』に関する『調査結果』では『被爆二世には遺伝的影響は認められない』とする根拠にはなり得ない。遺伝的影響は、内臓疾患をはじめとする諸疾病や総合的な健康状態にも関連してくると考えられるが、厚生省は、そうしたことには一切言及してきていない」という私たちの追及に対して、厚生省は、「内臓疾患に関する調査なら昭和五十四年度（一九七九年度）から実施している『健康調査』を通じて今やっている」と臆面《おくめん》もなく答えてきた。語るに落ちたというほかない。

私たちは、この発言に対して「それでは先ほどの話と違うではないか⁉　『健調』は健康診断を実施し、遺伝的影響がないことを明らかにし、被爆二世の不安を解消するために行なうものではなかったのか？」と問いただした。すると厚生省は、何と「もちろんそうだが、健康診断をすればおのずとその結果データが集積される。データも集まらないというのでは健康診断の意味がない」と開き直った。

はたして「健診」とは、「おのずと」厚生省に「データ」が集まるようなしくみになっているものだろうか？　それまで厚生省や自治体が施行してきているいろいろな健診のしくみ（当時の「原爆医療法」に基づく被爆者健診の場合などを含めて）を見る限りでは、決してそうではないことは明白だった。

委託を受けて健診を実施する医療機関は、その健診制度や「実施要領」に基づき、健診を行ない、健診受診者数を厚生省や自治体に報告し、健診費、検査料等の交付を受ける。これが従来のさまざまな健診のしくみだった。医療機関に「検査結果」や「問診票」「個人票」等、本来医療法上においても、他に漏洩《ろうえい》してはならないとされている患者（受診者）の秘密に属することがらの報告、または提出を義務づけているような健診は、少なくとも当時においては（現在は、さまざまな健診での個人データを匿名化した電子データを使っての分析が行なわれている）、この「被爆二世健康調査」をおいて他にはなかった。

「『健康調査』は調査・研究の過程抜きには成り立たない」と開き直った厚生省

私たちは、一九八二年十一月二十二日に行なった厚生省との交渉においても、「もし、現行の『健調』が調査・研究が目的でない『普通の』（健康管理に役立てるための）ものであるならば、なぜ実施医療機関に検査データ、ひいては『個人票』『問診票』まで提出させるのか？」「厚生省は前回（一九八二年七月二日）の交渉において『健診をすればおのずとデータは集まる』と言ったが、従来の『健診』というもののしくみから考えれば、現行の『健調』のように意図的にデータを収集する方法を取らない限り、『集まる』ものとはいえないのではないか？」と質問・追及した。

これに対して厚生省は、ついに「『健康調査』は文字通り調査・研究であることを前提にして施行されているものであり、これ抜きには成り立たないものだ」と言い切ったのである。

これら一連の厚生省の発言は、「データの収集」＝被爆二世の「モルモット化」が「健調」を施行した重要なねらいの一つであり、また主要なものでもあることを自ら吐露《とろ》したものにほかならない。

関東二世協は、一九八〇年二月の第一回「健調」の主な目的が、①その結果を「遺伝的影響がやはり認められない」と作為的に「結論」づけて（「分析」して）公表し、医療・生活等の保障の必要性を否定すること。同時にこれを国民の「核アレルギー」解消に利用すること②全国に散在している被爆二世の居住と分布を把握するとともに、とりあえず基礎的なデータを収集し、将来的にさらに緻密《ちみつ》な（核開発・核軍備に関連した）調査・研究をするための手がかりを得ることにあるという見解から反対していた。

厚生省が、「健調」を実施し始めてから一九八二年七月二日、十一月二十二日の交渉における厚生省の答弁に至るまでのさまざまなできごと、さらには四十年近い年月を経て連綿《れんめん》と名称を変えて継続されてきている被爆二世健康診断とそれをめぐる今の厚生労働省のタイムスリップさながらの判で押したかのように酷似した答弁を耳にするにつけ、私たちの当時の「健調」に対する見解が決して思い過ごしや誇張ではなかったことを歴史が証明している。

②についてはすでに述べてきたとおりであるが、①についても、厚生省は、第一回目の「健調」の結果について非科学的極まるデータのこじつけを行ない、「被爆二世には放射線による有意な遺伝的影響は認められない」という「結果」に関する極めて稚拙《ちせつ》な「分析と見解」を社会的に公表しようとしてきた。

厚生省が、私たち関東二世協に提示してきたのは「昭和五十四年度原爆被爆者二世の健康に関する調査研究報告書（案）」と称する「原爆症調査研究班」作成のものだった。

私たちは、その「報告書（案）」の非科学性を一つひとつ指摘していった。さらには、厚生省が「遺伝的影響がない」とする根拠として示しているデータ（このデータの真偽さえあやしいものであったが）からさえ、「一般」との有意差が見受けられることも指摘し、「このような、国民に誤解や誤認識を与えるような報告書の公表には到底同意できず、公表を差し控える」よう求めた。そのため、厚生省も公表を断念することとなった。

しかし、もし仮に私たちの厳しい指摘・追及がなく、あるいはこれに同意していたなら、当然この「報告書」は社会的に公表されていた。前述①のとおり、「健康調査」の結果が、「遺伝的影響がやはり認められない」と作為的に「結論」づけて、被爆二世への保障の必要性を否定するとともに、国民の核放射線への不安を解消するための「恰好《かっこう》」の材料として利用されていたことは間違いないであろう。

以上が、「原爆被爆者二世の健康に関する調査・研究」（「被爆二世健康調査」）の実施をめぐる状況の歴史的事実である。

「被爆二世健康調査」に関する誤謬《ごびゅう》と真実

歴史は正しく語りたい

全国被爆二世団体連絡協議会（一九八八年発足）の役員等の方がたは、シンポジウム等公開の場において、「一九七九年から被爆二世健診が実施されるという大きな成果を勝ち取った」等発言し、そうした見解は、『長崎の被爆二世―援護と核廃絶をめざして―』（長崎県被爆二世の会／編集発行、二〇一七年二月）などにも掲載されている。

この一言だけでも、「原爆被爆者二世の健康に関する調査・研究」（「被爆二世健康調査」）についての考え方が、私たちと一八〇度正反対なものであることをご理解いただけると思う（そもそも、この「健調」が実施されたのは、一九八〇年の二～三月であり、事実でない。前述のとおり、一九七九年は、私たちが、実施に反対している真っただなかだった）。

思想信条の自由からも、見解の相違はいたし方ないかもしれない。しかし、自分たちの正当性を粉飾するために、不都合になるような事実や組織の存在を史実から抹消しようとしたり、事実と異なる記述をしたり、団体名称を意図的に改ざんしたり、紛らわしい記述をすることで、事実を知らない方がたに誤解・事実誤認・錯誤を誘導するような言動は、まず、人として断じて許されるものではない。まして、「被爆二世」を語り、「平和・核廃絶をめざす」ことを標榜《ひょうぼう》するのであれば、なおさら公明正大であるべきだと思う。

① 前述のとおり、一九七八年三月十六日、全国被爆二世連絡協議会（準備会）が発足し、八月には小冊子『被爆二世』（'78・8創刊号）が発行され、そのなかで、この「全国被爆二世連絡協議会結成に至る経過報告」なども明確に記されている。この全国二世協準備会発足を呼びかけ、原水禁国民会議事務局や大阪被爆二世の会とともにその準備に当たっていた私たち関東被爆二世連絡協議会が、構成団体の一つであることは言うまでもない。

② ところが、彼ら全国被爆二世団体連絡協議会（現在の「全国二世協」の方がた）は、このときの組織名称を「全国被爆二世連絡会議準備会」と改ざんしている。ただ一か所での誤記なら、誤植、ケアレスミスということもあり得るとしても、『被爆二世の問いかけ―再びヒバクシャをつくらないために』（全国被爆二世団体連絡協議会・原水爆禁止日本国民会議／編集、二〇〇一年七月、新泉社）、『第五の被爆者―ふたたびヒバクシャをつくらないために』（全国被爆二世団体連絡協議会・原水爆禁止日本国民会議／編集発行二〇〇八年二月）をはじめ、複数の書物やインターネット掲載記事等において同様の記述で統一されている。これは、誤植、誤記等ではなく、意図的改ざんと考えざるを得ない。このことをさらに決定づけるように、全国被爆二世連絡協議会（準備会）発足時等の構成団体に関東被爆二世連絡協議会の名称も見当たらない。これも、いずれの発行物においてもである。あからさまというほかはない。

③ 全国被爆二世団体連絡協議会、及び原水爆禁止日本国民会議は、一九九四年に制定され、一九九五年七月に施行された「原子爆弾被爆者に対する援護に関する法律」（被爆者援護法）の法案の国会附帯決議に伴い、初めて「被爆二世健診」が施行されるようになったかのような「説明」を、それも、「（不充分ながら、）運動により勝ち取られた成果」であるかのように諸々の出版物において行なってい

る。

しかし、「附帯決議5」には、次のように記されている。

「被爆者とその子及び孫に対する影響についての調査・研究及びその対策について十分配慮し、二世の健康診断については、継続して行なうとともに、その置かれている立場を理解して一層充実を図ること」。

つまり、一九八〇年（一九七九年度末）から実施されてきていた「被爆二世の健康に関する調査・研究」をひき続き実施していくということである。

それまでと何ら変わった施策が行われたものではない。

浮き彫りになってきた「被爆二世に関する調査・研究」→「被爆二世健康診断」のねらい

私は、全国被爆二世団体連絡協議会・原水爆禁止日本国民会議の方がたが随所でこのような、事実に反する、あるいは事実誤認・錯誤を誘導する言動を行なってきていることは、何年も前から察知していた。

それでも、あえてそのことについて沈黙を保ってきた。

それは、被爆二世の運動の和を大切にしたいという強い思いからである。できることなら、過去のことには目をつぶり、何とか全国の被爆二世が、和をもって団結できる道と方策を探したいと思っている。ただ、西河内さんや私が沈黙を続けている間、彼らが事実に反する言動を流布し続けることで、それがあたかも事実であるかのように広まっていることを知るに至った。

一九七八年、厚生省が「被爆二世の健康に関する調査・研究」実施の意向を発表して以降、一九七九年度末に実施されるまでの経緯などについても、全国二世協は、一九七八年時点で、被爆二世団体が反対していたことを抽象的に記述・説明するのみで、それから一九八〇年二月実施に至るまでの紆余《うよ》曲折《きょくせつ》の重要な事実が完全にもみ消され、「一九七九年七月に健診が実施されている」とする記述まで見受けられるほか、史実とのさまざまな食い違いが散見されている。

今私のもとには、いくつかの地方の被爆二世の方がたから、「被爆二世の（厚労省の）健康診断は、いつから始まったのか？　被爆者援護法施行に伴う附帯決議によって実施されたように、全国二世協の本で読んだが、本当にそうなのか？」というような内容の問い合わせなどをいただくことがある。また、被爆二世たちを長年にわたって支援してきているはずの医師や学者などの方がたにも、この辺りの事実がまったく伝わっておらず、誤った事実認識をもたれていることもわかってきた。

もし、これが過去だけで完結し、現在に影響のないことならば、あえて沈黙し続ける選択肢もあるのかもしれない。でも、一九八〇年から実施されている健康診断は、その後、表面上の呼称が「被爆二世健康診断」と変わり、また、二〇一六年度から、「多発性骨髄腫」に関する検査項目が追加されたこと以外、内容も本質もほとんど変わっていない。だから今後、被爆二世に〝ほしょう（補償・保障）〟を実現していくためには、まず、今日に至るまでの事実関係を正確に把握しておくことが大切であると思う。

私は、二〇一六年度秋以来、神奈川県原爆被災者の会二世支部の一員として日本原水爆被害者団体協議会（日本被団協）の対厚生労働省交渉に参加し、被爆二世の健康診断の改善、神奈川県等で実施されている医療費補助の全国化等について、質問、意見、要望などを述べている。

厚労省側の答弁は、厚生省が一九七八年秋に「被爆二世健康調査」の実施を公表してきたときから、次のように寸分も変わってはいない。「ＡＢＣＣ、放射線影響研究所の調査研究から遺伝的影響は認められていない。したがって、医療保障を実施するような考えはない。しかし、不安を感じている被爆二世の方がたがいるとのことで、（遺伝的影響がないことを明らかにして）不安を解消するために健康診断を行なっている。多発性骨髄腫を（一般的に、自治体の公費負担などにより実施されているがん検診に多発性骨髄腫の検査は含まれていないことから）検査項目として追加したのも、そのような観点からであり、医療保障を想定してのことではない」

これが現在の国側の答弁の骨子であり、本質は以前とまったく同じなのである。

しいて一九七八年で言われていなかったことといえば、「ただ、被爆二世も、高齢化してきているので、今後、晩発性の疾病等が発現してくる可能性もないとは言い切れないので、引き続き、健診を続け、結果を見守っていきたい」というもってまわった答弁である。ただ、それも、要は「研究対象として死ぬまで追跡調査はするが治療はしない」という、被爆二世を（放射線の遺伝的影響を分析・把握し、核開発・国家戦略上の参考とするための）「研究材料」（「モルモット」）としてしか考えていない国の本音をオブラートに包んで述べているだけで、それこそが一九七八年にこの「健康調査・研究」の実施を始めたねらいであることを自ら告白していることにほかならない。

国の「遺伝的影響は認められていない」という主張は、被爆二世、ひいてはフクシマをはじめとする原発被災者、原発被曝労働者に対する〝ほしょう〟の必要性を否定しながら核被害やリスクを矮小化《わいしょうか》する一方で、原発を含めた核開発や核配備に対する国民の反発を防止・緩和するための醜《みにく》い方便にすぎない。本心は「遺伝的影響がある」ことが前提になっているからこそ、長年続けてきた放影研の「健康影響調査」を今後も継続しながら、その結果を「見守る」と言い続けているのである。

一方、現行の「被爆二世健診」の結果については、「健康に不安がある二世、病気がちである二世の（受診）希望者の方が、より積極的に健診を受けると考えられるため、この健診の結果は、被爆二世への遺伝的影響を確認するに足りるデータとはならない」との主張をくり返してきていた。

実は、この主張自体にも自己矛盾があった。

厚労省の主張は、「遺伝的影響は認められないが、不安を感じている被爆二世が多い現状に配慮し、（健診により遺伝的影響がおよんでいないことを確認することで）その不安を解消してもらう」のが健診の趣旨であると、ここ一～二年の日本被団協との交渉の席上でも、一方では説明していた。しかし、そのもう一方では、前述のように「健康に不安があったり病気がちである二世が多く受診する傾向が推測される」とも主張している。そうであるならば、その健診を受診するはずの少なからぬ被爆二世は、健診を受診し、病気が発見されても、その後は自分でその治療計画を立て、あるいは通院・入院医療機関を検討・選択し、（医療費補助等もなく）自費で治療することとならざるを得ない。いうまでもなく「不安の解消」どころではない。

そして、二〇一八年六月十五日、日本被団協中央行動・対厚生労働省交渉の席上において、ついに厚労省は、一九八〇年「被爆二世の健康に関する調査・研究」開始当初から現行の「被爆二世健診」に至るまでの本質を垣間《かいま》見ることのできる、驚くべき答弁を行なうに至った。

交渉に臨んでいた被爆二世が「健診結果（受診した被爆二世について、発見された病気や見受けられる症状、その有無などについて）をどのように受けとめ、あるいは分析しているのか？」との質問をしたことに対して次のように回答した。

「がん、その他諸疾病に罹患《りかん》しているなどの症状の発現が見受けられる」と。

この回答には、さすがに私も耳を疑った。従来、「そもそも健診は遺伝的影響を調査するような目的のものではないし、希望者が受ける健診であることによるバイアス（統計上の分布の偏り等）も想定され、信憑性《しんぴょうせい》のあるデータも得られるようなものでもないことから、とくに分析などしていない」という主旨の主張をくり返してきたことを踏まえると、このような回答は、まさに青天の霹靂《へきれき》とでもいうほかなかったからである。

いずれにしても、この回答（発言）は、極めて重要な事実について物語っている。

まず、やはり、健診は、実のところは遺伝的影響に関するデータを収集し、調査・分析するために行なっているということである。そうでない（データの分析などを一切していない）ならば、「がん、その他諸疾病に罹患しているなどの症状の発現が見受けられる」というような見解なり感想なりをもつわけもなく、まして被爆者・被爆二世の面前で表明できるわけもないはずだからである。

このように、この間の遺伝的影響や被爆二世対策に関する厚労省の主張や見解に数々の自己矛盾があったり、論旨の一貫性や整合性を欠いている理由はもはや明白であろう。厚労省の主張・説明には嘘《うそ》があるからである。

人も国も、一つ嘘をいえば、その嘘をごまかすためにもう一つの嘘をつくことになる。そしてそれを積み重ねるなかで、必ず、論旨に自己矛盾が生じたり一貫性を欠いたりしてくるのは必定《ひつじょう》である。

さらに、もっと見過ごせないことがある。

現行の国の被爆二世健診の検査項目は次のとおりである。

一般検査：ＣＲＰ、血球数、血色素、尿（ウロビリノーゲン・蛋白・糖・潜血）、血圧、肝臓機能、ヘモグロビンＡ１ｃ、血清蛋白分画（多発性骨髄腫・希望した場合のみ）

※一般検査の結果、医師が必要と認めた場合、その必要に応じた精密検査検査（費用）には限度額があり、その限度額を超える場合には、その超過分は自己負担となる。

以上のように、諸病を発見するために決して充分とはいえないこのような健診において、遺伝的影響を認めていない厚労省でさえもが「がん、その他諸疾病への罹患」の傾向について自ら口走ったのである。

これだけの事実からも、被爆二世におよんでいると思われる放射線の遺伝的影響の深刻さを示唆していると受けとめるのは私だけだろうか？

またこの際、つけ加えるならば、厚労省のかねてからの主張、「健康に不安を感じている二世、病気がちな二世の方が、より多く二世健診を受診するはず」との見解にも私は異議を唱《とな》えるものである。

私のように諸病に悩まされてきている被爆二世の立場からみて、現行の二世健診では到底自分の健康状態を正確に把握したり、もしかしたら罹患しているかもしれない重大な疾病などを発見できるとは考えられず、日常的にかかりつけの病医院を通じて、治療を受けながら検査を受ける、あるいはやむを得ず自費により人間ドックなどを受診する傾向の人がむしろ強いと考えている。

そのようなことも考慮に入れれば、より精密な健診を行なえば、被爆二世の健康状態についての、より顕著な健康状態についての特筆すべき傾向と必要とされる対策などが浮き彫りになってくるのではないかと改めて痛感する次第である。

一九七八年～一九八〇年代前半、実際に被爆二世の「健康調査・研究」の件で厚生省との交渉の席にいて、厚生省とのやりとりをしたり、生で直接答弁を聞いている被爆二世は、少なくともこの間日本被団協の交渉に参加する二世の方がたをはじめ、被爆二世交流会などに参加している被爆二世にはいない。当然皆、当時の事実関係を知らなかった。

全国二世協でも、役員等の顔ぶれを見る限り、当時交渉に参加していた方がたは、限りなくゼロに近い。私は、現在の全国二世協にも、この間、親交のある人たちが数人いる。彼らも、この当時についての情報が得られていないことを知った。したがって、全国二世協と原水禁日本国民会議のなかの一握りの方がたが意図的に流布《るふ》している、事実でない情報が多くの人びとのなかに浸透しており、それが皆さんの、今につながるとても重要な事実についての認識と現状認識を妨げていた。そのことを知った以上、もはや、私は黙認することができなくなった。

団体名を明示して批判を述べるのは、決して私の本意ではないが、読者の皆さんには、やむを得ない事情と察して、ご承知いただきたい。

私があえて今語ることの意味

また、私たち関東二世協は、決して、被爆二世の健診の実施そのものに反対したわけではない。一九七八年、被爆二世の要求、要望などとは無関係に、「健康に関する調査・研究」として提示され、かつ、その趣旨が「健診の結果、異常が見つかっても医療保障は行なわない。遺伝的影響はないことを明らかにし、不安を解消するための健診」であるとされていたために、その実施に反対したのである。そして、その一方で、私たちは充実した中身の健診の実施とそれに伴う医療保障を明確に求めていた。

あのとき、最終的に、私たちだけが、実質「調査・研究」の健診実施に反対し、その他の当時の全国被爆二世連絡協議会に集まった他の団体が賛成にまわってしまったことで、いまだに、現行の健診の本質があいまいにされてしまっている。

あのとき力及ばず、結果的に「調査・研究」の実施を強行されていたとしても、被爆二世団体が一致してあの「調査・研究」に反対し、被爆二世のためにあるべき健診と医療保障を明確に足並みそろえて要求できていたら、今の運動の争点や力関係も、もっと違ったものになっていたと思っている。

それは、済《す》んだ話ではあるが、少なくとも、その反省を活かしたいとの考えからも、私はこの本で、みなさんと事実を共有しようと考えた次第である。

また、現行の「被爆二世健康診断」は、名称は変わっていても、一九八〇年二月（一九七九年度）から実施されている「原爆被爆者二世の健康に関する調査・研究」と本質的にほぼ同じものである（だからといって、実施以降四十年もの時を重ねて定着してきたものに、今の時点で廃止を求めるなどという策が、決して現実的なものでないことは重々承知している）。

どのような経緯で「原爆被爆者二世の健康に関する調査・研究」（「被爆二世健康調査」）が提示され、それに対して各被爆二世団体がどのような意見表明や対応を行ない、結果的に実施され、今日に至っているか、その事実関係は、被爆二世の間はもちろん国民の間にも広く明らかにされることが大切であると考えている。

なぜなら、この問題は、決して被爆二世だけの利害に留まるようなことではないからである。「（放射線の）遺伝的影響は認められない」として被爆二世への〝ほしょう〟の必要性を否定して棄民化を進めるとともに、国民全体の放射線影響（核被害）への不安感の解消にも巧みに利用する。その一方で、核開発上、貴重である放射線の遺伝的影響に関するデータを効率よく収集する、これは国にとっては「一石三鳥」の効果・収穫をねらったものである。そして、さらには、現実の姿を見つめてみれば、3・11以降において、福島の原発被害、被災者の方がたへの補償問題をはじめ、「健調」に見られるこうした国の本質と諸々の対策との連動性が色濃《こ》くなってきたのが感じられる。

国は、オリンピック招致プレゼンテーションで、福島の原発問題について「『アンダーコントロール（管理下においており）』、今までも現在も過去も『Safe（安全）』」とした発言に象徴されるように二〇二〇年の東京オリンピックを前に、原爆被爆者、被爆二世、福島の被災者を分断しつつ、徹底した棄民政策により、核・原発被害をないことにしようと躍起《やっき》になっている。これは、戦後、国が、広島・長崎の「復興」を強調、粉飾し、被爆者の被害の事実を隠蔽《いんぺい》することに躍起になった過去の歴史と酷似している。

国は、原爆の被害に対する施策（〝ほしょう〟）は、被爆者（一世）対策をもって打ち切る構えである。被爆二世への遺伝的影響を認めたり、〝ほしょう〟等施策を実施するようなことが、福島の原発被災者をはじめ、原発被曝労働者ほか諸々の核被害への〝ほしょう〟に波及していくことをも恐れているのである（これらのことについては、このあとの章で詳しく述べることとする）。

そして、さらに、核被害の深刻さ（とくに核被害の他にない特徴のひとつが、何世代にもわたって、被害がおよぶものである事実とそのことに対する恐怖心や不安感）についての認識が国民の間に広まり、それが核兵器・原発に反対する世論の広がり・高揚へとつながっていくことも、原発推進を通じた核開発・核兵器保有潜在能力を保持し、二〇二〇年の東京オリンピックをもって「戦争できる国」体制づくりの準備完了をめざす日本政府にとって極めて都合の悪いことなのである。

このような3・11以降の社会情勢の推移も踏まえ、「被爆二世健康調査」の実施前後から、現在に至るまでの真相について、身をもって知り、なおかつこれを具体的に明かすことができるのは、西河内さんと私しかいないことに、歴史の「生き証人」としての使命を感じている。

国家の政策・施策に関わる重大な歴史的事実が闇に葬られ、抹消されたり、歪曲《わいきょく》、ねつ造されることを、私は決して看過《かんか》できない。

そして、それがこの本の執筆に至った大きな動機のひとつである。

4　病院の職場から去る

ここで再び職場の話にもどることとする。

一九七七年秋に地域合同労組に加入して以降、職場は徐々に落ち着きを取りもどしていった。理事会の態度は軟化し、組合員の間にも上部組織に守られているという安心感が出てきて、一時期のようなピリピリした緊張感は徐々にほぐれていった。

ただ、そのことと引き換えに、解雇事件当初にあった団結心もだんだん失われていった。

医事課の女性組合員は二十歳代の独身者中心であり、自由を謳歌《おうか》したい年ごろ、看護師も若年既婚者が多く、争議よりも家庭中心に意識が向いていったのは、ある程度は自然ななりゆきでもあった。

理事会も組合員と被解雇者・本村さんの分断をねらってか、賃金、ボーナスをはじめ、諸々の労働条件の面では、社会通念や相場的にみて、従業員から大きな不満が出ないような柔軟な回答や対応をするようになった。

しかし、解雇問題となると話はまったく別で、少なくとも原職復帰など解雇撤回に応じる展望は得られず、争議は長期化の様相を呈《てい》していた。

次第に組合員の間から争議についての当事者意識は薄れ、他の組合活動全般も、もはや執行部任せの感が否《いな》めなくなっていた。

こうしたなかで、本村さんの焦《あせ》りやいら立ち、孤独感などから組合に対する不満、批判や不信感などが高じてきた。次第に、彼は、刑事告訴を解雇撤回闘争の「方針」として主張するようになった。

これは、当時の中小企業を取り巻く社会情勢と、それを踏まえた上部組織の地域合同労組の活動方針とは相容れないものだった。

まず、一般的に労使間の問題を半《なか》ば司法に委《ゆだ》ねることで、組合の団結力が失われたり、組合（活動）への公的権力の介入のきっかけになり、組合の根本的弱体化につながった事例が多々見受けられたことや、現にこの組合の他支部にも熾烈《しれつ》な労働争議を闘うなかで、警察が介入している職場が複数あり、その状況下からも刑事告訴はあり得ない方針であった。

また、組合員の解雇撤回闘争への意欲、当事者意識が薄れていたとはいえ、組合は、本部も支部も、執行委員を中心に理事会との粘り強い交渉を続けていた。

しかし、本村さんは、医事課の組合員を中心に支部執行部や本部批判の根回しを行うようになり、これに高齢の営繕担当の組合員・横田光男《よこたみつお》さん（仮名）が同調して、医事課の女性組合員などに「刑事告訴に踏み切るべきなのに、これをしようとしない組合本部とそれに言いなりの支部執行部は間違っている」と精力的に扇動するようになっていった。横田さんは、いわゆる「革新政党」の古参の活動家だった人であり、この時点でも多少ともその分派の活動に参加している様子だった。だから、そうした古参の活動家としての「貫禄」と一見、弁が立つ発言のもつ、若い一般組合員への影響力は、相当なものだった。自力での組合活動への意欲が薄れて、他者への依存の意識が蔓延《まんえん》しかかっている心理状態において、なおさら浸透力が強かったのだろう。

次第に、その浸透力は支部執行委員まで呑み込んでいき、ついに、星野委員長と私以外は、「刑事告訴強行派」と化した。そもそも私は、本部執行委員であった。仮に、本部執行委員会において、支部執行部の大勢の意向を伝える程度のことはできるとしても、本部の意向や決定事項に基づいて、支部機関運営や指導に当たるべき任務を請け負っていた責任が私にはある。まして、この件は、この組合の基本的な活動方針・姿勢の根幹にかかわる部分であり、そこのぶれや勝手な変節はとてもあり得なかった。

もっというならば、私ばかりでなく、支部執行委員という立場でも、誰もが本部の基本方針や決定事項にしたがって、支部運営に努めるべきものである。それに真正面から従えないような方針の上部組合と考えるならば、これを脱退して、企業内労働組合にもどるというのが筋道というものである。このような筋道が守られず、好き勝手が許されるなら、組織というものの存立基盤の根底がくつがえされることになる。それは、組合組織のみではなかろう。

しかし、当時の組合は、星野委員長と私を除く全員が、いわば集団催眠にかかっているような状態と化しており、もはや何を言っても聞く耳をもってはいなかった。そして、支部での強行採決が行われた。これに際しても、このような本部基本方針を無視した採決は無効となり、なおかつこれを強行する場合は、除名を含めた統制処分に至ることも警告したが、「やれるものならやってみろ!」の怒号が飛び交うほどであり、私はまったく無力だった。

結局、本村さんが刑事告訴を行ない、支部はこれに協力・支援する旨採決され、ことは取り運ばれていった。

この事実をもって、本部は支部執行委員会を機関凍結《きかんとうけつ》(処分)とした。機関凍結とは、支部機関(運営)が無効とみなされ、停止されることを意味した。支部は、本部の直轄指導下に置かれた。それは、臨時的応急措置であり、組合再加盟登録手続が行われた。

つまり、星野委員長と私は、本部基本方針に沿っており、地域合同労組は、厳密には、個人加盟で成り立つことから、支部一括除名処分とはならず、機関凍結→本部基本方針を改めて提示したうえで、これに賛同する者が個人意思により組合への再加盟登録の申込をするという手続が取られた。必然的に星野委員長と私だけが再加盟の登録申込を行なった。そして、この職場における地域合同労組の組合員は二人のみとなった。しかし、いわば集団催眠状態となっていた、それまでの支部執行委員等は、なおも(しばらく)支部を名乗っていたが、それは当然もはや無効なものだった。

この一連のできごとは、「被爆二世の健康に関する調査・研究」の実施に反対して、私が関東被爆二世連絡協議会を代表してハンガーストライキを行なった一九八〇年一月からまもない三月から五月にかけてバタバタと進んでいった。

職場では、医事課の、それまで同じ組合だった女性職員(主に年上)からの陰湿ないじめが始まった。星野さんは、同じ医事課でも、入院関係の個人作業や看護師との連携の多い業務であったが、私は外来の受付や会計業務が中心で、彼女たちとの連携なしに成り立たない仕事だったので、そこでのあつれきは尋常ではなかった。

もはや、この職場で将来的に働いていける展望はなくなり、またそれを無理して留まる意義もまったく見いだせなかった。その考えは星野さんもまったく同じだった。

二人で話し合い、かつ、地域合同労組本部三役にも相談の後、同じ日に理事会に辞職願を提出した。いくぶんかの儀礼的な遺留もあったが、滞りなく受理され、七月下旬に退職した。

星野さんは、早々に次の就職先が決まったことなどもあり、私より十日ほど早く退職していった。

第三章　私の半生から③　郵便局という職場との出会い

1　郵便局への転職

退職はしたものの、私は、次の就職先が決まっていなかった。新たな職探しということになるのだが、再び以前の就職差別の記憶が脳裏によみがえり、不安と恐怖でいっぱいだった。

前述のとおり、被爆二世運動も大切な局面を迎えていたが、新しい仕事を何とか見つけて収入を確保しないことには、活動費も捻出できなくなるのは自明だった。

朝起きると、まっさきに新聞の求人欄にくまなく目を通す日々だった。でも、私が採用され、務まりそうな仕事はいっこうに見つからなかった。医療機関での勤務経験を活かそうと三か月間の就職活動をするなかで、求人広告で見つけた医療機関がいくつかあったので、病院、開業医等規模を問わず、電話照会をしたり、面接を受けてみた。あまり選り好みしていられる状況でもなかったうえに、今回の職探しは、新卒でなく、円満退職とはいっても中途採用（転職）ということになるからでもあった。

そのなかで、私がここなら勤めたいと思う、しっかりした規模や経営が安定した様相の病院ほど、採用面接での質問内容が細かく、個人情報に深く立ち入る傾向がみられた。

またしても、就職差別を匂《にお》わせるところが二か所あったことを、今でもはっきり記憶している。

なかでもとくに一か所（大規模病院）は、院長らしき人が履歴書を見ながら、出身地（広島）のことを根ほり葉ほり質問してきて、実際よくわからないこともあり、その旨答えると、「広島のことは、ようわからんけんっていうことかな!?　でもお生まれはそっちなんだよね!?」と、皮肉とも冗談ともつかないような語調でたたみかけながら、詰問気味に問い返されたことが、今でも鮮明に思い出される。ちなみに、彼の語る広島弁は、アクセントや細かい言葉尻からして、広島出身、あるいは、広島に一定期間以上居住したことのある人のものではなかった。

こうしたところは、予想どおり、数日中に不採用の通知が送られてきた。

開業医等いわゆる町の医院で、採用してくれるというところもあったが、規模や労働条件をはじめ、諸々の点で、とても、信頼感をもって働けそうなところとは思えなかった。その一例が、「事務といっても、いろいろやってもらいたい。レントゲン撮影も」。これには驚愕《きょうがく》した。

当時の時代であっても、診療放射線技師でない者（無資格者）にレントゲン撮影をさせようなどというとんでもない医療機関に勤めるなどは論外であり、そんなところはこちらから辞退した。

そうした日々が二か月ほど続いて、九月も終わりに近づいて、焦燥感も高まりつつあったとき、新聞の病院求人広告を見つけ、面接にでかけた。

そこは、東京都北部にある中規模病院であった。面接で対応されていたのは、院長と院長のご夫人だった。それまで受けていた面接とはうって変わって、何ともいえず和《なご》やかな雰囲気のなかで、丁重《ていちょう》に迎えられたように記憶している。

院長は、地域医療の発展に強い思いがあり、情熱と深い人情をお持ちの方とお見受けした。私も、労働争議の末、退職したことを正直に話し、医療についての考えも申し上げた。院長は、私のことを気に入ってくださった様子で、その場で採用を前提に、さっそく労働条件などを含めて、具体的な仕事への構想を語られた。

要は、私を「事務長兼院長秘書（実質病院のナンバー2）として採用するので、『片腕』として働いてほしい。医事課の若手職員の指導・統率もお願いしたい」と言われた。当然、今までの仕事より重責で忙しくもなるだろうから、病院の近くに住めるマンションも手配するから」とまで、言ってくださった。

そのとき、私はまだ二十六歳で、医療機関では医療事務を三年経験した程度の若輩者《じゃくはいもの》である。その私には、身に余る光栄な話だった。

院長からは、すぐにでも来てほしいとのことで、具体的な日にちの話にまで及んだ。私は、「ありがたく勤めさせていただきたいが、転職に先立ち、この機会にどうしても諸々済ませておきたい私用、雑務があるため、（確か「二〜三週間程度」と言ったように記憶している）日をいただきたい」旨、お願いし、ご了承いただいた。

それは単なる方便ではなかった（大学を卒業し、就職してからの三年半、退職するまで、ほとんど自分の個人的な自由時間はなく、ひたすら組合と被爆二世関連の活動に明け暮れる毎日だった。平日でなければできないことで、棚上げになっていたことがたくさんあった）。

ただ、それ以上に、少し時間をかけて冷静に考えてみたいというのが本音だった。しかも、この病院の求人を見る前に、郵政職員の中途採用試験を受験し、一次（筆記）試験合格後、二次（面接）試験も受験し、近日中に合否発表の結果待ちの状態でもあったので、合格した場合のことも想定し、熟慮して、後悔のない選択をしたかった。

確かに院長の医療方針やお人柄、提示された待遇などは、申し分《ぶん》ないように思えた。院長は、いわゆる名門医科大学の出身だった。私には、自宅近隣にかかりつけの外科医院があった。信頼関係や諸々の理由で、少なくとも（皮膚《ひふ》病など）外科系統の治療に際しては、勤めていた病院ではなく、その外科医院に通院していた。そこの先生が、その院長と同じ大学の出身であることから、ちょうど治療に行くタイミングだったこともあり、それとなく聞いてみたところ、何とご存知だった。その医大卒の医師の間でも、名医として知られているとともに人格者でもあり、尊敬を集めている方だった。改めて、世の中は、本当に狭いものだとつくづく痛感した。

これもプラスな情報ではあった。とはいえ、考えさせられることも多々あった。いかにこの院長が素晴らしい方であるとしても、私から見た目の年齢から推定して、一緒に仕事できるのは、長くても十五年前後と思われた。また、二十六歳で、医事課一介《いっかい》の事務職員としてのわずかな経験しかない私のような者が、若い女性ばかりの職場に、いきなり院長の「片腕」として入って、経営陣の一翼・すなわち管理者として職場を指揮・統率できるのだろうか。冷静に考えてみると、この院長からの要請は、自分にはかなりの負荷や無理があるようにも感じられた。

一九八〇年は、「被爆二世健康調査」の実施が強行されたことを受けての対応や運動強化など、被爆二世の運動は、大切な時期にさしかかっていた。もし、この仕事に就けば、少なくとも、数年は、自分は二世の活動どころではなくなるのが必定と思われた。

そんなことを二〜三日考えているうちに郵政省・関東郵政局（当時）から合格通知が届き、採用配属予定先の郵便局から電話もかかってきた。配属先の郵便局は、神奈川県内の大局だった。奇しくも、学生時代、狭山闘争で一緒に活動していた友人の小山吉博《こやまよしひろ》さん（仮名）が、その郵便局に勤めており、組合の支部役員でもあったので、相談がてら様子を聞いてみた。

小山さんの話によると、私が採用によりまず配属されるのは、まちがいなく郵便内務の仕事ということだった。とくに、こうした大局の郵便内務の仕事は、細分化されていることと、より肉体労働の比重が大きく、しかも変則勤務が過酷である。なかでも、十六時間勤務といって十六時二〇分ごろから翌日の午前九時半近くまで働く勤務があった。夜半の休憩時間に宿直室で仮眠できるが、取れる睡眠時間は、二時間からせいぜい二時間半程度とのことだった。

「森川君の健康状態や体力では、到底長く続けられる仕事ではないと思うよ。ただ、一年半後には、郵便業務の効率化のために、大局が発足し、今の局の郵便関係職員のほとんどは、そこに異動することになっている。そのときに、局側と組合の要員協議があり、それをもとに人員配置も行われる。そのときが、（宿直勤務がなく、常時日勤帯勤務でカウンターやデスクワーク中心の業務の）保険課か貯金課に異動できるチャンスになると思う。僕も今組合役員（の要職）だし、支部長や書記長に、そこは予め、よく話しておくから。また、この局は、だいたいどの職場も全逓《ぜんてい》（全逓信《ぜんていしん》労働組合）が強いから、そういう意味では安心できると思うよ！」と言われた。

当時、郵政省には、二つの大きな組合があった（それ以外は、少数）。ひとつは、全逓信労働組合（全逓）で、もうひとつは、全日本郵政労働組合（全郵政）だった。全逓は、郵政省の職場における主流派であり、一九七八年には、年賀状配達拒否を含むマル生（生産性向上運動）反対闘争を組織するなど、郵政省当局とは対立関係にあった総評系の組合である。一九八〇年代には、従来の長期抵抗大衆路線から団体交渉重視の柔軟路線に転換されていくことになるが、私が転職した一九八〇年は、ちょうどその転換期にさしかかり始めたころではあるものの、まだまだ、現場では、管理者（とくに、全郵政出身）の全逓敵視と、全逓の当局への対立姿勢が色濃く残存していた。全郵政は、反全逓・労使協調を掲げて一九六五年に結成し、同盟（全日本労働総同盟）に加入した組合だった。職場は、全逓と当局の対立に劣らず、全逓と全郵政の組合員（職員）間の摩擦《まさつ》が激しく、人間関係も殺ばつとしたものだった。

私は、もし、郵便局に勤めるのなら、全逓加入は、あらゆる意味で一〇〇％必然の選択肢であった。何よりもまず、それまでに形成されている思想信条、また、二世運動での全逓広島被爆二世協議会等との関係、前職での争議中、全逓からも支援があったこと、また、当然小山さんとの友人関係、その他何から何まで全郵政に加入という選択肢は、あり得なかった。

私は、小山さんがいうように転職した後、一年半後に、日勤で日々、自宅で夜眠れる仕事に就ける希望をもって、郵便局への転職を決断した。

また、この決断を後押ししてくれたのは、私の郵便局に対する好感、親近感であった。私は、高校生のとき、自宅近隣の郵便局で年賀や春休み時期などの短期間、郵便配達のアルバイトを経験していた。そのときの職員の人たちが、とても親切でていねいに仕事を教えてくれたり、面倒をみてくれたことで、好印象が強く残っていた。

ところで、郵便局の採用面接試験では、本籍地に関連した質問などをされるようなことは、まったくなかった。

それには、はっきりとした道理があった。部落解放運動の成果による恩恵と私は受けとめ、感謝している。実は、郵便局に就職してまもないころ、配属課の課長に、飲みに誘われたことがあった。その席で、課長が次のようなことを言っていた。「最近は、『過激派』の活動家やら何やらいろんな人たちが郵便局に入ってくるようになった。以前は、身元調査でそういうのは落とすことができたらしいが、今は、それができなくなったからね！　ほら、わかるよね！　部落問題、同和の関係ね！」（ちなみに、この課長は、全郵政役員の出身で、全逓敵視むき出しの管理者だった）。

この話を聞いたとき、私は、すぐに推測できた。部落解放運動で差別撤廃のために地道に運動してくれたおかげで、少なくとも郵便局では、採用時における差別的行為が防がれていることを実感した。

全逓と部落解放同盟は、友好（共闘）関係にあった。郵便局の職場では、定期的に同和研修が開催されていた。部落解放同盟が作成した部落問題についての理解と認識を深めるための映画などを鑑賞する機会も多かった。これは大変重要なことだったと思う。

郵便局の業務は、地域に密着している。必然的に地域住民（お客さま）についてのかなり立ち入った個人情報についても知り得ることがある（家族構成、配達される郵便物から類推される様々な情報等諸々）。したがって、守秘義務は当然、それとともに、差別観念にとらわれない人権尊重の意識が必要と考えられるからである。

2　郵便局で働いて　被爆二世運動が直面した壁　不思議な出会い

一九八〇年十月二十七日、私は、採用された郵便局に出勤した。同期の職員は、二十名前後はいたように思う。

最初のオリエンテーションがひととおり終わると、各職員の配属先が発表され、採用の辞令が発令された。私は、小包郵便物を専門に扱う課に配属された。

その日、さっそく小山さんに電話をした。小山さんも組合役員なので、新規（中途）採用者の氏名や配属先は、すでに把握していた。一気に状況が暗転する情報を耳にした。局全体の組合組織加入状況としては、全逓七〇％、全郵政二〇％、未加入者一〇％で、確かに全逓の組織率の高い局であったが、その二〇％の全郵政の職員の実に九〇％が、なんと私が配属された職場（課）だった。五十四名の職員のうちの四十七名が全郵政の組合員で、全逓組合員は、四名しかいなかった。

小山さんからは、「これから、全郵政から執拗なオルグ（組織拡充のための勧誘）が続くと思うが、しばらくは、どちらにも入らずに場をつないでいてほしい」とのことだった。同期のなかで、私と同じ課に配属された新人は、私のほかにあと二人いた（私が三人のなかで最年長だった）。小山さんは、私だけが先に全逓に加入すると、「見せしめも兼ねていじめや差別分断にさらされ、あとの二人もそれを見て恐怖感を抱き、全郵政に加入する可能性も高くなる。しばらくは、検討中という受け応《こた》えをしながら、同期の二人ができるだけ全逓に加入するように話し合うように」と依頼してきた。

実際に、それくらいしか方策はみつからなかった。

幸い、同期の二人、澄岡紀夫《すみおかのりお》さん（仮名）と有本俊彦《ありもととしひこ》さん（仮名）も、全郵政に対して反発を示していた。澄岡さんは、沖縄県石垣島の出身だった。「全郵政は御用組合だから嫌いだ」と言っていた。有本さんは、腎臓に持病があり、健康に不安があった。そういう立場からも、「全郵政のような使用者側とつながっているような組合に加入しても、もし、自分が万一病気で倒れたりしたとき、守ってはもらえないのでは？」と全郵政に対して懐疑的だった。

就職してからの数か月、普通に考えれば、まず、新人は仕事を覚える、そして先輩は、新人に仕事を教える、早く仕事に慣れさせて、業務が円滑にまわるようにしようとするのが職場の基本のように思われるが、ここは違った。仕事をしに行っているのか、組合のオルグをされに行っているのかわからないような毎日だった。それも二つの組合から、〝左右両腕を綱引きのように引っ張られてちぎれんばかり〟とでもいうような様相だった。

小山さんや全逓の支部書記長から、私の課の全逓組合員には、私が小山さんの友人でもあり、全郵政に加入するようなことも絶対になく、全逓加入は時期の問題だけだから、あまり急がないように、と伝えられていた。でも、油断していると、私はともかく、あとの二人の新人が全郵政に加入してしまうのではないかという焦りもあったのだろう。現に、四人だけの組合員が七人まで増えるのと、逆にさらに全郵政の組合員が増えるのとでは、当時の職場環境においては大きな差があった。

また、日が経つにつれて、全郵政の役員などにも焦りやいら立ちが見え始め、「そんなふうに、いつまでも職場になじもうとしない態度でいたら、仕事も教えてもらえなくなったり、人間関係もうまくいかなくなるぞ！」といった恫喝発言なども飛び交うようになった。ただ、幸か不幸か、そうこうするうちに、職場は、十二月、年末繁忙期に入った。学生の短期アルバイトの人たちの手も必要なほどでもあり、さすがにそのあわただしさもあって、いわば棚上げ状態は年明けまでは続いた。

ただ、正月気分も失《う》せた一月中旬に事態は動いた。有本さんが、「もういつまでもこの状況で、宙ぶらりんはめんどうくさいから、もう全逓に入っちゃいませんか!?」と切り出してきた。私も、そこで間髪《かんぱつ》入れず、「実は、俺もそう思ってたんだよ！」と答え、すぐに話は決まった。澄岡さんは、流れに乗るのを嫌う彼独特の性格もあり、その場では決めなかったが、私たちが加入した後、彼に対する全郵政からのオルグがさらに集中して辟易《へきえき》したこともあり、ほどなく全逓に加入した。

この後、職場はピリピリとした緊張感に包まれた。一〜二週間は、「今ならまだ遅くないから考え直した方がいい。全逓なんかに入っていたら、人生お先真っ暗だよ。出世もできず、安い給料のまま！　そんなんじゃ結婚もできないぞ！」。そんなオルグが入れ替わり立ち代わりだった。しかし、それも効果がないとわかると職場での本格的ないじめが始まった。仕事のやり方を教えず、わざと間違えさせて、どなる（叱責《しっせき》する）などということは日常茶飯事だった。

さらにきつかったのは、十六時間勤務のときである。夜半の仮眠時間になり、宿直室で寝ようとしても、枕を投げつけられるなどして、眠れないことだった。

ただ、話に公平性を期するためにつけ加えると、こうした職場における組合絡みのいじめや嫌がらせは、この時期、必ずしも、全郵政から全逓の組合員に対してだけではなく、全逓が多数を占める職場では、その逆のことが行われているところもままあったようである（私は、実際に直接自分が見聞していないから「ようである」としか言えない。その八年後の転勤先の、同じく郵便内務の職場では全逓加入者が九割、全郵政一割だったが、いじめや嫌がらせなどは皆無で、和気あいあいとやっていた。ただ、それは時代が変わっていたからでもあるかと思う。考えれば考えるほど昔が尋常《じんじょう》でなかった）。

そうこうするうちに、一年以上が過ぎ、前述の一九八二年五月末の新局の開局がせまってきた。一九八二年、年が明けてまもないころには、職員からの配属先希望調書提出と、それを踏まえての（労使間）要員協議などが始まった。

私の場合、実際に郵便内務の職場で中腰姿勢の多い肉体労働や十六時間勤務を経験してみて、やはり当初から小山さんが推測したとおり、健康状態に様々な支障が現れた。不規則な生活のリズムから、自律神経の乱れによると思われる下痢や腹痛など胃腸症状や頭痛、持病の顔面痛の悪化、明け方の作業中に起こる不整脈やこれに伴うめまいや額《ひたい》などの脂汗《あぶらあせ》、そして腰痛や内痔核が悪化し、一九八一年秋には、内痔核切除の手術をしなければならないほどだった。

したがって、郵便業務しかない新局に行かず、それまでの局に残り、貯金か保険の内務の仕事への（職種変更を伴う）異動を希望した。

しかし、そうそうこちらの思いどおりにはいきそうもない状況にあることが、小山さんから伝えられた。そもそも保険課や貯金課は、そのままの状態でその局に残るため、定員が増えるわけでも、それほど多く人の入れ替わりがあるわけでもないうえ、私と同じような希望を出している人はたくさんいたはずだから、なおさら狭き門だったらしい。

五月三十一日の新局の開局が間近に迫ったころ、配属先の内命があった。行き先は、新局の庶務会計課といって、その局のいわゆる人事・給与・厚生・会計など総務関係の業務を担当する、いわば局長付きの仕事を担当する部署だった。これは、まったくの想定外だった。自分自身が希望していなかったこともあるが、当時の労使関係の状況からして、少なくとも首都圏の局で、全逓組合員が通常配置されるような部署ではなかった。この部署では、諸施策や人事などを含めた局の運営に伴う諸々の秘密事項なども取り扱うため、全逓組合員はなかなか配置されず、ほぼ未加入者と全郵政組合員で構成される傾向にあった。ただ、このあたりの人事上の変化にも、局側と全逓の雪解けムード、労使協調・接近の兆候が少しずつ表れ始めていることが感じられた。

とはいえ、現場の管理者や役職者のなかには、以前からの全逓敵視政策・労務管理の意識をひきずっている人が、依然として見受けられた。

役職が私の二つ上の上司が、その典型だった。彼は、全郵政の出身であり、全逓敵視の感情を露わにした言動を、職場で臆せずあからさまに行なう人だった。彼は、私に再三にわたって全逓の脱退を迫ってきた。「人事など総務関係を取り扱う部署に全逓組合員がいて、職務上の秘密を洩らされては困るから（組合を）やめてもらわないと」「この部署でずっとやっていくつもりなら、組合やめないと、一生ヒラ（一般職員）のまま。役職者になれず、出世できないよ！」などと、平気でいう人だった。この人は、狭義《きょうぎ》な意味での管理者ではなかったが「非組合員」といって、「使用者側の利益を代表する者」と規定され、管理者と同様、「組合加入対象外」に該当する役職の人だった。このような立場にあって、労働組合の構成員に対して、組合の脱退を強要したり誘導等することは、前述したとおり、「使用者が行う労働者の団結権を侵害する」行為であり、労働組合法で禁止されている不当労働行為（違法行為）であった。

またしても、そうした組合がらみのあつれきは相変わらずついてまわったものの、この職場に移ったことで、少なくとも朝起きて出勤し、毎日夜になれば帰宅し、自宅の寝室で一定に近い時間に床《とこ》につくことができた。ひとまず規則正しい生活が送れるようになったことは、それだけでも私にとってはありがたいことだった。日々、郵便の職場で十六時間勤務を伴う過酷な仕事を続けている仲間のことを思うと、少々の労使関係、人間関係上での摩擦《まさつ》があるとしても贅沢《ぜいたく》や不満を言うべき立場にないとも思っていた。

体調も、少しずつ回復し、規則正しい生活で、生活のリズムもつかめてきたことと、職場での精神的なストレスを発散すること、そして体力づくりのためにも、郵便関係の職員で構成されるバレーボールチームが結成されたとき、誘いもあり、入会した。

チームの練習は週一回程度のものだったが、少しずつ基礎体力は向上していった。そして、徐々に、休みの日などに自宅近くの公園などでジョギングをするようにもなっていった。さらに、一年ほど経ったころ、通勤時間に長距離走と自転車のトレーニングを取り入れるようになった。

私は、消化器系の内臓をはじめ、体中のあちこちが、諸症状や不調に見舞われがちだったものの心肺機能には自信があった。また、やせ型の私の体系は持久走、有酸素運動に適しているようだった。そこで

「フルマラソンを三時間未満で走る」という目標を立てた。フルマラソンを三時間未満で走ることは「サブスリー」と呼ばれており、当時でも結構走り込んでいる市民ランナーの「夢」の記録とされていた。この記録を達成するためには日々長い距離を走り込む必要がある。一般的に月間三〇〇キロくらいの走り込みは必要だといわれていた。この距離は、普通に考えれば、仕事をもっている社会人にはむずかしい。そこで通勤時間を活用することを考えついた。

私は、郵便局に転職したとき、横浜市旭区のアパートに転居していた。そこから職場までは十四キロの道のりだった。その距離を片道は（トライアスロン用）自転車で、もう片道をランニングで通勤する。たとえば、今日、自転車で出勤したら、自転車は、局に駐輪したまま、ランニングして帰宅し、明日の朝は、走って通勤し、帰りは、局に駐輪してあった自転車に乗って帰宅するという段取りだった。朝走って出勤した場合は、職場の浴室で入浴してから食堂で朝食を摂り、一休みしてから勤務に就いていた。

仕事は、デスクワーク中心だったこともあり、こうした適度の運動のあとの方が新陳代謝もよくなり、仕事の能率も上がった。仕事の前でもあるので余力を残したペースで走ったが、いつも、だいたいランニングは五十六分（一キロ四分ペース）、自転車は三十三分〜三十五分に定着した。一キロ四分ペースを全力の八割くらいのイメージで長く走れるようになることで「サブスリー」は実質的に可能になる（計算上、一キロ四分ペースでフルマラソン・四二・一九五キロメートルを完走すると二時間四十八分台になる）。雨天等の天候不良や体調不良を感じるときは、無理せず電車で通勤していたので、走っている途中に離脱して電車に乗るようなことはなかった。休みの日の二日のうち一日は完全休養で、もう一日を近くの公園や鎌倉などのハイキングコースなども交えて二十〜三十キロの長距離をゆっくり走り込むことに充《あ》てた。結果的に月間だいたい三二〇キロ前後まで走り込むようになっていた。

一方、前の局で長距離走を趣味にしている人たちから、駅伝チームをつくりたいので、入ってほしいという誘いがあり、入会して全国郵政駅伝大会にも出場し、全国で四位に入賞したこともあった。チームは五人で構成されていた。私を含めて格別に早い人はいなかったが、そこそこ粒がそろっていたのが勝因だった。

首都圏各地のマラソン大会の十キロ、二十キロ、ハーフマラソンの部などに参加もしていった。そして一九八五年三月、ついに筑波学園マラソン（当時の名称）フルマラソンの部で、初めてフルマラソンを走り、二時間五十四分のタイムで完走することができた。三月とはいえ、五月なみの気温、最高気温二十五度近い晴天のため脱水症状を起こす人が続出するほどで、必ずしも好条件とはいえなかった。また、スタート地点は大変な混雑ぶりで、号砲がなってからスタート地点にたどり着いたときにはすでに二分あまり経過していたことなどを考えても、確かに三時間を切ることができた、「サブスリーランナーの仲間入りができた！」と自分自身で納得できたので、それだけで充分だった。後にも先にもフルマラソンを走ったのはそれだけだった。

実は、この筑波マラソンを走る三週間前、根岸（横浜市中区）の森林公園での練習中、右かかとに痛みを感じた。でも長い間の練習を積んできたので、筑波学園のマラソンまでは走りきった。その後、休養して様子をみたが、軽快することはなかった。過去、走っていて膝が痛くなることは何回かあったが、数日休めることで回復していた。だが、かかとの痛みはいっこうに治らなかった。このかかとの痛みと腫《は》れ（足底筋膜炎）は、完全に慢性化して、今なお長距離を歩いたり、一時間以上の運転をすると、てきめんにかかとにジンジンとした痛みを感じる。

したがって、無念だったが、その後は長距離走をするのはあきらめ、健康のために、サイクリングと本当に軽いジョギング程度をすることに切り替えた。

そもそもが、フルマラソンを何度も続けて走っていこうと思っていたわけでもなかった。フルマラソンは、練習に相当な時間もエネルギーも使わなければ走れないし、こんなふうにいろいろな体の故障が出てくることも少し心配していた。このフルマラソンを走るために前述のような本格的な練習を半年ほど続けていた。性分には合っていたし、趣味として楽しめてはいたが、体（健康）への影響と、時間の捻出の点からも、今後、フルマラソンに挑戦し続けるのはいかがなものかと思っていた。

それは、何より、被爆二世の運動をしっかり続けていきたかったからでもある。そのための体力が養われたことで、充分だというのが心の奥底の本音でもあった。

ただ、一九八二年三月の全国被爆二世連絡協議会での厚生省への「統一要求書」提出以降、私たち関東被爆二世連絡協議会は、むずかしい問題を抱えていた。まず、相棒の西河内さんが大病をし、実質上、当面活動を続けることができなくなり、復帰の見通しもつかなかった。これがいちばん大きかった。

また、諸々の事務面などを含めて会の活動を支えていた学生や既婚女性などの人たちの首都圏からの転出による退会が相次ぎ、日常的な活動に参加できる会員が激減していった。

このころは、大学一～二年生のとき、入会した学生が卒業を迎えたり、すでに社会人になったりしていたが、実家の事情や親の健康状態などにより、広島や長崎に帰郷するケースが目立った。そして、既婚女性の方の場合など、配偶者の転勤に伴う遠方への転居のため退会する例もだいぶあった。その他の会員には、病気がちな人が多く、たとえば、（腎臓病を患い）体調の比較的よい日だけ働いて（歩合制の仕事で）日銭を稼いで生計を立てているというような人に、日常的に活動に参加してもらうというわけにもいかなかった。

そのような状態が数年続き、関東二世協の組織的な被爆二世の活動は、実質上休止となった。その後は、被爆二世の組織、あるいはその一員としてではなく、一個人として反原発運動や平和運動などに随時参加するにとどまるようになっていった。

新局に移って確か二年目のことだったと思う。初代局長が転出し、二代目の局長が着任してきたときのことである。

局内で小山さんと会ったとき、彼が私に言ってきた。「今度の局長、被爆者だっていう話聞いた？」。私が「まだ聞いていない」と答えると、郵便関係の職場をまわり、着任のあいさつをするときに、「私は、広島の原爆被爆者です。被爆体験とその後の今までの人生のなかで、命の尊さを痛感してきました。だから、何よりもまず、職員の皆さんの命を守ることをいちばん大切に考えたうえで、この局を運営していきたいと思っています」と述べたそうだ。何という奇遇かと驚いた。仕事の性質上、私の事務室は、局長室の隣にあった。

決裁が必要な文書類を局長に渡すため、局長室にもっていったとき、さっそく話を切り出した。

「局長は広島で被爆されているとお聞きしたのですが、実は、私の父も広島の被爆者なんです」と言うと、「えっ！　そうなの⁉　場所はどの辺だったの？」と訊《き》かれた。私が、「当時のNHK広島中央放送局内でした。爆心から一キロです。」と答えると「一キロは、ずいぶん近いね！　お父さんはお元気なの？」。

それ以降は次のような会話だった。

私：「胃腸など内臓の諸症状、白血球が少なかったり、高血圧など、いろいろあって頻繁に病院に通ってはいるようですが、お蔭様でなんとか大病にまでは至らず、現在、神奈川県原爆被災者の会という神奈川県の被爆者の会と川崎市折鶴の会という川崎市の被爆者の会の両方の会長を兼任させていただいております」

局長：「ああ、そうなの！　そうすると、あなたは、被爆二世だね！　もう結婚しているの？」

私：「いいえ、まだ独身です。もうまもなく三十歳にもなりますし、そろそろとは思っておりますが、なかなか」

局長：「そうか！　うちの娘も年ごろなんだけどまだ独身でね。実はとても心配でね。やっぱり何だかんだと差別があったりするからね。でも、（あなたにも）きっといい人が現れることを祈っているよ！　これから、よろしくお願いします」

そのようなやり取りであったと記憶している。

この局は、新局といっても、当時、最先端の郵便物区分処理技術が導入され、海外からの視察者、見学者等が頻繁に来局するほどの神奈川県内でも有数の大局であり、この局の局長は、（当時・国営時代の）本省や郵政局でもいわゆるエリートクラスの人が、定年を迎える前、それまでの事業への貢献度が高かったと認められる人に、いわば「花道」として与えられる「ご褒美ポスト」だといわれていた。

そのようなポストに、このように温厚で、人権重視の局長が配置されたのも、また一歩労使協調の兆《きざ》しが深まる象徴的な人事にも感じられた。

この加山秀典《かやまひでのり》局長（仮名）は、被爆者運動や平和運動にもかかわっており、そのことで、テレビ番組にも出演していた。それがビデオに収録されたものを、管理者に視聴させていた。

加山局長は、この局を最後に退官されたが、その際、私のところに来て、「これからは、お父さんの活動（被爆者運動）を手伝うことにするよ！」と声をかけてくださった。

3 結婚

加山局長が娘さんの結婚について心配していたように、私の両親も、私が二十七〜二十八歳になったころから、気になり出したようだった。

そのころは、一人暮らしだったが、時々実家に帰ると、折に触れ、「誰か決まった人はいるの?」、「誰かいい人はいないの?」などと聞かれるようになった。

ただ、正直なところ、そこまでは、異性と結婚に至るような交際をする、いや、その前に知り合う機会を得る時間さえもほとんどなかった。前職では、労働争議と被爆二世運動に明け暮れる日々だった。趣味に興《きょう》じるような余暇などもなかった。そして、郵便局に転職してからは、四日に一回の十六時間勤務(宿直勤務)で、この勤務の二日間がまるで一日のように、むなしく過ぎていった。体の丈夫な人は、この宿直勤務の前後を有効活用しているような話も聞いたが、私の場合、宿直明けの日は、家に直行で寝床に倒れ込んでいた。宿直入りの日は、出勤時間まで、仕事に備えて家でゆっくり英気を養っておかないとても務まらなかった。そして休日を二世の活動などに充てていたが、前述の組合がらみのあつれきから来る心労なども加わり、日々憔悴《しょうすい》していた。

新局の庶務会計課への異動により、常時日勤の仕事になり、徐々にスポーツでの健康回復に時間を割けるようにもなり、ようやく結婚ということにも少し気が向くようになったときには、もう、三十歳も間近に迫ってきていた。

両親も少し心配したらしく、何度か見合いの話をもってきた。それまで、何冊か被爆二世団体や被爆二世問題にかんする書籍などで、被爆二世をめぐる結婚差別の事例などを読んだことがあった。また、実際、それまで出会った被爆二世から、そういう話を聞いたこともあった。確かに私も、被爆二世に対する差別は、前述のような就職差別とともに、結婚においてもあるとは思う。ただ、見合い以外の場合、すなわち、恋愛関係において、「破談」が結婚差別によるものとほぼ確かに言い切れるような例の大半は、相手の親など、近親者の反対によるもののように思われる。仮に、相手本人が「被爆二世だから」と思ったり、それが本質的な（主な）理由だとしても、あえてそれを口に出して伝えるようなケースは、（絶対ないというわけではないが）まれではないかと思う。そもそも、一般的に男性と女性が交際をして、愛情が深まり、お互いに結婚の決断に至るには、理屈や理性などで割り切ったり説明もできないようないろいろな気持ちや感情、思いなどが複雑に重なり合い、入り混じってきているはずである。最終的な結婚の可否の理由や動機の具体的な理由や、まして、そのなかから被爆二世問題（差別観念や差別意識など）を取り出して個別に識別できる場合ばかりではないだろう。また、被爆二世には、結婚差別のことなどまったく意識になく（さらには、結婚する時点では、自分が被爆二世であることにそれほど強い意識をもってはおらず）、したがって自分が被爆二世だという話もとくにせず、相手も知らないまま結婚したような例も多いようだ。これは、単なる私の推測ではなく、直接に既婚の被爆二世からしばしば聞いた話である。

ただ、見合いの場合となると、少々事情が違ってくるように思う。見合いの場合は、一般的にまず、紹介者を通して釣書《つりがき》といって「自己紹介（プロフィール）を載せた書面」を取り交わす。少なくとも、当時は、「本籍地」は、記入すべき必須事項とされていた。ここで起きたことは、本質的に、就職の際に起きたことと同じだった。

それも、縁談の対象となるご本人以上に、親御さんの対応である。釣書交換だけで断られたことはなかったが、見合いの席となると、まずは当人どうしの両親も同席して、二時間前後会食した後、当人どうしだけで離席して場所を変えるものだった。

この、両親同伴の席では、本人というよりもむしろ、相手方のご両親から本籍地（広島・原爆）関連の質問を、陰に陽にされたことが記憶に残っている。就職時の採用面接試験以上に、あからさまな質問もあった。言葉を選びながらも、本籍地から原爆・被爆の有無、私の健康状態や既往症などについての質問である（そのころは、比較的健康状態も安定し、前述のように軽いスポーツにも興じていたほどであり、とくにそれ以前の一時期のように顔色が悪かったり、やせ細っていたりというようなこともなかった）。

ついには、仲人さん（紹介者の方）を介して伝えられたことを聞いてか、父が激怒していたことを知った。見合いのときの相手方の両親の言動、言葉の端々から、父の怒りの原因はおよそ推測できた。

見合いの場合は、出会いの時点で、現実問題として人柄や相性というのは半ば建前であり、それ以前に生計を共にするに際しての条件についての冷静な価値判断がより強く働くはずであり、ましてそれが相手ご本人以上に、その親御さんの立場からするとなおさらその傾向は強くなる。なかなか「好きになってしまえば、そんなことは関係ない」という具合《ぐあい》にはいかないのが実情であり、そこにこそ、差別問題の本質がある（このことについては、第六章で改めて詳しく考察する）。

この一件で私の心は決まった。

後にも先にも、父が私のことで、怒りであれ何であれ、あれほど感情を露わにしたことは記憶にない。父は、ふだん私のことでは、あまり関心を示してくれているようには思えなかった。両親と別居し、一人暮らしをするようになってからはますますそうだった。めでたいことにも、病気をはじめつらいことにでもである。だから、理由はどうあれ、私の傷つけられた立場や思いを察し（というより、もしかしたら自分自身の尊厳が傷つけられたことに対する怒りだったのかもしれないが、そういうことは、そのときはどうでもよかった）、怒りの感情を表してくれたことが、そのときの私にとってはとにかくうれしかった。

と同時に、これ以上両親を傷つけたり悲しい思いをさせたくないとも思った。だから、両親に、「結婚相手は何とか自分で見つけるから（大丈夫だから）、もうお見合いはいい（しない）から、もし、今後そういう話がきても断ってね」と告げた。もちろん、そう言ったからといって、何らかの目算や自信もあるわけでもなかったし、本音のところは、それほど結婚にこだわることもないと感じていたので、ことさらに焦ったり執着しなくもなっていた。

それよりも、どちらかというと、社会人になって以降、ずっと仕事と職場・組合がらみなどでの人間関係における摩擦や葛藤《かっとう》と活動だけで日常のすべてを埋め尽くされていた日々から、少しばかりでも自由な時間が生まれ、いくばくかでも遅ればせながらの（若者の余暇としての）スポーツや趣味を楽しむ青春を味わいたいと思った。だから、前述のようにフルマラソンに挑戦したり、フルマラソンが走れなくなってからも、その代わりに、南アルプス山麓白根桃源郷《さんろくしらねとうげんきょう》マラソン（山梨県）、車山《くるまやま》クロスカントリー、大山《おおやま》登山マラソンなど風光明媚《ふうこうめいび》な地域で開催されるマラソン大会の五キロから十キロ前後までの中距離の部に参加して景色を楽しんだり、スキューバダイビングに興じたりしながら、比較的丈夫な心肺機能を活かして健康の回復に努めていた。

三十歳のころ、フルマラソンへの一歩として、丹沢湖マラソンの十キロの部に参加したとき、ふとしたきっかけで参加していた女性（中学校の体育の教師・生田由美《いくたゆみ》さん《仮名》）との交際が始まった。

交際といっても、平日は、自宅で夜、電話での会話が多かった（当時は、携帯電話やEメールなどのない時代だった）。生田さんは、体操部の顧問をしていた。また、体育の教師のままでは、将来体力的にも厳しくなるとの考えから、社会の教師の資格も取ろうと勉強中だった。一方の私も、時間的余裕が少しできたとはいえ、被爆二世運動の継続がむずかしくなったなかで、今後の自分の活動形態をどのようにしていこうかと暗中模索しながら、あちこち飛びまわっていたようなこともあり、以前とは別の意味で、それなりにあわただしい日々だった。

そのようにお互い忙しかったので、夜の電話でのコミュニケーションが多く、会うのは休日だった。出会って一年あまりが経ったころ、私には、生田さんと結婚したいという気持ちが芽生えたが、彼女は、そういう気持ちにはなっていなかった。そのときは、生田さんも、社会の教師の資格取得等のため、身辺あわただしかったとも思うが、いずれにしても、そういうめぐり合わせだったのだと思う。それは、彼女だけでなく、私もである。私も、何とかしてぜひ結婚したいと思っていたらもっと必死になって会う機会をつくったり、より積極的に説得したに違いない。彼女も、私との結婚をまったく考えていなかったわけではないと思う。

どちらもなかなか予定を合わせられないうちに、会う間隔が空いていき、電話の頻度も減り、どちらからともなく連絡が完全に途絶《とだ》えた。

生田さんは、（あくまで仮にの話として）もし今後の交際のなりゆき次第で結婚しようということになった場合、そのこと（結婚したいと思っている相手が被爆二世であること）を「親に話したら、もしかしたら反対されるかもしれない。一生懸命話してもなお、親に反対されるとしたら、それはとても残念なことだけど、もし、そうなってしまったとしても、私は、結婚は、絶対に自分の意思で決めるから」と話してくれてはいた。

それが、決してその場しのぎの方便ではなかった証拠に、連絡が途絶えてから一年半以上もたったある日、彼女から電話がかかってきた。「もしよかったら両親に会ってほしいと思って」と。

しかし、そのときには、すでに妻と婚約し、数か月後に結婚することが決まっていた。

私は、即座に答えた。「ごめん！　もう結婚することが決まっているんだ」と。

すると彼女は、「そうか！　遅すぎたね！　私がばかだったよね！」とさらっとした感じで言った。「で、どんな人なの？」と聞かれたような気がするが、その後どんな話をしたかまでは記憶にない。ただ、はっきり覚えているのは、お互いに決して相手を責めるような会話や言葉はひとつもなく、何か少し切ないなかにも心の和む会話であったことだ。

妻と出会ったのは、一九八六年春のことだった。それは、筑波学園マラソンに参加した直後のことだった。

当時、住んでいた地域の走友会（マラソン同好会）の会員で、ダンス教室の講師の人がいて、記念行事のダンスパーティーがあるからぜひ…と、半ば無理やり誘われて出席した。

そこで妻と出会った。

パーティー会場に入るとき、男性も女性も番号の書いてあるくじを引く。最初は、同じ番号のくじを引いた男女のペアで講師の指導でダンスを踊る。その後は、適宜、交代していろいろな人と踊る。そして、そのくじの13番を引いたのが妻と私だった。途中、少しだけ他の人とも踊ったが、ほとんど妻と踊っていたように思う。会ったその瞬間、「結婚するならこの人だ！」と思った。そこには、何の理由もなかった。

この日から結婚を申し込むまで確か二か月もかかっていなかったように思う。妻の両親にあいさつして、許可をもらう前に、こっそり妻と結婚式場も予約してしまった。本来、儀礼上は邪道だったかもしれないが、当時も結婚式場は混んでおり、予約するのが遅いと結婚式もそれだけどんどん遅くなっていく。結婚式の日は一九八七年五月五日だった。それを予約したのは、一年くらいは前のことだったように思う。すなわち、交際期間の何倍も、婚約期間の方がはるかに長かった。

私は、自分の生い立ちについては、妻にもいろいろなことを断片的ながら、少しずつ折に触れて話してはいたと思う。ただ、身構えるようにして改めて「被爆二世問題」といったような形で、話したこともなかった。そこに一抹の不安を感じていないわけではなかった。

どうしたものかと悩んだ末、思いついたのが、妻を連れて広島を訪れ、広島平和記念資料館を案内・説明することだった。

二〇〇四年、『夕凪《ゆうなぎ》の街《まち》　桜の国』（こうの史代《ふみよ》／著、双葉社、二〇〇四年十月）という漫画が発刊され、二〇〇七年に映画化・公開されている。私は、原作である漫画を読んだうえで、この映画（『夕凪《ゆうなぎ》の街　桜の国』佐々部清《ささべきよし》／監督、二〇〇七年、一一八分、アートポート）を鑑賞した。

この作品と出会ったとき、妻を広島に連れていったこととそのときの気持ちが鮮やかに思い出され、私の心の奥底に眠っていた「被爆二世」が呼び覚《さ》まされた。それが、再び被爆二世としての活動に復帰する引き金となった。

私は、このとき（二〇〇七年七月）、あるウェブサイトで、『夕凪の街　桜の国』（漫画）について、次のような書評を公表している。

「夕凪の街」では、原爆の惨禍のなかで生き残った被爆者の苦悩や思い、「桜の国」では、自分のルーツや社会的立場を見つめ直す被爆二世を中心に描かれている。被爆二世といっても健康状態や置かれている立場、考え方等はさまざまであり、偏見を与えることなく描写することは大変むずかしいと思われるが、この作品では、多くの被爆二世に共通するであろう悩みや問題が、主人公・七波のさまざまな思いや心のゆれを中心に的確に描かれている。物語は被爆二世が受ける結婚差別にも触れている。描き方によっては差別の助長につながりかねないが、そこは、被爆二世である凪生《なぎお》の恋人・東子《とうこ》を含め、問題にきちんと向き合い、乗り越えていく主人公たちの姿を描くことで、しっかりフォローされている。

東子は両親に凪生との交際を反対されるが、広島の平和記念資料館を訪れ、被爆者問題への理解を深め、認識を新たにしながら、凪生への愛を貫く決意を固めていく。

二十一年前（結婚する前）、妻と広島を旅し、平和記念資料館も訪れた。被爆者、被爆二世の問題を理解し、納得した上で結婚してほしかったから…。この作品を読んでいたら、その時の記憶が鮮やかによみがえってきた。あのときの妻は、きっとこの作品の中の東子そのものだったのだろうと思う。

一般の人にとっても、被爆二世にとっても、被爆者、被爆二世の問題、核、核兵器の問題を改めて見つめ直し、向き合っていくきっかけになる、大変すぐれた作品だ。

この作品に出会って以降（二〇〇七年〜）のことは、この章の終わりのところと第八章で詳しく述べる。結婚してからの住まいは、横浜市中区内の郵政宿舎だった。宿舎費は五千円もしないほど安かった。それでも、生活は楽ではなかった。

何といっても給料が安かった。とくに当時の郵便局は、私のような中途採用者には不利な給与体系だった。そのうえ、庶務会計課（総務）の給料は、ことさらに安かった。たとえば、郵便の仕事は、体に過酷な宿直勤務や重労働、あるいは祝日勤務なども ある分、当然ながらそれに対応する手当が付与されていたが、総務の仕事にはそれがない。結婚して初めての給料日、初めて給与明細書を妻が見たときの表情と顔色の変化は、今も忘れられない。その日の食卓は、しばらく沈黙が続いた。当然であったと思う。

実は、私は、総務の職場に移ってから、収入減以外に、もうひとつ、何とも割り切れない思いを感じていた。

この職場では、超過勤務（超勤＝いわゆる残業）をする、しない、誰が何を、何時間するかということについても、とてもドロドロした人間模様を目《ま》の当たりにした。つまり、その部署における超勤予算は決まっている。したがって、もし、一般職員などが多くの超勤をすると、その分前述した非組合員（「使用者側の利益を代表するもの」と規定され、組合加入できない役職）、すなわち管理者に準ずる役職者に支払われる超勤時間分の予算から充当することになる。たとえば、ある非組合員が二十時間超勤しても、そのとおりの分が支払われたら、それ以外の職員の超勤手当の予算が足りなくなるとき、この人に支払われる超勤手当は十五時間分になったり、十二時間分になったりする。

私の受持ち業務の範囲は、少なくとも一般職員としては明らかに多い方だった。しかし、何とか定時時間内に終らせるよう努力していた。仮に少々仕事がたまっていても、翌日にまわしても大きな支障が生じない限りは、定時で終らせていた。仕事というのは、そういうものだと考えていた。それでも、期日の限られている仕事もあるなど、仕事が集中して、超勤をしないと仕事がかたづいていかない時もある。そのようなときに超勤の申告をしても、根ほり葉ほり超勤理由を聞いて却下しようとする上司もいた。だから、私の超勤時間は目立って少なく、当然給料も安かった。

一方、どう見ても、業務量がそれほど多くもなく、昼間、雑談をしたり、タバコを吸ったり、ダラダラと緊張感もなく仕事をしているような職員ほど、終業時間が近づくと、にわかに忙しくなったような装《よそお》いで超勤を申告し、しかもあっさり承認されているような傾向があった。さらには、このような職員が不思議にも、「模範的」で事業への貢献度の高い「優秀な職員」として表彰され（表彰を受けると、それだけ昇給も早くなる）、いち早く昇任していった。どう考えても、いわゆる「世渡り」など仕事そのものへの姿勢や中身以外の要素で人が評価されているのが明白だった。「世渡り」（上司のご機嫌取り、酒づきあい、組合・労使面で従順であるかどうか）中心の人事評価で、仕事の中身が伴わない人たちがどんどん栄転し、早々と管理者、局長になれるような事業では、事業、企業の将来性、あり方もさることながら、真面目《まじめ》に仕事をしている職員が報われない。そのことがとても理不尽《りふじん》に感じられ、強い憤りを禁じ得なかった。

結婚してから、このような思いは、ますます強くなっていた。どんな人でも、みな生計を立てることを一義に働いており、衣食住、安定した生活を送れる収入を得たいのは当然であろう。そのことに直結してくる昇給や昇任とこれにつながる表彰などは、少なくとも周囲の第三者の目から公平かつ客観的にみても、納得でき、およそ疑義の生じないようなものであるべきだと思った。

4　出会えなかった、わが子のこと

結婚して二年目、妻の胎内に新しい命が宿った。

私にとっては、自分が結婚できたことさえ、とても幸運に思えていたので、職場にいて、妻から電話で知らせを聞いたときは天にも昇る心地《ここち》で、その日は終業とともに跳《は》ねるようにして帰宅し、お祝いしたのが思い出される。

休日には、いろいろな本を読み、字画（画数）なども考えながら、どんな名前にしようかなどと、男の子の場合と女の子の場合に分けて二人で相談し合っていたことも思い出として印象に強く残っている。

でも、これらは束《つか》の間の喜びだった。妊娠二か月、三か月、と月日が経過しても、胎内で成長しない（身体が大きくなっていかない）ままであり、いわば、この世に生まれ出て存命できるだけの生命力のない胎児であることがわかった。つまり、人工妊娠中絶以外の選択肢は、残念ながらなかったのである。

二〇一七年、私は、そのときとその後の気持ちを次のような詩に表した。

まだ見ぬ我が子へ

森川　聖詩

人生には、とっても幸せで楽しいことと、とってもつらくて悲しいことがあるよね！

今までで、とっても幸せで楽しかったこと…、それは、ママのお腹のなかに君の命が宿ったときのこと…！

パパの仕事中にママが電話で知らせてくれて…、仕事が終わった瞬間、飛び跳ねるようにして家に帰り、ママと二人でお祝いした日のことが昨日のように思い出される。

そして、今までで、とってもつらくて悲しかったこと…、それは、君の身体がママのお腹の中で何週間経っても大きくなっていかず、この世に生きて成長していけない命であることを知ったときだった。

まるで家の中は、灯《ひ》が消えたようになったのが思い出される。

パパとママの心に大きな穴がポッカリと空いてしまった。

ごめんね！　パパは、父親として何もしてあげられなかったね！　名前をつけてあげることさえも…。

でも、君にどんな名前をつけるか、字画も気にしながら、そして、女の子の場合と男の子の場合の両方…ママと二人で一生懸命、真剣に考えていたよ！

今まで、君の声を聞いたことが一度だけあった。

あのとき、パパは、海の底だったね！　網代…、忘れもしない一九八八年十月二十六日のことだった。

よく晴れた日…、海底まで太陽の光が差し込んでいたね。

スキューバダイビングをしていたパパのタンクのホースが、突然マウスピースから外れて呼吸ができなくなって…、
あの絶体絶命のピンチを救ってくれたのは君だったね！

パパがあわててパニックに陥《おちい》りかかっていた、あのときの君の声…はっきり聞こえたよ！「パパ、落ち着いて！」…って高く、はっきりとした大きな声で叫んでくれたね！

…そしてパパは冷静さを取りもどして難をのがれた。

家に帰ったとき、真っ先にママのお腹の上から、「ありがとう！」ってお礼を言ったのを君は覚えているだろうか？

あのお礼は、君が物心ついたとき、あらためて言おうと思っていたのに、それはかなわぬ夢と消えてしまった。

でも、今あらためてもう一度言いたい。君にあのときのお礼を…、「ありがとう！」と。君は

パパのいのちの恩人であり、誇りだ！

今まで色々な人から何度となく「お子さまは…？」とたずねられたね。

この世の中で、口に出して人に言うことはできず、それはいつもくやしいけど、心のなかでははっきりと答えてきたよ！

『親孝行でりっぱな子どもが一人います！』と。

君が生きられない分、そのかわりに今パパを生かしてくれているように思えてならない。

君がぶじこの世に生まれ、成長していたら、28歳…。

今、君の仲間のなかには、平和のために勇気をもって声をあげ、活躍する友だちもふえてきている。

パパも、おじいちゃんとおばあちゃんの思いをしっかり受け継いで、そういう君の友だちとも手をつなぎながら、
君の仲間、友だちがみんな幸せで楽しく平和に暮らせる世の中になるよう、もうひとがんばりしたいと思う。

だから、君と会う日が来るまで、おじいちゃん、おばあちゃんとなかよく三人でいっしょにこれまでどおり、パパとママをしっかりみまもりながら応援してほしい。


あらためて君にはっきりと伝えよう！

君は、永遠に私の誇り…、私の宝だと！

5 転勤

私は、結局庶務会計課に六年半、一般職員のまま、在籍していた。

その間、私の後から、この課に郵便の職場から転入してきた職員の何人かは、早々に昇任を伴う栄転で、転出していった。

郵便関係の職場の十六時間（宿直）勤務、さらには、新たに導入された深夜勤務（午後十時ごろから朝までの勤務）などに私の体では長く務まらないことはわかっていたので、できるだけ、庶務会計課（総務関係）の仕事を続ける道も考えた。

ただそうなると、私は、今までの生き方を変えない限り、生活が成り立たなくなる不安を感じた。

前述したように、郵便局において総務関係の仕事を続けて生計をたてるためには、いつまでも一般職員でいるのは現実的ではない。ただ、職場や人事のあり方を直《じか》に見てきて、自分が総務関係の管理者になり、局側の人間として労務管理に当たる仕事に就くことは、それまでの生き方や人生観から（当時の自分には）どうしても納得できなかった。

仮に、百歩譲って自分がそのような立場の仕事をするにしても、それは、実際の現職の仕事ぶりについての評価において、それだけの能力や適性を認められての昇任ならともかくも、いわゆる、「世渡り」「処世術」を駆使して昇任にしがみつくような人生はとても考えられなかった。たとえば、いわば昇任試験制度に類するものがあり、その試験に合格すると、その合格者を集めた数週間の泊まり込みの研修が行われ、それが修了すると、優先的に昇任する流れがあった。そして、役職が上位になるほど、こうした昇任試験に合格しないと昇任できない様相だった。その当時（〜一九八〇年代前半）は、まだ、全逓組合員であると、そうした試験に合格しにくい状況だったようだ。現に、郵便の職場から庶務会計課に異動してきて、まもなく昇任試験を受験して、一次試験に合格して二次（面接）試験に進もうというとき、全逓に加入していた人たちが組合を脱退したケースを何度かみた。それは、私には、どうしてもできない生きざまだった。

そんなことを考えているなかで頭に浮かんだのは、保険課外務の仕事だった。理由ははっきりしていた。保険外務部門の人事評価は、職種の性質上、当然、おおむね保険の販売実績やそれに付随するものが主な基準になる。給料そのものも、基本給と保険の販売実績が、ほぼそのまま反映される歩合給で成り立っている。そこには一定の客観性、透明性がある。総務の仕事の場合、処理している仕事の量や質がそのまま収入に反映されないばかりか、前述のように、仕事をダラダラ非効率的に行なったあげく、超勤までしている者に超勤手当がたくさんついて、真面目に効率的に仕事をかたづけて定時に終らせている者より給料が高くなるというような不合理、不平等がまかり通っていた。仕事の質や効率についての評価のものさし、判断基準があいまいで、評価者の恣意的《しいてき》な価値判断や人の好ききらい、感情などに委ねられがちであり、まさに保険課の給与体系とは対照的に感じられた。この世界で、数字（数値）で示される、誰からもけちのつけられない結果を出して、そのことに対する相応の評価をされ、そして自分自身も納得し、妻にも示して、よくも悪くも評価・納得してもらいたいという思いが湧き上がってきた（妻も、そのころは、仕事に就いていた。そうでないと、とても家計に余裕をもって生活できるような収入ではなかった）。

ただ、いずれにしてもその局には、保険課はなかった。当時、保険外務は、「花形」といわれており、人気が高くて、この職種への異動を希望する職員はたくさんいた。その当時は、同じ局の集配課や郵便課から、優先的に配置換えされる傾向にあった。だから、保険の仕事に行こうと思ったら、まず保険課が配置されている一般局の郵便関係の職場等にひとまず異動して、チャンスを待つしかなかった。郵便課から庶務会計課に異動してきたある同僚が、ほどなく一般局の保険課（外務）に異動していった。これは当時極めてまれなケースであり、それは、特別な強い「コネ」（特別な強い人脈）があったからだったと考えられ、通常はあり得ないコースだった。

私は、実家から近い地域の一般局の郵便課への転勤希望届を提出した。そのとき、すでに両親も高齢化しつつあり、あらゆる意味で、そろそろ実家を二世帯住宅に建て直してもどる計画を進めるべき時期にもさしかかっていた。実家から横浜市の中心部や南部などまでは、通えない距離ではないが、決して近くはなかった。また、これは、表向きの理由にはできなかったが、家を建て直すとなれば、住宅ローンを組むのが必定であるものの、当時の庶務会計課の自分の給料では、まともに住宅ローンを組んで、それを毎月払いながら、なおかつ生計を維持できるほどの額に到底満たなかった。そういう意味でも、再び転勤を伴う職種変更の希望を申し出る決断をする機が熟していたともいえるだろう。

だが、当然これにはリスクがあった。私の体では、一時的にはともかく長期にわたって宿直勤務や深夜勤務を伴う郵便の仕事を続けられないことは、すでに実証済みだった。だからといって、すぐに保険課に異動できるという保証などもどこにもなかった（もちろん保険外務にこだわらず、たとえ保険内務、あるいは貯金課などであるとしてもである）。しかし、ここはイチかバチかの勝負に出るしかなかった。

そして、新局開局に伴い、庶務会計課に配属してから六年半経った一九八八年十二月、川崎市内の一般局の郵便課に異動となった。そこの局にもやはり十六時間勤務はあった。組合のことでは、全逓組合員が圧倒的多数を占めていた。ただ、それだけでなく、採用されたころからすでに八年が経過し、労使協調関係がかなり定着しつつあり、組合対立も緩和されていた。とくにこの局は人間関係が良好であり、前述したとおり、（全逓組合員から全郵政組合員への）いじめの類《たぐい》などまったく見受けられなかった。別の言い方をすれば、そんなことをしていられる余裕もないほど、いつも繁忙《はんぼう》であったともいえる。この局の受持ち区域は、職員数や局規模から考えてもともと広かったうえ、新興住宅街が多く、新築の戸建て住宅やマンションがどんどん立ち並んでいき、世帯数も爆発的に増えつつあった。年賀状の元旦の配達通数なども全国的に上位にランクされるほどの繁忙局だった。それほど広くない事務室内には、いつも郵便物はあふれ、職員は、その中をいつも目の色を変えて飛びまわっていた。

郵便局に採用されて郵便関係の仕事を一年半していたといっても、全種の差出郵便物と配達郵便物のすべての処理行程を担う、このような一般局での仕事は、採用当初の、小包だけを専門に単純にほぼ区分処理だけをする特殊な局での仕事とは、仕事の中身も流れもまったく違い、ほとんど一から仕事を覚える必要もあった。覚えるべき仕事の幅もかなり広く、窓口までのすべての担務（仕事の分担）を習得するまで、その局ではだいたい三年くらいかかると聞いていた。

異動して半年くらいまでは、何とか気力で体調も維持していたが、半年が過ぎた夏以降、体のあちこちに異変が生じてきた。

一日頻回の下痢、持病の顔面痛の悪化、じんましん、とくに宿直勤務で午前四時ごろ、配達郵便物が（トラックで）到着して以降の処理業務繁忙中の不整脈とめまいなどの諸症状は尋常ではなかった。だが、希望して転勤してきたものを、早々に弱音を吐くわけにもいかず、ひとまず一年以上が経過するまではなんとか辛抱していた。

私は、この局に異動してまもないころ、郵政宿舎（寮）も横浜市内から、異動先の局に近い宿舎に引っ越していた。実は、この計《はか》らいを滞りないようにしてくれていたのが、この宿舎に住む職場の上司・池上《いけがみ》亮一《りょういち》さん（仮名）だった（私より三歳ほど年下だった）。池上さんは、とても仕事の腕が立ち、人望が厚く、職場の要《かなめ》となっている人だった。彼は、組合（全逓）の執行委員も長く務めてきた人である。私が、それまで全郵政の拠点でも全逓に加入し、その後庶務会計課において、不当労働行為を受けつつも全逓を脱退せずにいたことを知っており、そのことだけでも「信念をもった筋のとおった人」と尊重してくれ、いろいろと力になってくれた。また、前職（病院勤務）の時の話をすると、川崎市内の有名な争議で支援関係にもあったので知っていて、なおさら驚いていた。同じ十六時間勤務になった時には、宿直明けで、一緒に食材を買って宿舎に帰り、少しの時間ながら彼の部屋で鍋を囲んで話をしたことなどもあった。

一年以上が過ぎたとき、頃合いを見計《みはか》らって相談した。健康状態についてありのままを話し、勝手ながら、ひとまず、一指定（四週間の勤務シフト）中の十六時間勤務の回数を減らしてもらうよう願い出た（郵便課の仕事は、デスクワーク主体部門と違い、郵便物の流れ等繁忙時間に合わせて、一般的な日勤のほかに朝六時半ごろ始業の早出、十一時ごろ始業の中勤、十二時半ごろ始業の夜勤などの様々な時間帯の勤務があり、その勤務指定表の作成は、池上さんのさらに上の役職＝現場の責任者が行なっていた）。

池上さんは、「そういう事情なら、もっと早く言ってくだされればよかったのに。それなら、遠慮なさらず、十六勤（十六時間勤務）、ひとまず全部はずすように上に話しましょうか？」とまで言ってくれた。でも、そうなると、なおさら、その分ほかの人への負担が多くなってしまって申し訳ないし、まだ十六時間勤務中の全担務をマスターしていないこともあり、いろいろな意味で、回数を減らすにとどめて、可能な限り頑張ってみて様子を見るのが筋と申し出て、それでしばらく様子をみることになった。

それから六か月あまりは、それで何とかやっていたが、体調が快方に向かうことはなかった。

ついに、体調不良で仕事を休まなければならないことも出てきた。池上さんから、もう無理をせず、診断書を提出して、「十六勤を除いた勤務指定にしてもらいましょう」と、話があった。私もそれに甘えることにした。というより、もはや限界だった。

そして、このころ、ちょうど、職員申告書が配布され（年に一回職員が、転勤や配置換え、職種変更などについての希望を記入し、申告するための用紙が配られていた）、保険課、貯金課への異動を希望する旨記入し、提出した。本音は、保険課（外務）であっても、そんなわがままやぜいたくを言っていられる場合ではない、もはやぎりぎりの状態だった。

その後は、十六時間勤務なしのシフトで仕事をした。そうこうしているうちに保険課（内務）に欠員が生じたという情報を耳にしたが、三人ほどの年下の同僚が次々に異動していった。皆それぞれに持病があり、定期的に通院しているような人たちだった。やはり、とくに内臓などに持病があるような人には過酷な仕事だったと思う。十六勤以前に、ただでさえ労働密度がとても高い職場だった。その上、十六勤となるとなおさらである。彼らが異動した時点の予想では、保険課も貯金課も当面欠員が生じる見込みはなさそうな話を聞いた。

池上さんは、郵便課で十六勤ができないでいる場合、昇任しないままになり、またできる仕事の幅も限られてしまうからと、郵便課でも（日勤帯のデスクワーク中心の）経理の担務に移すことも考えていてくれたようだが、その仕事も、少し前に、やはり持病のある人で欠員補充をしたばかりで、当分欠員が生じる見込みは薄かった。

そんななかで、大学時代の先輩で（外国人に日本語を教える）日本語学校の校長をしている大学時代の先輩から、一緒に仕事をしないかという誘いがあったりもした。ニューカレドニアにしばらく行かなければならないこともあるような点を含めて不安、不透明な要素も多々あり、あとで考えれば、本来即刻断るべき話であったと思うが、そのときは、少し、ぐらっと引き込まれそうになってしまうほど、精神的に滅入《めい》っていた。

6 保険課・外務へ（職種変更）

そんなとき、ふらっと保険課長が仕事中にやってきて、休み時間に保険課に来るように、と言われた。それは、一九九一年五月、ゴールデンウイーク明けのことだった。

郵便局では、年賀の時期には全課の管理者が年賀郵便物の区分作業などを一定時間手伝う。保険課長が年賀の時期、私の隣で区分をし、そのときいろいろな話をしたことがあり、私が保険課に異動の希望を出していることも知っていた。

言われたとおり、保険課を訪ねると、保険課長がいきなり切り出した。「君は保険の外務員をやってみる気はあるか？」と。私はとっさに「はい、よろしくお願いいたします」と答えた。すると、今度は、「それはなぜ？」と聞かれた。

それに対して、私は、その場で思いついたことをいくつかしどろもどろになりながら答えたが、いったい何を言ったのか思い出せない。ただ、それに対して保険課長が私の心を見透かしたかのように投げかけた話の内容は、はっきり覚えている。

「そんなきれいごとはどうでもいい。保険で外務をやってバリバリ稼いで早く家を建てたい。それでいいじゃないか！　というか、そういった気持ちで来てもらわないと務まらんぞ！　何日も契約できない日が続くこともあるかもしれない。昨日もゼロ、今日もゼロだった。君、耐えられるか？　だから、もうひとつ言っておくけど、この仕事は心身ともに健康でないと絶対に務まらない仕事だよ。甘い気持ちでは務まらない。それでも大丈夫?」と聞かれた。私は「はい、死に物狂いでやらせていただきます!」と勢いで答えた。そう答えるしかなかったし、本当にそういう気持ちだった。私には、文字通り、もうあとがなかったのである。

それから、一週間後くらいに、局長室に呼ばれ、保険課(外務)への異動(局内配置換え)の内命があり、五月二十四日、正式に辞令を受け、着任した。

その日は、私以外にも多数の人の人事異動があったが、いっせいに全員が集められて、一人ひとりに辞令が手渡された後、局長が訓示を行なった。私も、のちに期せずして副局長にまでなり、社員の人事異動の辞令交付当日に局長不在の際、局長に代わり何度か訓示を行なった経験があるが「訓示」には、その局長の生きざま、だいじにしている価値観や人間性が凝縮されて表されているように思える。

そのときの局長は、次のようなことを話した(それは、主に昇任の辞令を受けた人に向けられた言葉だった)。

「今日、昇任した皆さんは、今日から、その上の役職者の立場や視点に立って自分の仕事や職場のことを考えてください。そうすることで、職場全体が見えて、自分がそのなかでどういう動きをしたらよいかがはっきり見えてくるし、より職場がうまくまわるようになるはずです」

これは、職種変更で配置換えとなる私には、一見そのときは直接関係なさそうでも、なぜか私には印象に残る言葉であり、後々の私の行動指針に大きな影響をもたらした。

この言葉は、いくつかの受け取り方があるかもしれない。貪欲《どんよく》にひとつ上の仕事に関心をもち、覚えようとすることで、早くさらなる昇任(出世)ができるという意味に考える人も少なからずいるだろう。それはあながちまったくの的外《まとはず》れではないのかもしれないが、それは結果論として考えるべきだと思う。だいじなのは、人の立場、人の気持ちに立って仕事の流れや自分のなすべきことを考える行動習慣を身につけることで、人とのコミュニケーション、仕事の連携や流れが円滑になる。でも、つまるところ、何より自分自身の人格、人間力を磨くことにつながるものだと考える。

当時の郵便局の保険外務の仕事は、「募集専務」（主に訪問セールスによる保険新規契約の勧奨と受理を中心とする業務）と「集金兼務」（担当受持ち区域の既加入世帯への保険料の集金をし、空き時間を保険新規契約の勧奨と受理を行なう業務）に分かれていた。そのころは、誰もがまずは集金兼務からスタートし、実績の顕著な向上や適性が認められると募集専務に担務変更された（その後、キャッシュレス化に伴い、次第に保険料の預貯金口座自動振替払込が進められ、集金業務は、とくに民営化以降、ほとんどなくなっていった）。要は、郵便局の赤バイクに乗ってお客様宅や事業所などを訪問し、保険の新規契約をどれだけ受理できるかが主な評価の対象となる職場である。それは、既加入世帯の集金や保険金支払い等諸手続などの契約維持・アフターフォローを軽視してもよいという意味では決してなく、それはそれできちんと滞りなく行なうのが前提でのことである。そして、当然集金兼務者にも目標額が定められる。

受持地域の広い郵便局であることを前述したが、そうした事情から、保険外務員の人数も神奈川県下でも指折り多い局で、四十名以上だった。

私も、慣例どおり集金兼務からスタートしたが、六月から年明けまでの八か月くらいは、まったく成績が振るわず低迷し、その四十数名中の最下位にいた。

そのころは、今と比べて格段に郵便局の「簡易保険」（国営時代〜二〇〇七年九月までは、そのように呼ばれていた。略称で「かんぽ」）は販売しやすく、保険外務の仕事に就《つ》いて三か月経っても芽が出ない人は、この仕事に向かないとまでいわれていた。私は、一九九二年の年明けごろには、上司・先輩方からもすっかり見放《みはな》された様子だった。

このように低迷していたのにはいくつか理由があった。もちろんそれは今だから言える話である。私は、元来、一人っ子の人見知りで、初対面の人と打ち解けるのが苦手だった。

また、たとえば班長が高実績者で、なおかつ後輩育成に意欲的な場合などは、教わったり相談したりすることがかなり上達のきっかけになるようであるが、残念ながら最初の班長は、そのような人ではなかった。そのうえ、（あとでわかったことであるが）私が最初に受け持った集金区域は、新人にとっては格別な難所だった。高齢者中心の年齢層が際立って高く、平均所得も低い地域だった。さらに、もうひとつの決定的な理由があった。その当時は、金利の高い時代であり、保険といっても、貯蓄型（当時は、満期まで保険料を支払っても、満期保険金の方が保険料総支払額を上回るような養老保険など）の方が、とくに新人には販売しやすかったようだ。しかし、私は、自分の生い立ちや、自分の健康や命が、いつどうなるかわからないというという個人的な人生観、価値観から、一生涯入院保障が続く終身保険など典型的な保障ニーズ中心の、いわゆる保障型商品に重点を置いて勧奨する傾向があった（当時一般的には、販売するうえで、それだけ難度の高い商品を中心に、お客様に勧奨していた）。

そのような要因が重なり、鳴かず飛ばずの低迷期が続いていた。それでも、くじけてなるものかと、毎日のように集金先でも集金だけで終らせず、何とか新規契約の手がかりがないかお客様へのインタビュー（お客様の保障や貯蓄への関心やニーズを知り、確認するための質問）を習慣化し、集金業務が終ったら、寸《すん》暇《か》を惜しんで飛び込み訪問（営業）をするように心がけた。私は、郵便局の保険外務の職場が最後の砦だと固く心に決めていた。成績が上がらず、結果につながらない間、幾分《いくぶん》かの焦燥感はあったが、それまでの波瀾万丈《はらんばんじょう》の人生や次々と降りかかった試練、そして十六時間勤務のつらさのことを考えれば、その程度のことはたいしたことではなかった。毎日、夜自宅の寝床で寝られて、朝目覚めて太陽の光を浴びられるのは幸せなことである。こうしているときにも、過酷な十六時間勤務や深夜勤に耐えながら働いている仲間がいることを思えば、泣き言を言い、へこたれるわけにはいかなかった。

積み重ねてきた努力の結果が、はっきりと現れはじめたのは保険課に移って九か月目の一九九二年二月ごろからだった。

四月には担務変更があり、集金区域が変わった。そこで実績が一気に一月までの月間平均実績の四倍くらいに跳ね上がり、その年度(配置換えの翌年度)の新人賞を受賞するに至った(前年は、年度の途中からの転入だったので、この年度も新人賞選考の対象になっていた)。そして、三年目、それまでの実績が評価され、募集専務者となり、その翌年からは、優績者、さらには最高優績者などにも選考・認定されるようにまでなっていった。

一九九四年、私は、日本ファイナンシャル・プランナーズ協会のAFP(アフィリエイテッドファイナンシャルプランナー)資格を取得した。

当時はAFP資格取得者数が全国でも約八千人程度のころだった。まして郵便局での取得者は、関東地方全域でも五人もいるかいないかだった。現に、少なくともその時点で、簡易保険はFP(ファイナンシャル・プランナー)であることによる知識を活用して販売するような性格の商品ではなく、時代的にももっと平易な説明や話法で充分契約していただける時代でもあった。だから、周囲の郵便局員、優績者の間からさえも、「もの好きな変わり者」と揶揄《やゆ》されるほどだった。「なんでわざわざ土日の休日まで使って苦労して手間暇かけて役にも立たない資格なんか取るのか?」と思われていたようだ。

でも、私があえてAFP資格を取得したのは、先を見据えてのことだった。「いずれ近いうちに郵便局も民営化することになるだろうし、そうなれば、しっかりした金融関係や税務関係の豊富な知識を身につけ、多角的なコンサルティングセールスができるようになっておく必要がある」と考えた。現に、平成一けたの終り（一九九七年）ごろには、このまま一気に郵政民営化かという状況に一時はなっていた。

その後、いろいろな政局事情などの紆余曲折に左右され、私の予測よりも民営化は十年遅れたが、それは結果論であって、あの時点では早期民営化は充分考えられた。仕事であれ、世直しの活動であれ、いつも目先のことだけでなく、それまでの歴史から、今後の時流を読み、長期先を見越した対策をたてることが大切であると、私は考えている。

一九九七年から一九九八年にかけての約半年間、元フジテレビで当時フリーアナウンサーの三上彩子《みかみさいこ》さんが講師を務める「話し方のレベルアップ」という、いわば「話し方教室」の講座（朝日カルチャーセンター・新宿教室が開設）に通った。三か月の講座が終った後、この講座が好評で、その後開設された「上級コース」にも通った。この講座のテーマは、「聞き手にわかりやすく好感をもたれる話し方」であり、形がなく、わかりにくい商品と思われている保険のセールスの販売技術をさらに磨《みが》くうえで大切に感じた。また、当時の課長から、班長職への昇任が時間の問題と言われていたことからも、営業のあり方や販売技術を人に教え、手本を示すために大切なことだと考えた。

この講座での訓練方法のほんの一例を披露する。

たとえば、自分が日ごろ利用する最寄《もより》駅やバス停から自宅までの道順を、聞き手が迷わずに到着できるように口頭のみで説明する（その際、身振り手振りや図解などはいっさい使わない）。聞き手（話し手以外の受講生）は、話し手の説明を聞きながら、地図を書く。電話で道順などを説明するときと、ほぼ状況は似ている。話し手の説明が明解であるほど、より多くの聞き手が同じように正確な地図を描けるが、不明瞭な説明や、何通りかの理解のしかたが生じるような説明であると、正確な地図が描けない人が、それだけ多くなる。

こうした訓練を積み重ね、自分の話し方を客観的に見つめ直し、聞き手の立場に立った話し方ができるように研鑽《けんさん》していくものだった。

この講座で、私は大きな気づきを与えられ、その後の営業と後身への指導・育成にも資するところが大きかった。

私は、一九九八年四月、当時、総務主任と称する、いわゆる班長職に相当する役職に昇任し、これに伴って他局に異動した。そしてその三年後には、同じ役職のまま、さらに別の局に異動した。

一方、一九九六年の新保険業法の施行に伴い、生保と損保の相互乗り入れが始まった。つまり、生命保険会社と損害保険会社がそれぞれ子会社をつくり、生保が損害保険事業を、損保が生命保険事業を取り扱うようになっていった。この流れのなかで、複数の損害保険会社から、スカウト（転職の誘い）があった。それ以前からも、外資系生命保険会社複数社から、スカウトの話が何度かあり、そのようなことは十年近く続いた。

正直なところ、そのたびにかなり迷う気持ちも生じた。

理由は、少なくとも二つはあった。

ひとつは収入であった。これはきれいごとの話ではない。とくに転勤一局目のころ、営業中、著名な外資系生保に転職した元郵便局の比較的高実績の外務員によく出会った。バイクを停めて、数分の間、雑談したことが何度かあった。それは、彼の当時の勤務先がまさに、私をスカウトしようとしてきた会社のひとつだったからだ。郵便局時代、彼は、私よりは、いくらか実績も下回っていたが、転職後の彼の月収は、当時の私の募集手当なども含めた年収をはるかに超えるものであることを聞きおよんでいた。本人に直接聞いてみて、それは本当であった。だからといって、それほどがつがつと寸暇を惜しんで無理をして働いている様子でもなかった。現に昼間、私が彼と出くわすときのほとんどは、彼が（平服で）ドライブや行楽、買い物などに出かけてきているときだった。お金だけがすべてではないから、メリハリをつけてメドとする月間目標をクリアーできたら、余暇を充実させているという余裕のコメントだった。

私の気持ちが傾きかかったもうひとつの理由は、商品や制度上の問題だった。

郵便局の保険商品（かんぽ）は、かねてから比較的しくみがかんたんで親しみやすいものではあった。そういう意味では販売しやすくもあった。ただ、商品ラインナップ（品揃《しなぞろ》え）が限られていた。そのうえ、被保険者（死亡・入院などの保障の対象となる人）一人に対する保障額上の限度額や健康状態についての加入条件も国営時代はかなり厳しかった。

だから、私のように当時、ＦＰ資格を取得するほどまで他社商品や金融関係等周辺知識について習得してきた者にとっては、外資系生保の幅広い商品のなかから、お客様の潜在的なニーズを引き出した上で選択して提案するようなコンサルティングセールス型営業の方が、より自分の専門知識を活かすことができ、自分の適性に沿った仕事の充実感もずっと大きいと推測された。しかも、複数企業の生保商品の中からお客様の人生設計や価値観、資産や現時点での収入などに合わせた商品を選択・抽出して提案することができる（二社以上の複数の保険会社と代理店契約を結び、勧奨・販売する）乗合代理店業なら、さらに幅広い営業ができるので、そこで自分の営業力を発揮したいという気持ちにも駆られた。収入面と仕事の適性面や余暇など複数面からそのように考えた。

そのうえ、追い風と思えたのは、二〇〇〇年前後までにはっきりしてきた転職者が示した結果だった。

決して、転職した全員がうまくいっていたわけではなかった。ただ、逆な言い方をすれば、郵便局で、いわゆる優績者クラスの成績を挙げていて（同じく生保系へ）転職した人は、ほぼ全員、成功していた。苦戦している人は、やはり郵便局でもそこそこまでの実績の人たちだった。その境界線のようなものも自ずと見えてきていた。

そのとき、思い浮かんだのが、プロ野球選手のメジャー挑戦のことだった。やはり、偉いなと改めて思ったのは、ピッチャーでは、野茂投手、野手ではイチロー選手だった。日本人選手では、主にあの二人が先陣を切ってメジャーでの一流選手として活躍したことがきっかけになり、多くの日本人選手がメジャーに挑戦するようになり、次第に日本のプロ野球で一流といわれるだけの活躍ができた選手は、ほぼメジャーでも通用すると目《もく》されるようにまでなってきた。

一九九〇年前後までは、日本人選手にとって相当に厳しいと考えられていたハードルを下げるうえで、この二選手の貢献度は、極めて高いと私は考えている。

郵便局でも、一九九五年前後に転職して歴然とした結果を残した人たちは、やはり卓越した存在感のある実力者たちだったと思う。この時期のその人たちの郵便局からの流出が（少なくとも南関東地域において）郵便局のかんぽセールスパーソンの営業力のレベル低下にもたらした影響は大きかったと言わざるを得ない。

そこまで思い、熟慮を重ねた私が、何度もさまざまな会社からのたび重なるオファーを受けてなお、なぜ最終的に転職に踏み切らなかったか。決定的ないちばんの理由は、健康上の理由（不安）に尽きた。健康で働けさえするなら、きちんとやっていけるだけの目算はあった。ただ、万一、転職した後、病気やケガで訪問営業ができない体になると、収入がほぼ絶たれることになる可能性がとても高い。一般的に民間保険会社の訪問営業社員の場合、二年目からは、基本給に相当するものは、ほぼゼロになる場合が多い。まして、代理店の場合は、いわゆる自営である。郵便局に在職している限りは、もし、少々長期の病気療養が必要になったり、あるいは営業ができない体になっても、即座に退職ということにはならず、また、バイクに乗車しての訪問営業ができない体になっても、デスクワークが可能な程度に落ち着けば、その種の業務への配置換えへの道なども必ずしもないわけではない。そこの違いも大きかった。

ちょうどこの時期、現にそのような考えに至るだけの健康上の不調やトラブルに相次いで見舞われた。

一九九八年、三上アナウンサーの「話し方のレベルアップ（上級）」の講座を卒業したのを機に趣味でジャズボーカルの教室に通うようになった。それというのも、話し方の講座に通学中、カルチャーセンターに置いてあった講座案内の冊子から、ジャズボーカルの教室も開設されていることを知ったからだった。

この教室に通おうと決めたのにはいくつか理由があった。

まず、私は中学生のころからジャズが好きだった。FMラジオから流れてきたジョン・コルトレーンの『My Favorite Things（マイ・フェイヴァリット・シングス）』を聴いたときからジャズの魅力に引き込まれていった。アメリカ留学中もよくジャズのライブ、コンサートなどを聴きにいった。

帰国後も、レコードの視聴のほか、新宿の「ピットイン」、郵便局に勤めて、横浜に住むようになってからは、関内《かんない》の「エアジン」、日ノ出町の「ファースト」のようなライブハウス（ジャズクラブ）、ジャズ喫茶などにときどき足を運んだりもしていた。

そのころから、毎年、十月十日前後に開催される「横濱《よこはま》ジャズプロムナード」なども、活動上の行事、会合などの用事が入っていなければ、足を運んできた。

ただ、それらはすべて聴いて楽しむ側であり、もし、自分が少しでも演奏する側になれたらどんなに楽しいだろうかという秘めた思いがずっとあった。とはいえ、仕事で忙しいなかで、一から楽器を習うような時間は、とてもつくれそうにはなかった。でも、ボーカルで週一回、夜のレッスンなら、趣味として楽しむ分には無理がないと思っていた。

前述の「被爆二世健康調査」の実施の強行に反対してハンガーストライキを行なった一九八〇年、「炎の歌」という、外山雄三《とやまゆうぞう》さん作曲の、原爆をテーマにした合唱付きの交響曲演奏会（合唱団）に参加するなど合唱のレッスンや訓練を受けたこともあり、歌の発声のトレーニングなどの経験もあった。

そのジャズボーカル教室のレッスンは、毎週月曜日だったので、土日に、予習、復習をして、レッスンに臨む流れなら仕事にも支障なくできると思った。

その当時は、もう組織的な活動の中心メンバーとして日常的な活動に取り組むようなこともしていなかった。もっぱら保険の営業、販売技術や金融知識向上のための研鑽《けんさん》に余念がなかった。そのころは、企業の取り組みとして、今のような土日祝日営業や夕～夜間帯など、お客様の時間的な都合に合わせた営業はしていなかったが、優績者は、現実には勤務時間外に自前で、いろいろと人に言わない努力をしていたと思う。

少なくとも私の場合、むしろ、十七時十五分の終業を知らせる鐘の音を聞いて以降の時間こそが、大切な時間だった。すぐに、局の近くの公衆電話にダッシュしてお勧めしている新規契約検討中のお客様などに電話をしていた。携帯電話がまだ普及していない時代だったので、テレフォンカードは常に切らさないようにしていた（営業上の利便性からいち早く携帯電話をすでに持ってはいたが、その時代は、まだ通話料金がとても高く、移動中にかんたんで必要最低限の連絡を取るときなど以外は、公衆電話、固定電話の方が格段に割安で妥当だった）。

こうした電話は、一般的にお客様が夕食の準備などに取りかかると考えられる十八時くらいまでに切り上げて帰宅して、食後、ひと休みした後には、翌日の行動（訪問）計画を立て、地図を見て一日の訪問先の流れを確認した。そして、イメージトレーニングをして翌日に備えた。このような計画を立てたり、お客様に前日夕方までに電話をして訪問予約（アポイント）を取るのに際しては、まず天気予報を確認することも大切だった。雨が降る場合は、飛び込み訪問可能なマンションや集合住宅を中心に訪問したり、再訪問で、比較的長時間かけて詳細の商品説明をすることが可能と思われるお客様を訪問することが当時は効率的であった。マンションなども、日ごろから、少しずつ飛び込み訪問（面談予約等なしでの訪問）による営業をしてみて感触がよいと思われたところは、そのときに全戸訪問せずに、雨の日の訪問先としてインプットしておく。そうした一連の手際《てぎわ》や工夫の積み重ねが、いつも安定した挙績を確保し、高実績を挙げるためには欠かせなかった。

マンションの飛び込み訪問ひとつにしても着眼点で成果にも大きな違いが出てくる。たとえば、七階建てのマンションで一〇一号室（一階）から七一〇号室（七階）まで全部で七十室あるとする。経済力や在宅率など一概にはいえない要素はさておき、ごく一般論において、飛び込み訪問で、より早く、確率的、効率的に契約につながりやすいと考えられる訪問手順は、一階か二階から訪問し、下から上の階へと上がって行く順番である。

なぜなら、郵便局を含めて多くのセールスパーソンは、まず、エレベーターで七階まで昇り、七〇一号室から訪問しはじめ、下の階へと降りていく傾向にあると考えられる。実は、私もそうだった。その方が体力的に楽だからだ。それは、営業的視点ではなく、本能的に楽をしようとしているに過ぎない。契約が求められる営業において大切にするべき基準は、大勢に影響ない範囲内での体への負荷の度合いなどより、それを充分補ってあまりある一定時間内での営業効率の方がはるかに重要なのは自明なはずだが、それも、セールスパーソン自身が常日ごろから向上心と探究心をもって仕事に取り組んでいなければ、まったく気づきを得られないまま終ることになる。

一般的に、とくに七〇一〜七〇五室での断りは、とても厳しいはずである。なぜなら、このマンションにおいていちばん多くのセールスパーソンに飛び込み営業をされ、セールス疲れするなど、拒否反応をする世帯である可能性が高い。そして、根気強いセールスパーソン以外は、この辺りで気持ちが萎《な》え、「このマンションは、厳しい」などと思い込み、退散してしまったりもする。そういう私も、当初は、ご多分にもれず七〇一号室から訪問する口ではあったが、途中で断念したりせずに、徹底して下の階まで回り続けることが多かった。

そういうことを何度も積み重ねるうちに、あるとき、この法則に気づいたのである。

また、マンションの住民を訪問するだけで終らせるのももったいない話であると思う。その日のうちに飛び込み訪問するかどうかはともかく、そのマンションのオーナーと面談（→保険の営業）する努力をして当然だろう。少なくとも郵便局のセールスパーソンの大半は、ここまでの思いに至らない。

一般的にマンションのオーナーは、経済力があり、高額の複数契約に結びついたり、紹介などもいただけるケースが多かった（オーナーの住所などがわからない場合も、マンションの住民の方に尋《たず》ねればだいたい判明し、苦もなく訪問できた）。

ひとたび優績者となり、その成績を一時的なものではなく、維持し続けるためには、人の知らない、やらない、見えない努力や工夫をこつこつと不断に積み上げていくことと、可能性を追究しようとする探究心が必要だった。

このようにして、日々、朝起きてから寝る直前までが、このような緊張感と重圧に満ちた生活だったので、平日でも、せめて週に一日の勤務時間外くらいは、好きな趣味に興じてリフレッシュして鋭気を養うことも大切かと思った。その教室では、レッスンが終った後、クラス仲間で一時間程度飲みに行くことが多かった。共通した音楽の趣味についての話でも盛り上がるほか、異業種のいろいろな情報を耳にすることができて、視野も広がるという「副産物」、付加価値まであった。当然、それは、仕事にもプラスになった。

やがて、そのクラス仲間の有志で二か月に一回程度、ジャズクラブに行き、ピアノやベースをバックに歌う集いが催《もよお》されるなど、和気あいあいと盛り上がった。年に一回、発表会もあり、プロのジャズ奏者の伴奏つきで歌う機会も与えられた。

この教室は、ジャズボーカルのグループレッスンの入門的なコースで、三年間通うと八十四曲のスタンダードナンバーを一通り習うことになる。このあたりで、もっと本格的に習いたいと思う人は、個人レッスンの教室の受講へと進むような流れになっている。私も三年が経って八十四曲を一巡したら、せっかくだから、もう少し本格的に歌に磨きをかけてみようかとも思いはじめていた。

しかし、そこに、またしても新たな災厄《さいやく》が降りかかってきた。

思い返せば二〇〇〇年秋ごろから少しずつ兆候は表れはじめていた。営業中や仕事が終って夕方、あるいは歌を歌っているときなどに声がかすれることがあった。当初は、翌朝には症状は消えていたのでそれほど気にとめなかったが、次第に常態化、慢性化していった。そしてある朝、目覚めるとまったく声が出ない。仕事を休み、耳鼻咽喉科を訪れたところ、慢性喉頭炎《こうとうえん》との診断だった。そのときの医師の診断では、訪問営業による喉《のど》の酷使《こくし》がいちばんの要因であろうとのことだった。確かに、歌を歌う場合、プロのジャズボーカリストの先生の指導による発生練習の訓練に基づき、喉に負担がかかりにくい腹式呼吸を使っている。しかし、営業中は腹式呼吸とはいかないうえ、何より、接客応対による緊張感を伴っての長時間の面談で喉に大きな負荷がかかるということである。

また、郵便局の営業は、バイクを使い、通勤もバイクだったので、乗車中は、塵《ちり》やほこりも吸い込むので、それも喉への負荷になっていたようではある。しかし、その後、複数の専門医の診断を受けるなかで、実は、これらに劣らず重要な原因があることがわかった。私は、そのころ、かねてからの副鼻腔炎《ふくびくうえん》が悪化し、後鼻漏《こうびろう》といって、蓄膿《ちくのう》症《しょう》のうみが鼻から喉に常時垂れてくるしつこい症状に悩まされていた。この後鼻漏が、慢性喉頭炎の大半の要因だと聞いた。確かに、喉が常に、ばい菌にさらされることになるわけだから、喉に有害なのは道理である。その後、この後鼻漏を治すためにいろいろな治療を受けたが、効果を得られず、途方に暮れていたとき、レーザー治療で治る場合もあることを知り、この手術を受けた。二回のレーザー手術が奏功し、後鼻漏の症状は消えた。その後、今に至るまで、副鼻腔炎が完治することはないが、幸い後鼻漏の症状が再発することもない。

私は、声がまったく出なくなった朝、仕事を失う恐怖を感じた。話ができなくなれば、当然、訪問セールスはおろか、（窓口での）カウンターセールスさえもできなくなる。退職に追い込まれるとまではいかなくても、できる職種の範囲は限られ、大幅な収入源も覚悟しなければならない。一九九三年に自宅を改築したローンもまだ残っていた。仕事を休み、家で安静にしている間にも、先々のいろいろなことについての不安や恐怖が頭のなかをかけめぐった。翌朝、何とか声が出たとき、ホッとしたときの安堵感《あんどかん》は今でも忘れられない。ただ、医師からは、仕事中以外は、できるだけ喉を使わないように心がけ、話すときも決して大声は出さず、小さい声で話すように指示された。

もちろん、ジャズボーカル教室もやめた。仕事であわただしく、殺ばつとした毎日のなかで、オアシスのような楽しい趣味であり、活力を得られ、リフレッシュできる場であっても、声を失うリスクにさらされている以上、それは断ち切るしかなかった。

このできごとが、他の生命保険会社への転職を断念するうえでのかなり大きな要因になったといえる。

一九九四年、私は、ＲＫという近視矯正手術を受けた。今は、レーシックをはじめとする近視手術が普及しており、この手術は、少なくとも今の日本では、もはや行なわれていないようであるが、当時は、レーシック手術は歴史が浅く、安全性の面でも不安視される声も多々聞かれ、その時代では、実績のあるＲＫ手術を選んだ。ダイヤモンドのメスにより、目の角膜の表面に、上下左右、斜め計八方向のかすかな切れ目を入れることによる目の内側からの眼圧を利用して、角膜のカーブの角度を修正する。これがＲＫ手術の手法だった。

私が十七歳のときに顔面痛を発症してから、それが消える日は、一日たりともなかった。そしてこの顔面痛は、郵便課の十六時間勤務からはずれて以降、ほんの一時期、わずかに軽快したかにみえたが、それもつかの間、三十歳代後半にさしかかったあたりからまた、ますますひどくなっていた。とくに、疲れがたまっているときや睡眠不足のとき、湿度の高い日などには、顔の頬や口元に針金をねじ込まれたような痛みで強い苦痛を伴った。また、この顔面痛は、目の疲れとも関連しているように感じられた。さらに、顔面痛が進行していたことにより、軽量の眼鏡をかけた時のわずかな重みでさえも、鼻や耳に強い圧痛を感じていた。

そこで、近視矯正手術により、視力を上げて、目の疲れを防止することと、眼鏡の使用を不要にすることの二つの効果で、顔面痛を軽減することを期待したものだった。

第一印象が極めて大切な訪問セールスのなかでも、形のない潜在ニーズ型商品である保険の訪問販売の仕事では、なおさら「笑顔」はとても大切と考えていた。だから、毎朝、鏡を見ての笑顔づくりの表情筋トレーニングは欠かさなかったが、そのとき、だんだんと顔面痛のため、顔に歪みが出てきていたり、顔がこわばっているのが自分でもわかり、そういう意味でも、対策が必要と考えていた。

そしてこの顔面痛は、歯にも大きな負荷をかけていた。とくに左下の奥歯は、虫歯を治療したことにより銀をかぶせてあったが、顔面痛に伴う歯痛が強くなっていたこともあり、歯科医の診察を受けたところ、なんと、その銀が変形しており、「日ごろから普通の人では考えられないような力で奥歯を噛《か》みしめたり食いしばっているように見受けられるが、何か心当たりはないか?」と聞かれた。

もちろん、この顔面痛の話をしたら、やはり、それが原因だろうとのことだった。また、少しでも、そうした痛みを和らげたいと思い、整体マッサージなどにも通ったが、そこでも、食物を咀嚼《そしゃく》するときなどに使う筋肉に異常な張りがあると指摘された。こうした諸々の兆候や症状から、何か有効な対策を講じないと、健康にも仕事にも大きな影響が生じてくる恐れを感じ、わらにもすがるような思いだった。

ＲＫ手術を行うと、その直後から視力が向上し、遠くまではっきり見えた。ただ、目に傷ができるため、涙が頻繁に出たり、痛みがあったりが二週間くらい続いた。また、一時的に強度な遠視となるため、近くが見えなくなるなど、二週間程度は、遠視用眼鏡をかける必要があった。

手術から一か月ほど経ち、状態が落ち着いてくると、目の前には、裸眼でも、それまでの人生とは別世界のような光景が広がった。手術前までは、霞《かすみ》がかかったようにぼんやりとしか見えなかった遠くの景色が鮮やかにくっきりと見えるようになっていた。手術前の視力は、近視と乱視で両目とも〇・〇四程度だったのが、〇・八になっていた。一・二くらいにまでは無理なく矯正できるようだったが、その時点ですでに四十歳であり、少しでも老眼となる時期を遅らせるように〇・八くらいまでにとどめるのを目標にして手術が行われていたので、目標どおり成功であったといえるだろう。ただ、この手術を受ける本来の動機であった顔面痛は、だいぶ軽くはなったが、やはり消えることはなかった。また、医師から、何年先かわからないが、時間の問題で老眼になり、読書や事務作業など近くを見るときには、老眼鏡が必要になると言い渡されていた。したがって、いずれにしても、この手術も、私にとっては、いわば応急処置に過ぎないことは承知のうえで、ひとまずできる手を打つしかなく、踏み切ったものだった。

7　営業インストラクター、新人育成トレーナー、そして管理者

二〇〇一年、班長職（総務主任）のまま転勤したときには、ジャズボーカル教室もやめていた。仕事（他社生命保険会社社員、代理店等への転職の可能性）、マラソンなどのスポーツ、あるいはジャズボーカルのような趣味、何をとっても健康・体力面での事情で断念せざるを得なくなることについての徒労《とろう》感、挫《ざ》折《せつ》感がぬぐえないなかで、それ以降の人生のことについて、改めて考えていた。

私は、自分が何とか健康で働け、なおかつ、数値や額など具体的な結果で自分の働きぶりを表して、そのことで評価を受ける職場で働き、そういう職場・職種・役職のままで退職までの仕事を続けるために保険外務の職種をあえて希望して異動となった。

そう考えると、それから定年まで残り十三年の間のいつかに、せいぜいもうひとつ上の役職に昇任するまでで、あとはとにかく営業上の販売技術と成績の向上に専念していこうと考えた。そもそも、本音としては、私にとって役職や昇任などどうでもよかった。役職が上がれば、相応に役職の事務対応や職務が増えていく。それよりセールスパーソンとしての自分を磨くことに深い意義を感じた。だから、昇任試験に類するものに志願するようなこともなかった。それでも、私くらいの成績のものが、一時的にはともかく、いつまでも昇任を断り続けるなど、あからさまに消極的な姿勢を示すことは、実力本位の営業部門であるからといっても、郵便局という企業性格からも、（自分自身の成績の確保のことだけにしか目が向かない、「視野が狭く、自己中心的な人間」と目され）人事上の心証を損《そこ》なうことにもなる。

もう一つ上の役職は、当時は「課長代理」といって管理職である保険課長を補佐する現役外務員の最高責任者だった（民営化前後から役職者の呼称は、再三変更され、今は、その当時の「総務主任」に相当する役職が「課長代理」と呼ばれるようになるなど様変わりしている）。

そんなふうに考え、日々を過ごしていたところに、突然、まったくの想定外の話が保険課長から伝えられた。

「局長が森川君を南関東支社営業インストラクターに推薦したいと言われているが、その話を承諾する気はあるか?」

まさに、青天の霹靂であった。

営業インストラクターという役職は、その少し前までは「営業指導官」という呼称であり、主に比較的将来性があると目されるセールスパーソン（保険外務職員）を優績者に育成するために、中高実績者を対象に同行指導をしたり、研修所で、営業・販売技術研鑽のための講義などを行うなどの指導職だった。

それまでの通例では、この役職は、優績者の認定回数が相応にある課長代理のなかから選抜されることになっていた。またこの役職は、「管理者への登竜門」とも目されていた。逆な言い方をすれば、だいたい近い将来管理者になりたいと思うような高実績者が、この役職を志願したり受けたりするものである。仕事のやりがいやら何やら、どんなきれいごとを言ったところで、誰もが生活の糧、収入を得るために仕事をしており、まず、それが一義であると思うが、当時、この役職に選考されるような実績の人にとっては、かなりの収入減になるのが必定だった。

南関東支社の職員（役職者）となり、どこかの郵便局に駐在する（派遣される）ことになる。しかし、自分がその局に勤務して営業するのは、月のうち八日前後で、そのときでさえ、その駐在局の職員への同行指導が中心となる。それ以外の日は、管轄エリアの別の局に出張して同行指導や研修所での講義、会議への出席などで明け暮れる仕事になる。（基本給、役職者手当が少々上がっても）保険外務員としての収入の多くを占めていた募集手当が激減する。つまり、一時的にそのような、いわば「奉仕」ともいえる収入減というマイナス面をもってしても、二～三年、この仕事に従事すれば管理者に、という目算で受けていると思われる人が多く、実際にそのようになってもいた。

私は、すでに述べたように、管理者になることに抵抗を感じて、総務の仕事（職場）を抜けてきた人間である。しかも、その時点で、私は川崎地域の局しか経験していない一介の総務主任に過ぎなかった。それが、課長代理の役職も未経験のまま、いきなり営業インストラクター。いわば抜擢《ばってき》人事であるが、まさに、「井の中のかわず」が、いきなり「大海を渡る」ようなものである。

私は課長に問い返した。「課長、それ、何かの間違いではないですか？ 営業インストラクターって従来の営業指導官ですよね⁉ 雲の上の人じゃないですか！ 第一、私、まだ総務主任で、課長代理にもなっていないのですから」と。

「局長が日ごろから、森川君の動きを見ていて、これからの郵便局の発展のためには、こういう人にインストラクターになってほしいと言われているんだから。こんなチャンスは、そうそうないよ。どうするんだ?」と再び念を押された。その局長は、南関東支社でも要職を務めあげてきた有力者で、支社に対して、あるいは、人事についてもかなりの発言権や強い影響力がある方だった。

そう言われてみれば思い当たる節はあった。

前述したように、私は少なくともひとつ上の役職の立場を考えた動きをするように心がけていた。局長は随時保険課を訪れ、朝の出発前の役職者ミーティングでの私の発言や夕方帰局後の業務の流れや翌日への段取り、役職者によって行われる経営推進会議での私の意見等発言にも耳を傾けていたようだった。そういう日常的な場面で観察していたのかもしれない。

ただ、おそらく決定的だったのが、役職者有志で自主研を企画して開催して、私が講師を務めたときのことだったように思う。局長はそれを傍聴していた。そのときの私の話は、販売技術や成績を向上するためには、どんな心がけや訓練、実践などが必要か、できるだけ具体的に話すように努めていた。FPの講座や「話し方のレベルアップ」の教室で学び、役に立ったことなどについても、学習資料やレジュメを用意した上で臨んでいた。

それを見て適任と判断されたなら光栄なことと思った。とはいえ、家計やその後の生活設計にも少なからず影響するようなことだったので、一～二日考えさせていただく旨をお願いして、その場を収めた。帰宅して妻に話したところ、妻からは、収入のことは気にしなくてよいから、自分が本当にやりたいと思う仕事を悔いのないように選ぶようにしてほしいと言われた。

そのとき、私はじっくりと、それまでのこととこれからのことを考えた。

私が数々の転職の誘いを断り、郵便局に残った大きな理由のひとつは、確かに述べたとおり、健康的な理由ではあったが、決してそれだけでなく、理屈抜きでの郵便局に対する愛着である。高校生の時に短期間の郵便配達アルバイトをしたとき以来、郵便局にはお世話になってきた。就職差別をされることもなく採用され、自分の生き方を通そうとした結果の体調不良からの退職の危機に保険外務員となるチャンスを与えられ、その結果、さらに自分から志願していないのに、営業インストラクターという身にあまる役職が提示されている。私はピンチにチャンスを与えられ、心身ともに人生と生活を立て直すことができた。そのことに素直に感謝し、多少とも恩返しをすべきときなのではないかという思いがわいた。

また、以前からの私の役職や昇任になどについての一貫した考え方、指針があった。郵便局には昇任試験に類する制度などがあったが、私は、あえてそういうものに応募はしなかった。ただ、提示された昇任や転勤・人事異動についての「打診」を断ったことは一度もなかった。もし、そうした人事に、明らかな人権侵害や差別など不当な目的や要素でもない限り、それらは、任命権者やその関係者が、私がそのような役職や局所に配置されることが組織か私、あるいは双方にとって適切と判断してのことと考えられる。それを断るのは、その方がたの立場や配慮を損なったり、無にする、人として思慮《しりょ》や謙虚《けんきょ》さを欠いた行為のように思われ、よほど明確で決定的な理由でもない限り断るべきでないという思いだった。

翌日、保険課長に「昨日の件、よろしくお願いいたします」と告げた。

二〇〇三年八月一日、私は南関東支社・簡易保険営業インストラクターの辞令を受けて着任した。当初の駐在局は、藤沢市内の郵便局だった。あたかも転職でもしたかのように、立場も仕事の内容や責任の幅、領域から何から別世界のように変わった。

それまでは、あくまで一局の保険課外務の班長である一セールスパーソンだった。しかし、この日を境に南関東支社で七つに割り振られている地域の一か所全体の営業指導をする仕事になった。

自分が「できる」ということと、人がそれを「できるようになるようにわかりやすく教える」ということは「別物《べつもの》」である。それまでは、多少、班員や後輩の育成について考えるとしても、やはり、どうしたら自分の成績をさらに向上させられるかに大方の意識と関心は向いていた。でもこの役職に就いてからは、自分がやっていること（営業のしかたやその研鑽方法）をどのように人にわかりやすく伝えられるかの工夫に向けられるエネルギーの割合が格段に増えた。

この仕事をしていて、とくに若手の人たちからは「教え方がわかりやすいし、アドバイスが具体的ですぐ実行に移しやすい」と言われたが、それには理由があった。

それまで営業インストラクター（営業指導官）になっていたような優績者は、外務員になってすぐに高実績を確保できていた人たちばかりだったと思われるが、私は違った。私は、局で最下位の成績から一位まで、じわじわとまんべんなく経験していた。だから、それぞれの人たちの立場、考え方、思いが、それなりにわかっていた。だからきっと、新人や若手を含めて、それぞれの相手のレベルや状況に合わせたわかりやすい教え方が比較的できたのかと思う。ただでさえ、それまでの営業指導官といえば、その人独特のオーラや風貌《ふうぼう》、人には到底真似《まね》できそうもない話法や言い回し（トーン）の方がたが多かった。その点、私は、少なくともそうした人たちと比べて、風貌といい、話し方といい、お客様への説明のしかたといい、何もかもが、おそらく物足りなく思えるほど、「普通」で単純だった。

営業インストラクターに着任して、約二年半で五局に目まぐるしく駐在し、点々と異動を繰り返していたなかで、また支社の要職にある上司から新たな職員育成計画についての打診があった。

正誤表

ページ	行	誤	正
165	6	恐れが出てきてくる。	恐れが出てくる。
226	4	膨大な火災	膨大な火炎
241	終〜3行目	およそICRP2007年勧告について100mSv	およそ100mSv
242	9	2500メートル以内、長崎では約2700メートル以内に	…メートル未満、長崎では約2700メートル未満に
271	6	南太平洋	北太平洋
289	終〜４行目	各兵器	核兵器
289	最終行	99.27%	99.2745%
289	最終行	0.006%	0.0055%
361	3	意義を唱える	異議を唱える
366	（年表）1953年	神奈川県、東京都のNHK 職員寮に移住	空欄（記載なし）
376	（年表）5	2017年…オバマ大統領、広島訪問	2016年…オバマ大統領広島訪問
381	終〜5行目	川崎宏明ん	川崎宏明さん

そのころの南関東支社管内の外務員の訪問セールスの傾向は、もっぱら簡易保険の既加入世帯の契約内容を予め把握した上での追加販売型営業に大きく依存するようになってきていた。その兆候は、高実績者が他社に多数流出して以降の一九九〇年代終盤あたりから、ますます色濃くなってきていた。そうした営業方法に執着・依存していくと、職員は以前のように躊躇なく飛び込み営業をすることができなくなり、販売技術が低下していく。また、必然的に未加入世帯の開拓もできなくなり、市場が狭隘化《きょうあいか》する（せまくなる）恐れが出てきてくる。

そこで、採用された新人に飛び込み営業だけに徹して訓練させる「職員育成センター」をつくりたいという趣旨の話だった。そして、そのセンターの講師を務めてほしいということだった。

私は、同じ営業指導の仕事をするのなら、新人育成の方が結果につながりやすく、やりがいがあるのではないかとちょうど思っていたときだった。中堅職員ともなると、ある程度の営業習慣や価値観、癖《くせ》などが定着しており、それが育成上の難点になりがちである。その点、新人は、比較的まだ型にはまっておらず、その意味においては育成しやすい。「ぜひよろしくお願いいたします」と着任を希望する旨を伝えた。

その上司から正式な打診があったのは、二〇〇六年五月、ゴールデンウィーク明けのころのことだった。そして、五月下旬、この職員育成センターの開設に伴い着任した。そのときの役職名称は「職員育成センター・チーフトレーナー」であり、私ともう一人の相棒・高山隆一《たかやまりゅういち》さん（仮名）が講師となり、そのセンターを運営していくことになった。このセンターは、奇《く》しくも私が営業インストラクターに着任した当初駐在していた局内に設置された。

採用された新人は、それぞれの郵便局に配属されたあと、まもなく研修所（現在の呼称は研修センター）に入所する。就業規則などをはじめとする服務規律的なことや基礎的な業務知識などについて一か月程度座学研修を受け、いったん配属局に戻った直後、この「職員育成センター」に入所してきた。一言でいえば、ここで、飛び込み訪問に特化した営業方法を教えるのが、トレーナーに課せられた役割だった。

しかし、今振り返ると、郵便局のような大企業で何とも不思議な話ではあるが、このセンターのカリキュラム等運営方法についての細かい指示やしばりがほとんどなかった。つまり、よい言葉で解釈するなら、「信頼されて任された」と考えられるし、悪い言葉で表現、あるいは解釈しようとすれば、「丸投げされた」といえなくもなかった。このようなことがあり得たのも、この育成センターと類似した育成方法を東京支社が実施しており、それを取り入れたものとはいえ、これが本社の全国統一施策ではなく、南関東支社の独自施策だったからであろう。

テキストもカリキュラムもマニュアルもなく、なおかつ第一期の研修生が入ってくるまでの準備期間は一週間あるかないかだったように思う。テキストに相当する研修資料は、パソコンを使って自前でつくるしかなかった。ただ、相棒も私も、営業は、あくまで訪問の実践を通じてこそ習得および向上するものだという考えで一致していた。

そこで、三か月ほどの研修期間のうちの最初の数日間、お客様を訪問するうえで最低限確認しておきたい業務知識（研修所で習ったと思われることの復習も兼ねて）や接客マナー、飛び込み訪問の具体的な方法（話法等）や留意点などについての座学を終えた後は、さっそく訪問の実践に入ることにした。

その後は、日程の七〇％を訪問の実践と帰局後の振り返り、評価・反省や質疑応答、二〇％は、室内での（訪問実践を想定した）ロールプレイングによる訓練、一〇％は、訪問セールス関連の理論的な学習・事例研究、演習などの時間に充てるような配分で計画を立てた。

この新しい仕事に対しては、期待と不安が入り混じっていた。企業の発展にとって、新人育成は大切な要素であり、その仕事を任されたのは光栄であり、やりがいも感じた。ただ、このセンターのテーマ（課題）である飛び込み訪問は、そのころは、私自身もほとんど実践していなかった。

新人のときから七年ほどは、ほぼ毎日飛び込み営業ばかりで明け暮れており、得意意識もあった。しかし、昇任を伴い転勤した一九九八年ごろから、ほかの大半の外務員と同様、既加入世帯の加入状況（内容）を確認し、ひいては面談予約を取るなどしながらの営業スタイル中心になっていた。とくに、営業インストラクターになってからは、被指導者が確保した面談予約等訪問先に同行しての面談・商談が中心の営業活動だった。支社から郵便局の管理者、役職者にも、インストラクターから同行指導を受けるに際しては、確実に何軒かのお客様との面談先を確保しておくことで、（不在宅訪問による時間的ロスを防ぎ）学習効果を高め、できれば、その日の契約受理に結びつけたいとの配慮からも、そのように被指導職員に意識づけや確認を徹底するよう指示していた。

だから、飛び込み訪問は久々《ひさびさ》であり、果たして数年のブランクを経て自分の飛び込み営業が通用するのかどうか、すなわち、新規契約に結びつくのかどうか疑心暗鬼になっていた。研修生たちと、同行営業しながらアドバイスや指導を積み重ねていくことになるが、もし、研修生が同行し、見ている前での営業そのものが、仮に新規契約にまったく結びつかないようなものだとしたら、事務室内での講義やアドバイスは著しく説得力を欠くものとならざるを得ない。というより、私が逆の立場でどう思うかを考えてみても、結果が伴っていない話、あるいはそういう人の話を、心から尊重して言われるとおりにやってみよう、ついていこうとは思えないはずである。

そのように思うとプレッシャーは、本当に押しつぶされそうなくらいに過酷に感じられた。しかし、この崖っぷちともいえるプレッシャーに日々さらされたために、この育成センター・トレーナーの仕事を通じて、営業インストラクター時代以上に自分の営業力に思いもよらぬ磨きをかけられたように思う。

だからこそ、なによりもうれしく、感動を覚え、自信につながったのは、研修生と同行し、契約を受理できたあと、お客様宅から離れたときに、研修生から何度か言われた次のような言葉だった。「今日の契約に至る展開は、森川チーフが研修室で力説されていたあの内容どおりでしたね。感動しました」。

この職員育成センターは、二〇〇七年十月の郵政民営化（二〇〇三年四月から二〇〇七年九月までは日本郵政公社）直前までの一年三か月存続し、その間計三期を受けもった。一期と二期は三か月半ほどだったが、三期は、四月初めから八月末までの五か月間だった。一～二期の場合は、研修所で、就業規則や服務規律、業務知識などを一か月ほど受講し、郵便局に何か月か勤務した後の育成センター入所だった。

三期は、四月初日、採用辞令を受けたまま簡易保険職員育成センターに入所して三週間ほど営業に特化した研修を行なってから、研修所の前述した内容の座学研修を受講したあと、再び育成センターにもどり、三か月、飛び込み訪問中心の訓練を行なうものだった。つまり、この期の新人は、この四月に採用されても、配属局の現場に実際に勤務するのは九月になる。

三期でこのような取り組みをした理由は、次のような事情によるものだった。まず、営業職で採用した職員には、いち早く、生《なま》の営業がどのようなものか知ってもらうことが望ましい。でも、郵便局の現場に配属されて先輩たちの営業を見ても、既加入世帯についての資料を活用しての営業がほとんどであるばかりか、飛び込み訪問の意義について否定的な言動さえ見受けられる。そこで、新人たちが予め飛び込み訪問についての否定的見解や偏見を植えつけられてしまってからの育成センター入所では、研修効果が損なわれることになりかねない。

南関東支社が、そうした兆候に配意しての試みのようだった。実は、その三期生のなかに、後に、再生可能エネルギー推進の活動にともに取り組むことになる小山田大和《おやまだやまと》さんがいた。小山田さんのことや彼が現在事務局長を務め、私も会員となっている「エネルギーから経済を考える経営者ネットワーク会議」については、改めて第五章で述べることとする。

郵便局が民営化された二〇〇七年は、八月までは、仕事上、物理的、時間的にも、また精神的にも、比較的に余裕のできた時期だった。育成センターも二期まで終ったところで、だんだん勝手もわかってきたし、それまでの苦労の積み重ねで、研修資料やマニュアル的なものも蓄積されていた。また、相棒の高山さんとの相性もよく、そこでの対人関係上のストレスなども感じなかった。自分自身の営業力と営業インストラクター時代から研鑽を重ねてきた指導方法も深化《しんか》でき、自信もついてきていた。したがって、定時で仕事が終了すれば、以前の一時期のように帰宅してからも寸暇を惜しんで自己研鑽を要するというほどまでのこともなかった。

8　再び被爆二世運動への思い　定年へ

そのようにして心に余裕ができたときに、私のその後の人生を大きく左右することにつながる漫画（原作）とその映画化作品『夕凪の街　桜の国』を観ることになる（この章の三項参照）。それは、二〇〇七年六～七月のことだった。

長編アニメ映画化された漫画作品『この世界の片隅に』（上・中・下三巻、双葉社、上：二〇〇八年一月、中：二〇〇八年七月、下：二〇〇九年四月、新装版は前・後編二巻で二〇一一年七月）の作者・こうの史代さんの前作『夕凪の街　桜の国』が映画化されることは、テレビのＣＭか何かで知った。

それまで、こうの史代さんに特別な関心があったわけでもなければ、この作品を読んだこともなかった。ただ、この作品の主人公の一人が被爆二世であることから関心をもった。そこで、まず、この映画が公開されたら鑑賞することを前提に、原作である漫画を読むことにした。

この『夕凪の街　桜の国』の映画の公開は七月二十八日であったが、広島市内で七月二十一日に先行公開されることを知り、二十一年ぶりに広島を訪れ、改めて自分のルーツについて考えてみたい気持ちに駆られた。また、漫画を読んで、被爆二世の心の葛藤や差別の問題にもあえて踏み込んだ希少な作品であると感動していたこともあり、公開当日（七月二十一日）に広島で鑑賞することに決めた。

昼ごろの上映時間に合わせて広島入りし、映画鑑賞後は、広島平和記念資料館、国立広島原爆死没者追悼平和祈念館など平和記念公園周辺を散策し、一泊した。

私は、原作の漫画も映画も、大変優れた作品であると考えている。昨今では、こうの史代さんの作品と言えば、アニメ映画『この世界の片隅に』（片渕《かたぶち》須直《すなお》／監督、二〇一六年、一二九分、東京テアトル）がロングランとなり、いわゆるミニシアター系作品としては異例のヒットを記録している。確かにこれも素晴らしい作品だとは思う。ただ、『夕凪の街　桜の国』もこれに劣らず優れた内容の作品であると私は考えている。それにもかかわらず、あまり目立っていないのは、少なくとも、漫画やドラマ、映画などの領域において被爆二世の問題に触れ、ましてテーマなどにすることは大変むずかしく、半ばタブー視され、敬遠される傾向にあるからではないだろうか？

その困難なテーマ（問題）にあえて問題提起がされていると思う。

現に、私は、この作品に出会ったことで、また人生の新しい扉を開くことができた。

それまでの私は、どっぷりの「仕事人」(「仕事の虫」)、いわば「二十四時間セールスパーソン」になり切っていた。

確かに、私のなかの「被爆二世」が、たとえばかんぽセールスパーソンとしての営業スタンスや信条、販売話法などに間接的、潜在的に影響をおよぼしているというようなことはあったように思う。また、偶然にも、職場の同僚など仕事関係の人が被爆二世であることがわかったことを通じて、自分が被爆二世であることを意識する局面は、時として断片的にはあった。でもそれは、決して日常的なことではなく、まして被爆二世であることをもって何かを具体的に働きかけていこうという思いにつながるようなものでもなかった。とくに保険営業インストラクターの仕事に就いたころからは、ひたすら自分の販売技術や後身の指導・育成のあり方についての考察や研鑽に深く意識が集中していた。

しかし、この作品に出会ったことで、私の心の奥底で冬眠していた「被爆二世」が、少しずつ覚醒《かくせい》しはじめた。

二〇〇七年八月、簡易保険職員育成センター三期の修了が近づいてきたころ、十月からの郵政民営化に伴い、南関東支社から、私の今後の職務内容、役職、異動先などについての説明と内定が通知された。まず、育成センターが閉鎖されることと、私は、ある郵便局に管理者として配置されることが内定通知された。一般的に昇任(とくに昇任試験を受験していない場合)や職種などの変更などを伴っての異動に類する人事に際しては、「打診」(本人の意向確認)→内命→発令(辞令交付)の手順が踏まれていたが、このときは、打診に類するものはなく、直内定であった。

当時、管理者への昇任試験を受験していないのに昇任というケースは聞かれなかったので少々驚きはあったものの、そのことによる動揺や大きなとまどいのようなものは、もはやなかった。そのころには、若い時のような労使対立は、もうすっかり消えて、労使協調の時代になっており、とくに保険営業部門では、実際に職場で長年仕事をしてきて、少々のことはともかく、ことさらに労使関係が前面に出たような深刻な案件に遭遇《そうぐう》したことなどもなかった（昔の激しい労労対立で知られていた旧全逓と全郵政も民営化に伴い統合され、日本郵政グループ労働組合として発足することとなった）。私自身、郵便局時代、組合活動にとくに熱心に取り組むこともなかったが、このときまでずっと組合には加入し続けていた。

営業インストラクターなどの要職に就いてからも、各地域の組合執行委員などにも、むしろ親しい人たちが多かった。だから、その面での抵抗感や不安などもなかった。

不安があるとすれば、組織の管理責任者となるため、拘束時間が長くなること、配置された局の営業推進についての、実質上のほぼ全責任を負うことになり、局の営業推進が遅れ、滞ると、随時、支社（上部組織）からも諸々の事情確認や指導が入るなど、心身にかかるかなりの負荷を伴うことが懸念されたので、私の場合、健康的に耐えられるか、主にその一点だった。

十月一日の民営化とともに、保険課という部署はなくなり、それまでの保険課に相当する（それに近い業務内容の）部署は、「お客さまサービス部」と呼ばれた。そして、それまでの保険課長に相当する役職は、「お客さまサービス部長」となった。私は、新任の管理者として、大きな規模の局でお客さまサービス部長の補佐をする「担当部長」という役職に就いた（その後、国の政権交代などの影響により、郵便局は組織改編もあったことから、実質上、同じ内容の役職でも呼称が目まぐるしく変わっていった）。

しかし、それからわずか二か月半後くらいには、本社施策として新人育成組織を全国十数か所に設置し、新年度（二〇〇八年度）からスタートさせるという情報を耳にした。それは、二〇〇七年八月まで私が従事していたような支社の独自施策の取り組みとは違い、本社が作成した綿密なカリキュラムやテキストなどに基づき、極力均一の内容で取り組もうというものだった。この組織（新人養成機関）の名称は、「営業力養成センター」だった。

二〇〇八年四月、私は、営業力養成センターの次長に着任した。センター所長は、支社の要職の方であったが、直接実務に携わることはなく、次長は、その現場の実質上の責任者（管理者）だった。管理者であっても、ほかのトレーナー二名と同じく、座学講義はもちろん、営業への同行指導・販売活動にも携わっていた。いわゆるプレイングマネージャーであった。

二〇〇三年、総務主任から営業インストラクターになって以降、この養成センター次長の職務に至るまで、異例の昇任人事や企業としてのほぼ前例のない取り組み、初代の役職等、いわば初物づくしのことが続いた。したがって、前例やマニュアル、引継ぎなどを参考にしたり、人に相談したり、問題や苦労を分かち合ったりなどしにくい、やりがいがあるなかにも孤独な日々が続いていった。

でも、セールスパーソンとして、郵便局の他の多くのセールスパーソンとは違った、ファイナンシャル・プランナーや「話し方のレベルアップ」の講座などを通じた自己研鑽により培った独自の販売技術、あるいは、被爆二世としての人生経験から自分自身実感していた保障の必要性について、自分なりの言葉でお客様に訴える（一生涯入院保障が続く終身保険を中心とした）生涯保障の提案力などを、新人を含めた後身育成のスペシャリストとしての仕事に活かすことはできたように思う。

私は、お蔭様で、この営業力養成センター次長を二年間務めた後、お客さまサービス部長、副局長などを務め、二〇一四年三月、無事定年を迎えることができた。

二〇一四年六月一日、定年までの最後の三年間勤務した大和郵便局社員のみなさん、ともに営業インストラクターを務め、管理者になった方がた、職員育成センター時代の相棒・高山さん（仮名）、前述の小山田さんをはじめ、営業インストラクター・職員育成センター時代の教え子のみなさんなどが集い、私のために「退官パーティー」の場を設けてくださった。

そのときの「御礼のごあいさつ」を披露《ひろう》して、この章のしめくくりとしたい。


皆様、本日は、貴重な休日のなか、お集まりいただき、誠にありがとうございます。

このように盛大な退官パーティーを企画・開催していただけるのは、おそらく退職者、数百人に一人のことと思われ、大変光栄でありがたいことです。これも皆様の温かいご支援の賜物《たまもの》と深く感謝申し上げます。各研修の修了生の皆様、研修の進行をご一緒させていただいた講師等スタッフの皆様、本当にありがとうございました。

このような身にあまる席を設けていただけたのも、営業インストラクター、職員育成センター、営業力養成センターと長きにわたって、若手及び新人社員育成の仕事に従事してきてならではの役得《やくとく》と謙虚に受けとめたいと思っております。

今振り返ってみますと、私の新人育成、社員指導・育成のあり方には、反省すべき点が多々ありました。ただ、そのようななかでも、もし私が修了生の皆様方等にアドバイスしたことで、たとえわずかでもお役に立てたことがあるとしたら、実は、それは私が、かつては、むしろセールスという仕事がとても苦手で不向きな人間であったからだと思います。一人っ子の家庭で育ち、そのままおとなになってしまった私は、人とのコミュニケーションの取り方がへたでした。

三十七歳にして訪問セールスの仕事に就いたものの、最初の一年間は鳴かず飛ばずで外務員（セールスパーソン）四十二名中最下位付近の営業成績でした。七年後に昇任して異動するころには局で三番、昇任してからは局で一番も経験しました。段階を追って成績も上がっていったため、それぞれの成績やレベル、順位の人の気持ち、考え方や立場がわかるので、それをふまえたアドバイスをするよう心がけてきました。

保険セールスという仕事は、私にとって大変むずかしい仕事でした。勉強すること、ほかの方がた以上に自分を変えなければならない部分が私には多かったからです。保険セールスの仕事で結果を出すために費やした自己研鑽や努力、エネルギーという点において、その量と多面性という両面からみれば、おそらく誰にも負けていないのではないかと思います。

逆に申し上げるならば、保険セールスという仕事は、むずかしくはあっても努力を途中であきらめずに続けていけば、セールスに不向きと思われるような人でも、必ずそれなりに芽を出すことができるということを検証できたようにも思います。したがって、今までよい結果が出ている方は、そのまま精進を続けてさらなるステップアップをめざしていただきたいですし、思うような結果が出ていない方も、強い希望と向上心をもって努力を続けていただきたいと思います。必ず報われる日は来ると信じます。

話は変わりますが、世の中を住みよくするということについても同じようなことが言えると思います。

皆様ご存じのとおり、三年前（二〇一一年）の三月十一日、日本中を震撼《しんかん》させる、恐ろしく、悲しいできごとが起きました。私は、三十八年前（一九七六年）ごろから、もし原発の運転を中止せず、まして増設していくようであれば、いつか必ず大地震などが引き金となり、大惨事が起きることになると声をあげて活動しておりました。それは、私が核問題の当事者のひとりであることによる実感と信念から発信したものでした。しかし、当時は何とも多勢に無勢でした。

原発は電力を維持するために必要なエネルギーであるという、そのときの世の流れに抗する発信力、影響力をもつことはできませんでした。それは当時の私が人として極めて未熟で、コミュニケーション能力も低かったからでもあると思います。

人の輪を広げることができず、ちょうどあきらめかけていたころ、かんぽと出会い、入れ替わるように、ひたすらかんぽセールスの世界に没頭しました。

そして、そのまま時は流れて三年前（二〇一一年）、ついに私が三十八年前から警鐘を鳴らしていたことが現実となりました。とくに、東京に避難してきた福島の子どもたちが偏見や差別を受けているようなできごとは、被差別体験のある核被害の当事者として、とても他人事とは思えません。

今、私は、福島の子どもたちの未来が、…ひいては日本全国…そして全世界の子どもたちの未来が明るいものとなるように、ささやかながら歩みを続けております。

それは、核（核兵器・原発等）被害に対するほしょう（補償・保障）制度の確立・拡充と、核兵器はもとより、原発を含めた、人類が絶対に共存できない核を根絶するための活動です。

これからは、過去の挫折をくり返したり、途中であきらめることのないよう、かんぽセールスを通して学んだ、人が人の心を動かすコミュニケーションの力を借りながら、残された限りある人生ですが、一歩一歩着実に歩んでいきたいと思っております。

今後とも、何卒よろしくお願いいたします。

末尾となりましたが、改めて厚く御礼申し上げます。

本日は、貴重な休日の一日をこの席のために割《さ》いていただき、本当にありがとうございました。

第四章　被爆二世としての新たな出会いから

1　吉田敬三さんとの出会い

二〇〇七年夏、『夕凪の街　桜の国』と出会ったことをきっかけに、私の心の奥底に眠っていた「被爆二世」が覚醒しはじめたことは述べたとおりであるが、すぐに日常的に何か具体的な行動に移せたわけではなかった。

そのころ以降は、定年退職までずっと管理職であり、とくに定年前の四年間は、郵便局の現場における副局長など、局長の下、つまり郵便局で二番目のポストを務め、多忙を極めた。日常的に朝早くから午後七時、八時くらいまでに及ぶ勤務だったほか、祝日はほとんど出勤だった。土曜日も月のうち半分は出勤していたように思う。

ただ、そうしたなかでも、たまの休日には、原爆、核兵器の問題や被爆者、被爆二世の問題について、折に触れ、少しずつながら勉強や情報収集を進めるようになっていた。

そして、二〇〇九年八月、インターネット検索をしていて、「被爆二世の写真を（その時点では）一〇〇人を撮影し、写真展を開催する」ことを目標に活動している写真家の人がいることを知った。

それが吉田敬三《よしだけいぞう》さんだった。吉田さんは、長崎県生まれ、お母様が長崎市で被爆されている被爆二世である。

吉田さんは、ほかの被爆二世が何を考え、どのような暮らしをしているかを知りたくて撮影を始めた。しかし、撮影活動はかんたんには進まなかった。「子どもが学校でいじめられる」、「連れ合いに、みっともないからやめろと言われた」などの理由で、せっかく苦心して被爆二世を探し出しても、十人中九人までは断られたという。現に「結婚・就職における差別があること」も知って、このままでは、「被爆とは何かという正確な事実が語られず、差別や偏見のみがひとり歩きするのではないか⁉」という不安を抱いたそうだ。

吉田さんは、それまで出会った「ほとんどの被爆二世は、『被爆者の子ども』という意識しかないが、なかには『被爆二世』であることを単なる健康不安などのマイナス部分として受けとめるだけでなく、被爆者である親の背中を見て育ったことにより、命の大切さに敏感で、平和への思いも強くなり、他人へのやさしさや思いやり、非暴力、家族愛など人生に対するプラス面として積極的に活かしている人もいることを知った」という。

「被爆とは広島や長崎の問題だけではなく、四十七都道府県すべてに被爆者や被爆二世も暮らしており、身近な問題として差別なき関心をもってもらいたい」という思いから、「素顔のありのままの被爆二世」を撮影し続けていた。

私は、この吉田さんの活動に深い共鳴を感じ、すぐに連絡を取り、翌月にお会いして、撮影していただいた。

撮影に先立って、二時間前後のインタビューを吉田さんから受けた。被爆二世としての生い立ちやそれまでに至る諸々の体験についてかなり細かい質問もいただいたが、できるだけ詳しくお答えした。初対面であるにもかかわらず、立ち入った内容についても抵抗なく応じて話すことができたのは、同じ被爆二世どうしという安心感もあっただろうが、それ以上に、吉田さんの誠実な人柄と撮影活動への強い共感があったからだと思う。

私は、吉田さんが撮影した七十五人目の被爆二世だった。

そして、二〇一二年までに吉田さんは百人以上の被爆二世の写真を撮影し、二〇一二年八月、新宿・ペンタックスフォーラムのギャラリーで、吉田敬三写真展『被爆二世　一〇八人の肖像』が開催された（私が二〇〇九年に撮影していただいたのは自宅付近だったが、この写真展開催に際して、二〇一二年四月、改めて当時の私の勤務先で撮影していただき、写真展では、その写真が使われている。私は、この写真を一生の宝物のように思っている）。

写真展『被爆二世　一〇八人の肖像』で展示された写真と机上閲覧用メッセージ

私が「被爆二世」という言葉を知ったのは、中学生のころで、確か新聞記事か何かだったと思います。幼少のころから胃腸が弱く、病気がちだったり、けがをすると傷口がなかなか治らず、すぐに化膿したり…、夏休みになっても、暑さで体をこわし、ほとんど家で寝ている日が多かったことが思い出されます。

学生から社会人となるくらいの間に、被爆二世に関するニュース、記事、本などを見たり、さまざまなきっかけで何人もの被爆二世に出会うこととなり、健康な人もいる半面、私と同じように色々な体の不調を訴えている人もいて、被爆二世の医療保障の必要さを痛感しました。

撮影：吉田敬三

また、被爆二世の平均年齢が若かったころ、就職や結婚における差別のことが、マスコミ等でも報じられていましたが、私は、そのどちらも経験しました。でも、その後、幸運にも良き伴侶に出会い、三十三歳にして結婚しました。そして、翌年には子宝にも恵まれたと思いきや、日数が経過しても胎内で成長せず、個体としてこの世に生を受けられる生命力がないことがわかり、涙を飲みました。私は、このことが、自分が被爆二世であることと無関係なこととしては受けとめられません。

一方…、私が結婚する前の本籍地が広島市の爆心地に近かったことから、就職の際の面接試験でも、家族の被爆の有無等についての細かい質問をされました。こうした場合、だいたい採用はされず、結局、紆余曲折を経て、こういうことを問題にされることのない、郵便局に就職しました。ただ、私が当初配属されたのは、深夜勤務を含めた変則勤務のある郵便内務の仕事で、私のような虚弱体質の者が長いこと働き続けられる職場ではありませんでした。

採用から十年が経ったとき、深夜勤務のない保険外務（外交販売業務）への配置換えの希望が、ようやく叶いました。

この職場なら、夜は家に帰って床につくことのできる仕事でしたので、私にとっては、何とかしてこの仕事に順応しなければ、もう自分が働けるところはないというせっぱ詰《つ》まった思いで、保険の訪問セールスの仕事に必死に取り組みました。その甲斐あって、それから二十一年を経た今は、お蔭様で副局長の職務に就かせていただいております。

今思うに、私が保険販売の仕事に順応できたのは、後がない状況からの切迫感と、被爆二世としての生い立ちから形成された人生観や価値観、つまり、命や健康の尊さと健康が損なわれたときへの備えの大切さを思う気持ちを、身に染みた実感をもってお客さまに伝えられたからだと思います。

郵便局には、古くから労働組合内に被爆者組織や被爆二世協議会があったことなどもあり、被爆二世が人間ドックを無料で受けられる等の施策があり、健康管理に役立っています。

でも、内容の充実した、真に健康状態の把握や健康管理に役立つ健康診断や医療保障は、一握りの企業や自治体に留まるものではなく、国が全国的に実施していくべきものだと思います。

フクシマの原発事故と放射線被害…、そしてこれによって生じてきている差別問題は、核問題が、もはや被爆者、被爆二世に限らず、国民的な問題となっていることを象徴していると思います。

国が、被爆者、被爆二世はもとより、放射線被害者（被曝者等）に医療保障をはじめとする保障（補償）を充分に行い、社会的差別をなくすように努めること、また、すべての原発を廃炉にし、自然エネルギー、再生可能エネルギー利用に向けてエネルギー対策を転換するよう、被爆二世のひとりとして、強く訴えていきたいと思います。

森川聖詩

私は、かなり多くの被爆二世と会ってきたという自負はある。

まず、首都圏で関東被爆二世連絡協議会を発足するに際して、今のＳＮＳのような情報収集・発信・通信等の手段がないなかで、ひたすら、足と口コミ、印刷物を駆使していろいろな年齢、職業、立場の被爆二世と会い、面談を積み重ねた。何らかの社会問題に取り組む活動をしている人もいればそうでない人もいた。また、『夕凪の街　桜の国』と出会って以降の私は、職場の朝礼の際などにおいても、「被爆二世」としての自分を発信するように努めていた。そうしたことから、日常的に職場などで、公的に「被爆二世」をカミングアウトしていない被爆二世からも、そっと「実は私も」と声をかけられて話す機会も多くなってきた。最近では、副支部長を務めている神奈川県原爆被災会二世支部での活動はもとより、フェイスブックや被爆体験伝承者の研修生としての取り組み、あるいは、脱原発・再生可能エネルギー推進の活動などのさまざまな場面で多くの被爆二世と出会い、交流を積み重ねてきている。

私が、公的な場で「被爆二世」として何かを発信するとき、若いころから常に心がけてきたことは、あくまで私の例は被爆二世の中のひとりの事例であることに言及しつつ、それまで、出会った様々な被爆二世のなかの共通項をできるだけイメージしながら発信するように留意することだった。

ただ、このように、多くの被爆二世に会ってきたといっても、さすがに吉田さんには遠く及ばないと思っている。

吉田さんは、全国を丹念にまわりながら、インタビュー（取材）と撮影を積み重ねてきた。吉田さんのインタビューは、大変にきめ細かいものである。それまで出会った被爆二世一人ひとりの特徴やそれぞれの人たちの思いなどについて、吉田さん自身の心の中にしっかりと刻み込んでいる。被爆二世をめぐる現実について世の中に発信する一方で、被爆二世間の交流と連帯の輪を拡《ひろ》げるという意味でも、吉田さんはとても貴重な貢献をされていると思う。

実は、吉田さんとの出会いが、本来の意味での私の被爆二世としてのその後の活動の原点となっている。まず、吉田さんの紹介で、二〇一二年、鹿児島県原爆被爆二世の会会長の大山正一《おおやましょういち》さんにお会いした。そして、大山さんから、神奈川県原爆被災者の会に二世支部があり、活動していることをお聞きしたことから、現在、二世支部長の門川恵美子《かどかわえみこ》さんを紹介していただき、四月に二世支部に入会した。

その後の数々の被爆二世との出会いの多くは、吉田さんが何らかのかたちで取りもつご縁であったように感じている。

2 父との確執

二〇一一年一月三日、父が他界した。私は、父の葬儀等に際して、一滴の涙を流すこともなければ、寸分の心の変化もなく、その様子を見ていた妻も驚くほど、何ごともないかのように平然としていたのが思い出される。

私としては、むしろ、ほっとしたというのが本音だった。父は、亡くなる二年ほど前から認知症を患《わずら》っていた。夜、家族が寝ようとする深夜に、外出しようとすることなどをはじめとするトラブルが昼夜を分かたず頻発《ひんぱつ》・日常化しており、家庭は崩壊《ほうかい》の危機に瀕《ひん》していた。そのころの私は、郵便局（現場）の管理職で多忙を極めており、そのしわ寄せは重く妻にのしかかっていた。妻には、大変な苦労をかけたことと思う。

思い返せば、父と私は、一般的な親子の関係とは明らかに違っていた。それは、私の知る限りの、他の被爆者の家庭での被爆者と被爆二世である親子関係と比較してもである。

私は、大人になるにしたがって、多くの被爆者は、被爆体験を語りたがらないものであることを知った。それは、思い出したくない、つらい体験であり、ましてそれを人前で話すなどというのは、過酷なことだという。そして、もうひとつは、子どもが結婚し、さらには孫が無事生まれて、ようやく被爆者手帳の取得を申請したという話を、つい数年前まで少なからず聞いてきた。私は、そのたびに複雑な思いをしてきた。

私は、子どものころから父の被爆体験を何度となく耳にしてきた（ただ、決して傾聴できていなかったと思う）。自宅の居間で、私に直接話したのを聞いたこともあるが、それ以外のケースも多かった。被爆者運動の代表者をしていた父には、取材に家を訪れてくる人たちも多く、そこでのインタビューは日常茶飯事だった。父がNHK広島中央放送局内で被爆していたこともあり、NHK関係者からの取材も何度かあった。テレビやラジオの番組などで、父の被爆体験に関するインタビューが放送されたことも記憶に残っている。被爆者の会の仲間の人たちや被爆者支援に取り組んでいる政党の人たちも、よく私の家には来ていた。

だから、幼少のころから、私の心の中には、親が被爆者であることは、何ら隠すようなことではなく、むしろ、原爆の恐ろしさを一人でも多くの人に知ってもらうために進んで話すべきものだ、くらいの感覚が刷り込まれていたように思う（父も、本心は語るのが苦痛であったとしても、自分は、真実を伝え、核兵器廃絶のために語り継ぐ使命をもって生かされたのだからという強い使命感から被爆体験を語っていたのだろう。そのことに、最近まで、深い理解をもてずにいた）。だから、第一章に述べたように、小学校四年生のとき、担任の先生から、授業時間中に、「皆さんのなかに、お父さんかお母さんが原爆を被爆されている人は、いますか?」と質問され、何の抵抗もなく、手を挙げてしまったのだと思う。

そのころの父は、川崎で被爆者の会を結成しようと精力的に動いているときであり、仲間の人たちや支援者の人たちともよく打ち合わせをしていたようだった。

私は、大変お恥ずかしい限りであるが、本籍地が任意に変更可能なものであることを結婚後まで知らずにいた。変更が可能なものであることを知ったときの衝撃はとても言い表せないほどのものだった。すでに述べたように、「広島市中区」に本籍があるばかりに、たび重なる就職差別の試練にさらされなければならなかった。

結婚ともなれば、少なくとも私個人としては、これに際して親が被爆者であることを伏せたままというのは、信条的にも考えられないことなので、さておくとしても、就職(採用試験への応募)という場面においては、自分の親が原爆投下時に爆心地付近に住んでいたことが明らかにわかるようなことまで、(倫理的にも)あえてさらす必要もない情報であったように思う。それなのに、私の父はどうして子どもの幸せのために本籍地を変更しようという機転を働かせてくれなかったのかという疑念が私の心の中に芽生え、どんどん膨《ふく》らんでいったのである。被爆者運動に熱心なあまり、子どもの幸せのことは考える余裕などなかったのか、あるいはそんなことには無頓着《むとんちゃく》だったのか、はたまた広島市中区の本籍地に誇りを持ち、差別に屈して本籍地を変更するなどということは、思想信条に反すると思ってのことだったのかは、わからない。他の多くの被爆者が、ことのほか自分の幸せよりも子どもの幸せを考え守るために、被爆者であることをひたすら隠し続けていたことなどを耳にするたびに、そのあまりの違いに、私は何とも釈然としない複雑な想いを抱いたのである。

一九六一年、現在の川崎市の自宅に移り住んでまもないころから、父は、居住する被爆者を探し歩き、被爆者の会の結成を呼びかけていった。

そして、一九六五年、平和運動家の佐々木千代松《ささきちよまつ》さんなどの支援も受けながら、稲田地区（現在の川崎市多摩区）折鶴の会を結成する。翌一九六六年には、これを母体にして川崎市折鶴の会を結成し、会長に就任した。一方、同年に、私も現在加入している神奈川県原爆被災者の会の結成にも参加している。川崎市折鶴の会会長は、その後二〇〇〇年まで務め、その後は、名誉会長となった。また、神奈川県原爆被災者の会においても、一九七七年から一九八五年までの八年間、会長を務めた。

川崎市折鶴の会が結成されてから、いちはやく市営交通機関の無料パス、助成金、市営住宅の優先入居、弔慰金、年末見舞品などの被爆者援護施策が、市との交渉の結果実施されることとなった。さらに一九七一年には、牛乳無料支給なども援護施策に加わり、このときから被爆二世の希望者に対する定期健康診断、さらにはケースバイケースながら、一部治療費市負担も援護施策として実施されることになった（一九七九年度以降は、神奈川県、相模原市、横浜市と同様に、当時は被爆者特別措置法に基づく被爆者健康管理手当の支給対象疾病、現在は、被爆者援護法に基づく被爆者健康管理手当の支給対象である十一疾病にかかり、治療を受けた場合の医療費の自己負担分が、申請により支給されている）。

このように、川崎市の被爆者運動は、川崎市を全国で最も被爆者対策の充実した自治体とするなど、全国の被爆者運動の先駆者の役割を果たしてきた。川崎市の運動は、神奈川県全体にも大きな影響を与え、神奈川県は、全国的にも、最も被爆者援護施策の進んだ自治体となっていった。被爆二世の健康診断も、自治体等の健康管理のための援護施策としては、川崎市で初めて実施され、一九七三年には神奈川県全体でも実施されるようになった。

さらに（父が神奈川県原爆被災者の会の会長を務めていた）一九七九年度から、神奈川県（相模原市・横浜市・川崎市：政令指定都市を含む）では、前述のとおり被爆者健康管理手当の対象となっている疾病（十一疾病）についての被爆二世への医療費補助が実施されている。

現在、被爆二世への医療費補助を実施している自治体は、東京都、神奈川県（川崎市、相模原市、横浜市を含む）、吹田市、摂津市である（いうまでもなく、国は実施していない）。

こうした、神奈川県の被爆者・二世の援護施策の拡充のために、父が大きく貢献したことについては、息子の立場ではなく第三者としてみても、顕著《けんちょ》であったと思っている。

また、特筆すべきこととして、父は、被爆者（一世）のことだけでなく、被爆二世の〝ほしょう〟のことにも格別の配慮や思いがあったと思われることである。

そのことは、全国でも川崎市でいち早く二世健診の実施を実現させたことにも表れているほか、広島平和記念資料館、国立広島原爆死没者追悼平和祈念館などで公開されている一九八七年収録の父の被爆証言のなかなどで語られている、女性の被爆者や被爆二世に対する差別や健康不安の問題についての思いなどからも、うかがい知ることができる。さらにまた、生前の父を知る被爆者の現役の役員の方からも、父の被爆二世問題についての関心や取り組みは、被爆者運動家のなかでもとくに強かったのだとも（最近）聞かされた。

だから、確かに、父は、被爆二世の権利や〝ほしょう〟の拡充にも尽力した、稀有《けう》な被爆者運動家であったのだと思う。

しかし、その思いは、被爆二世全体に向けられたものでも、自分の息子である私に対しては、ほとんど向けられてはいないとしか感じられない（少なくとも、私にはそのことはまったく伝わってはこなかったのである）。

二〇〇四年六月のことだった。営業インストラクターになって一年近くが経ったころで、新人育成の面などで仕事上での接点も多かった蓑田陽子《みのだようこ》さん（仮名）といろいろな情報交換をするうちに、偶然に、その方が長崎出身の被爆二世であることがわかった。そのころは、私はまだ職場や、仕事上の人間関係のなかで「被爆二世」をカミングアウトすることはほとんどなかったように思うが、以心伝心というものだろうか、健康状態の話か何かの話の脈絡のなかで、私からこの話を切り出したことがきっかけだった。

神奈川県では、前述のとおり、一九七三年度から「被爆者のこども健康診断」を実施し、これに伴い、申請者に対して「被爆者のこども健康診断受診証」が交付されている（この受診証所持者である被爆二世には、毎年度当初に、健診案内が送付されている）。

蓑田さん（神奈川県在住の被爆二世）は、私に次のように告げた。

「私は、今は健康だけど、将来、自分の健康がどのようになってしまうのかとても不安。でも、神奈川県では手帳（健診受診証）をもっていると医療費補助が受けられるので、手帳を取得している」

この話を聞いたとき、私の心は凍りついた。

「医療費補助？　まさかそんなのないだろう⁉」

まったくの初耳だった。しかし、前述のとおり、それは一九七九年度から確かに実施されていることがわかった。私は、そのことを実に二十五年間も知らずにいたのである。しかも、それを同じ被爆二世とはいっても、被爆二世の運動家でもなく、平素カミングアウトされたりもしていない様子の方から偶然聞かされたことへの衝撃は大きかった。

それに、一九七九年度といえば、まさに当時の厚生省が「原爆被爆者二世の健康に関する調査・研究」の実施を一九八〇年二月に強行するに至った同一年度である。

私は、当然にも、この神奈川県の被爆二世への医療費補助のことをまったく知らないまま、当時、厚生省との交渉に臨み、一九八〇年一月にはハンガーストライキに及んでいる。

もちろん、知ったからといって、神奈川県の医療費補助は、あくまで、自治体としての独自の施策であり、国は、被爆二世に対して医療保障を実施する考えは、当時も今もまったくないわけであるから、大勢に影響のある話ではなかっただろう。だが、少なくとも、あのハンガーストライキを取材・報道していたマスコミ等に対して、自治体が独自に行なっている保障について周知・コメントするだけでも、それだけ世論的なアピール効果や説得力に違いはあったのではないかと思われる。

ただ、そんなこと以上に、当時、父が被爆者の会の会長、そして息子の私は被爆二世運動の代表的な立場にありながら、父が中心となって尽力《じんりょく》して実施された医療費補助について二十五年間も知らずにきたことそのものが、私たちの親子関係を象徴しており、これ以上の皮肉はないだろうと感じる。

このことで、いちばん責めなければならないのは、誰あろう私自身である。

毎年、神奈川県から送られてくる健診案内には、「医療費補助」のことも記されていたに違いない。それを私はしっかり読んでいなかった。

確かに読まなくなっていたのには、それなりの理由はあった。毎回書かれていることは同じように見え、また、受診医療機関も決めていた。そして、その病院も被爆者医療に尽力しているとても親切な医療機関で、そこから毎年独自の健診案内が送られてきていたので、どちらかというと、主にそれを読んで健診予約をしていた。

しかし、次第に年一回、「郵便局」の人間ドックを受診するようになってからは、この二世健診を受けることも少なくなっていった。人間ドックは、民営化前の旧郵政省当時から職員（民営化以降は「社員」

が呼称）に対して一万円の料金で任意で提供している（内容的には、一般的な医療機関で実施されているものでは四万円以上に相当する充実した内容のものである。これで、大半の病気は発見できると思われるが、さらなるオプションは検査項目ごとに追加料金を要する）。

さらに、被爆者、被爆二世である職員（→社員）は、実に無料（オプションは有料）で受診できる。これは、全逓被爆者全国協議会など組合内被爆者組織等の方がたが尽力された賜物《たまもの》と感謝している。日本郵政グループ（日本郵政株式会社、日本郵便株式会社、株式会社ゆうちょ銀行、株式会社かんぽ生命）のように、被爆二世が無料で人間ドックを受診できるような企業は、ほかにあるかどうかは把握していないが、きわめてまれなことであろう。

神奈川県（川崎市）で実施されている「被爆者のこども健康診断」は、被爆者運動などの要求に沿って実施に至ったものであり、厚生省の「被爆二世健康調査」という国側の意図やねらいをもっていわば強行的に実施してきたものとは、その存立趣旨や施行過程において明確な違いがあった。

少なくとも、神奈川県の現状にあっては、積極的に健診を受診し、健診と医療費補助の改善と拡充に努めていく姿勢が私たちには大切ではないだろうか。そのことは、一九八〇年代後半から、被爆二世運動の一線から遠ざかっても、私の意識の片隅にはあった。

とはいえ、いかに言おうとも健診内容（検査項目）は、あまりにもおおざっぱなものでしかない。血球数、尿検査、肝機能、体内の炎症反応などを大まかに確認できる程度のもので、これだけでは、発見できない病気はたくさんある。日々仕事で忙しいなかで、貴重な土曜日や、平日にわざわざ年次有給休暇を使ってまで、受診するほどの意欲は薄れていったのである。ましてや、勤務先の人間ドックは無料であるうえ、検査終了後の昼食が含まれており、さらには、受診に必要な時間は特別休暇とされていた（もちろん、これは、とくに被爆二世だけでなく、人間ドックを受診する社員全体に適用されている)。だから、これだけで、(健診としては)必要にして充分なものだった(しかも、これと別に、職場の定期健康診断も実施されており、それでさえ、「被爆者のこども健康診断」より充実した内容だったので、なおさらであった)。

しかしながら、いかなる理由があろうと、私の認識不足には違いなかった。かつて、被爆二世の運動に体を張って取り組んでいながら、当の被爆二世対策についてのこれだけ大切な情報を長年見落としていたのは、私の意識の低下と不勉強によるものだった。ただ、それでも、その事実を知ったとき、そのように自分の無知を責める気持ちはせいぜい三割程度で、残る七割は、なぜ実の息子に、たとえ一言でも教えてくれなかったのかという父に対する強い不信感と反発だった。

当然、父は私のハンガーストライキについては知っていた。後日、父と会ったとき、父は次のようなことを言っていた。

「私は立場上、あのハンガーストライキを少なくとも応援するわけにはいかなかった。だが、せめてと思い、瑞枝《みずえ》(母)に応援に行ってもらった」と。そのことが思い出され、そんなことを話すのだったら、「神奈川県では、二世でも医療費補助が出るようになったのを知っているのか? 該当している病気があれば医療費は補助されるから」と、なぜ、そういう話をしてくれなかったのかと悔やまれてならなかった。ましてや、その時点でのことはともかくとしても、せめて、すでに家を改築し、二世帯ながら同居して十一年が経過する間には、私が働きながらもさまざまな病気を患い、数少ない休日にも、通院していることなども知っているはずだろう。被爆者運動家としての公的な場での体面とは裏腹に、被爆二世でもある自分の息子に対する無関心、無頓着とのギャップの大きさを感じてはいた。私の子どものころから、少しずつ積み重なっていた父に対する反感や疑念が、このことで臨界点に達してしまったのである。

それから、私はほとんど父と話をしなくなった。まったく口をきかないというようなことではなかったが、二世帯住宅で二階と一階で暮らしているにもかかわらず、最低限必要な事務的な会話以外はしなくなったのである。一九九三年、今の家（実家）にもどるときは、青少年期に深まった親子の心理的確執を何とかして修復したいという淡《あわ》い期待はあったが、むしろ、現実はまったく逆になっていった。

そして、とうとうこの溝をほとんど埋められないまま父を見送ることになってしまった。しかし、父の死から六年が経とうとしていたときに、私を父との対話、和解へと強く導く人が現れた。そのことについては、第五章で述べることとする。

3　慢性病・症状の軽減と克服に向けて

定年後の仕事と体の治療・手術

定年を迎えた私は、その後、日本郵便株式会社南関東支社金融営業部専門役として働くこととなった。今は、六十歳で定年を迎えても、公的年金が満額支給になるまで五年あり、よほど経済的に余裕のある人以外は、再雇用社員として働くのが一般的である。私も例外ではなかった。

仕事の主な内容は、それまで自分自身も携《たずさ》わっていた郵便局の保険営業部門の管理者の営業推進管理、社員指導のあり方について、上部組織である南関東支社スタッフとして、把握・分析・アドバイスなどをするものだった。

週に平日五日間、毎日八時間勤務という点は、表面上変わらないようでも、定時でぴったり終業できることと、土・日曜日と祝日は、確実に休みであること、現役管理者のときのように、自分の所属局の営業推進管理や社員指導等のすべてに責任を問われるまでのこともなくなった点だけでも、仕事の負荷は、格段に減った。

さらに、現役管理者時代、ほとんど使用しなかった年次有給休暇も、過去二年分までくり越されて使用できるため、かなり休暇も取得できる状況になった。

そこで、まず私が着手したのは、長年闘病してきた慢性病、症状に対する治療だった。何よりも、定年一〜二年前から悪化していた顔面痛を何とか軽減したかった。四十歳のときにＲＫ手術をして、常時裸眼でいられたのは五年ほどだった。四十五歳の時には老眼が始まり、近くを見るときには老眼鏡が必要になった。

とくに、定年前の四年間は、郵便局現場の管理者として、パソコンを使ってのデスクワークや書類、資料などに目を通すなどの業務が多く、目を酷使した。なおかつ、管理職、責任者としての心労や多忙を極め、老眼と乱視が進み、眼鏡の度も強くなり、顔面痛もどんどん悪化していた。

考えたひとつの対策は、もう一度目の手術をすることだった。さっそく老眼治療の手術について調べてみた。老眼治療の手術はいくつかの種類があったが、私が受けることができるのは、白内障の手術同様に水晶体を取り除き、水晶体の嚢《のう》の手前の毛様溝《もうようこう》に単焦点の眼内レンズを挿入する「Add-On（アドオン）レンズ」という術式メニューだった。レーシック手術や遠近両用白内障手術（Add-On《アドオン》）レンズ多焦点使用）は、遠くも近くも見えるようになる手術なのだが、私のように過去にＲＫ手術を受けている者は、これらの手術は適合せず、残念ながら受けることのできないものだった。

単焦点レンズの場合、遠くか近くのいずれかに焦点を合わせることになる。私の場合、その後の生活を考えるとき、近くが見えるようにすることが大切である。近くが見えにくい老眼である限り、読書、パソコン、携帯電話の操作など、日常の多くを占める時間中、眼鏡が必要になる。しかし、近視でも〇・三〜〇・四程度の視力ならば、近くがはっきり見え、室内での日常生活には支障ない。外出するときも、車の運転時や不慣れな場所を訪れるようなときなどに近視用の眼鏡をかければ、ほぼこと足りると思われた。そうした希望を担当医に告げ、手術を受けた。手術は成功して、希望通りの〇・三〜〇・四の視力に落ち着いた。また、外出時などにときどきかける近視用眼鏡も、最近開発された、大変軽量で、なおかつソフトなかけ心地の眼鏡を購入でき、今に至っている。

ペインクリニック・宮沢先生との出会い

この手術を終えて眼も慣れてきた二〇一四年夏ごろ、私は、ペインクリニックに通い始めた。それは、妻の勧めによるものだった。妻は、折に触れ、私の健康管理や病状改善のために、情報収集をしてくれていた。

妻からの情報提供で、ペインクリニックという診療科があることを初めて知った。「ペイン＝pain」とは英語で「痛み」を表す言葉であるが、ペインクリニックは、「原因がわからずに突然痛む、病名はわかっているが慢性的に痛む」というような様々な痛みに対する診断・治療を総合的に行なう。

ペインクリニックは診療科としては麻酔科に属し、麻酔科医の「痛み」や「麻酔薬」に関する専門知識と技術を応用した神経ブロック療法や光治療器による療法、漢方を含めた薬物療法を主な治療法として、脊柱管狭窄症《せきちゅうかんきょうさくしょう》、坐骨《ざこつ》神経痛、ぎっくり腰、首や腰の椎間板ヘルニア、帯状疱疹後《たいじょうほうしんご》神経痛、肩・手足・腰・膝などの痛みやしびれ、外傷後の痛みなど「全身の痛み」を治療する。

整形外科系の疾患による痛みには、脊柱管狭窄症や首・腰のヘルニア、肩関節症、変形性膝関節症などがある。このような疾患による組織の炎症や傷が痛みをまず発生させ、その痛みが自律神経の一つである交感神経を刺激して、血管を収縮させて血液の流れを悪くし、さらに次の痛みを作り出すという「悪循環のサイクル」を作る。何らかの原因で痛みがずっと続くと、血管を開いて炎症を直す方向に身体が向かず、この悪循環はくり返される。ペインクリニックでは、くり返しの神経ブロック療法によってこの悪循環を断ち切り、薬の効いている間に血液の流れをよくすることで傷んでいる神経を修復し、痛みをとると同時に炎症も鎮《しず》めていく治療をする。

自律神経の働きが痛みのきっかけや悪化に関係していることもある。たとえば、ストレスは交感神経を常に緊張状態にし、その結果、末梢血管が収縮して血流が悪くなり、頭痛やめまい、耳鳴り、突発性の難聴、首筋が張る・肩が凝《こ》るなどの症状を起こしてしまう。ペインクリニックでは、「星状《せいじょう》神経節《しんけいせつ》ブロック」がこういった症状の改善に非常に効果がある。

もとの病気は治っているにもかかわらず、痛みだけが残っている場合もある。たとえば、帯状疱疹は治ったが痛みだけが残ってしまった「帯状疱疹後神経痛」、骨折・手術後などの長引く痛み。これらは神経そのものが傷ついたり、変化したことによって起きる痛みである。治療に時間がかかる場合も多いが、神経ブロック療法と薬の併用などが効果を上げている。特に帯状疱疹に関しては、帯状疱疹後神経痛に移行させせないためにも早い時期からの神経ブロック療法が効果を発揮する。

（妻が見つけてくれた）宮沢クリニック・ホームページの、このような趣旨説明の記事の内容を読んだとき、もしかしたら、私の顔面痛はこうした「悪循環のサイクル」に陥った症状であり、治療を受けることで軽減効果を得られるのではないかという期待をもった。

宮沢クリニックの院長は、宮沢章子《みやざわあきこ》先生である。

クリニックでの初回の診察の際、私の症状について診断していただくと、それは、非定型顔面痛（いわゆる原因不明の顔面痛）というものだった。私には、その呼称そのものも初耳だった。十七歳で、眼科医に症状を訴えたとき、「三叉《さんさ》神経痛」と言われ、長年そのように思っていた。現に痛みを感じる場所は、その当時の眼科医が顔の痛点を確認しながら説明してくれていたように、確かに三叉神経が通っている箇所が中心ではあった。ただ、数年前、あるとき、三叉神経痛は、突発的に数秒から数十秒間のみ発作的に発生する、走るような激痛であるということを知った。

私の場合は、重いか軽いかはともかく常時感じる鈍痛なので、そのときから、明らかに違う病気ではないかと思ってはいた。

宮沢先生の診断と治療方針で、星状神経節ブロックとレーザー照射を中心に治療を進めていくことになった。神経節ブロック療法は、痛みなどのある患部に局所麻酔薬を注射して、痛みの神経伝達（痛みの伝わる通路）を一時的に遮断《しゃだん》することで、（痛みを起こす）発痛《はっつう》物質が出ないようにしたり、洗い流すことによって、症状を緩和させ、より早く阻害された部位を治すことをめざした療法である。星状神経節ブロックでは、首のつけ根、喉のあたりにある、「星状神経節」という交感神経の節に局所麻酔薬を注射して、交感神経の機能を一時的に抑《おさ》える。

一方、私は、過剰なストレスや緊張、心労などによる心身症状を和らげたり、抑制するための薬を二十年近く常用し続けていた。きっかけは、一九九五年だった。このころは、保険・訪問営業の第一線で、昼間は多訪問、夜は自己研鑽など、販売実績の向上と優績者認定をめざして日々、自分を追い込んでいた結果、交感神経が興奮しっ放しの状態になり、夜眠れなくなり、朝、出勤しようとしたとき、吐《は》き気に見舞われるような症状に襲われた。このときも、妻が私の異変にいち早く気づき、通いやすい専門医を見つけてくれた。

対処が早かったので、内服薬も比較的弱い薬（抗不安薬）ですぐに軽快した。しかし、その後も、精神的重圧や緊張感を伴う仕事や役職、職責は絶えることなく続いていったので、薬の服用を定年まで断ち切ることができないままだった。

また、強い薬ではないとはいえ、多少とも依存性や副作用なども考えられることから、突然この種の薬をゼロにするのもリスクがあることなので、少しずつ様子をみて、薬の種類や量を調整しながら減らしていく治療なども必要だった。

これらのことは、本来密接不可分のことだということで、この治療も併せて宮沢先生のお世話になることにした。何分《なにぶん》四十年以上も、これといった治療もせずにすっかり体に住みついてしまった、しつこい症状なので、すぐに軽快とはいかず、一進一退を繰り返した。宮沢先生は、患者自身が効果を実感できる他の療法や健康法などを適宜《てきぎ》併せて取り入れることは、時として複合的な効果を得られることもあるとして賛同してくださっていた。

そこで、二年くらい経ったときから、あるカイロプラクティックの治療院の施術も受けるようになった。昔、カイロプラクティックといえば、随時、体に瞬間的な刺激を与えて、骨や関節をボキボキと鳴らすようなイメージがあったが、少なくともこの治療院は、そのようなことはない。「トルクリリーステクニック」という分析方法で、「脳から脊髄にかけて最も変調をきたしている箇所を神経学的な検査で探し出し、インテグレーターという矯正器具で刺激を加え、神経の乱れを取り除き、脳の働きを正常にもどす。それにより、痛みを抑制する脳内の回路が働きはじめ、慢性痛が解消されていく」という療法である。

さらに、この治療院が行なっているもうひとつの特徴的な療法が、「ニューロオリキュロセラピー」といって耳介《じかい》にある約三五〇の神経反射ポイントに、弱い電流刺激を与えて、脳から骨・筋肉・内臓などに送られる信号の乱れを解消し、正しい周波数にリセットすることで、神経の働きを整えるものである。痛みのマスターポイントに働きかけることで痛みを解消させるねらいがある。ニューロオリキュロセラピーは、ＷＨＯ（世界保健機関）も認定している治療法である。

宮沢先生の治療と、このカイロプラクティック治療院での施術をできるだけ同日に受けるようにすることで、複合的な効果もあってか、急速に顔面痛が軽減した。顔面痛の治療を始める時点での痛みの度合いを10と考えたとき、二年間ほど5から7くらいの間を一進一退であったところ、2くらいまでのレベルに軽減され、今日に至っている。なかなかゼロとはいかないが、お蔭様で苦痛は、かなり緩和されている。いずれにしても、今後も、顔面痛をはじめとする体のあちこちの痛みや自律神経に関連した精神面にもおよぼす体調不良についての治療やケアは必要であり、宮沢先生を頼りにしている。

私のような人間にとって、少なくとも私の「自分が被爆二世であること」についてもっている強い問題意識について医師の方が理解を示してくれているかどうかは、少なからず治療効果や信頼関係を左右するように感じている。しかしながら、これまで、日常的に病医院とは密接不可分な人生を過ごしてきたにもかかわらず、そうした意味で、安心して自分を開示できる医師の方にはなかなか出会えていなかった。被爆二世健診などの診察時においてさえもである。

青年期のころなど、診察時に自分の症状について、「もしかしたら放射線の遺伝的影響かもしれないと思っている」ということを話すと、「そんなわけはない」と一蹴《いっしゅう》されることが続き、それがトラウマになり、そういうことは病医院では口にしないようになった。

現に、六十歳になって以降、幼少期と同様にわずかな傷口でも化膿しやすい兆候が表れたことについて（※詳細は後述）、皮膚科の先生に、「普通の人なら、何もしなくても、この程度の傷なら二〜三日できれいに跡形もなくなるものなんですがね⁉」などと何度か言われたとき、「実は私…」と喉まで出かかったことがあったが、やはり、その言葉を飲み込んでしまっていた。その先生に対しては、一定の信頼があるからこそ、皮膚科はその先生に受診、と決めているのだが、それだけトラウマは深いということだと思う。

でも、宮沢先生には、初回の診察時、強い抵抗もなく、自分のルーツや思いについて、自然に話していた。それは、理解を示していただける先生だと、直感的に感じる何かがあったからだろう。だからこそ、最初の二年間で、必ずしも期待した効果が現れなくても、通院し続ける気持ちが切れなかったのだと感謝している。患者にとって、気持ちや立場に寄り添う姿勢や傾聴力をもって接してくれる医師の存在は貴重でありがたいものである。

私のように多岐にわたる「原因不明」と称される症状を抱えている者にとって、それは、なおさら大切なことであると思っている。宮沢先生は、日々多くの患者との対応に追われ、どんなに忙しいときでも、この姿勢を欠かすようなことは絶対にない。

プロポリスの効用

五十歳代半ばにさしかかったあたりから、体のいろいろな回復力や抵抗力が急速に失われたのを感じていた。このころから、以前にもまして風邪をひきやすくなった。しかも、一度ひくとなかなか治らないばかりか、いろいろな症状へと次々に移行していく。

五十五歳から五十八歳くらいまでの三年間は、十月ごろになって風邪をひくと三月ごろまでの半年間、完治しない。厳密にいうならば、ひいた風邪が完全に治らないうちに、別の風邪をひいてしまっているようだった。私は、胃腸がとても弱いため、たいていの場合、まずウイルス性胃腸炎など下痢や胃炎の症状から始まる。そして鼻水やせきなどの症状に移行していく。こうしたことをくり返していくうちに、副鼻腔炎もすっかり慢性化していった。ついには、夏風邪までひくようになり、一年中の半分以上、風邪をひいているような状態になってしまった。「風邪は万病のもと」ともいわれるように、このような状態になると、鼻やのど、耳など呼吸器系器官の慢性症状の併発や悪化も見られるようになった。

必然的に、内科や耳鼻科でも、抗生物質が処方されることが多くなっていった。抗生物質も多用するとだんだんとその薬が効かなくなっていったり、胃腸や肝臓に対する負の影響も心配であった。

そこで、何かよいものはないかと、いろいろ調べたり試したり試行錯誤するうちに、少なくとも、私個人にとっては顕著な効果が得られるものを五十八歳のときに見つけた。

それがプロポリスだった。

今日、プロポリスは健康食品（サプリメント）や飲料としての利用が拡大され続けており、抗菌・抗ウイルス・抗炎症・抗腫瘍作用等を期待した病気予防・治療目的での服用が行われているほか、臨床医により治療の補助（補剤）として用いられた臨床例も多数報告され、プロポリスに関する本も多数出版もされている。

※ミツバチは、プロポリスがもつ殺菌力によって細菌やウイルスから身を守っているといわれており、これまでに、種々の生理活性、すなわち、抗微生物（細菌、真菌、原虫、ウイルス）活性、抗酸化作用、抗炎症作用、抗腫瘍活性、抗肝毒性が知られ、（抗腫瘍性に関し）予防および治療的効果、また転移阻害の効果も確かめられているほか、免疫力調整（免疫調節）作用、鎮痛作用、局部麻酔作用、医薬品の効果を高める作用、薬（とくに抗ガン剤）の副作用軽減作用、整腸作用、活性酸素消去（抗酸化）作用、抗潰瘍作用、抗アレルギー作用、精神安定作用、食欲増進作用などがあるとされている。

これは、あくまで私個人の経験であるが、ある会社のプロポリス製品（錠剤）を愛飲しはじめてから、明らかに別人のように風邪をひきにくくなった。風邪がはやり、まわりじゅうの人たちが風邪をひいているような時であっても、なかなかひくことがない。一冬、まったく風邪をひかずに乗り切れるようなことも多くなった。また、仮に軽い風邪をひいたときでも、ひきはじめごろに、葛根湯《かっこんとう》を飲んだり、入浴をしたり、体を温めて早めに就寝し、養生することで治ってしまうようになった。少なくとも、この風邪に対する免疫力の飛躍的な向上は、単なる偶然と考えるのには無理があるように思った。私が、定年までの最後の二年間の激務に何とか耐えきることができたのも、ひとつにはそれまでのクロレラ＋プロポリスのおかげでもあると感謝している。

六十歳以降の体調の変化

ただ、これが、決して万能食品だなどというつもりはない。

六十歳になり、定年を迎えた二〇一四年を境に、それまでにはなかった体調不良や症状も、以前にもまして、増えてきている。

前述のとおり、子どものころ、少々の傷でも化膿しやすかった兆候が再燃してきた。ほんのわずかなひっかき傷やすり傷などでも、放置しておくと、数日後にはピンク色に腫れ、炎症を起こし、化膿して、痛痒《いたがゆ》くなり、膿《うみ》が出るようになった。今では、（前述の）かかりつけの皮膚科の先生に処方してもらっている抗生物質と消炎剤を配合した軟膏を常備しておき、ちょっとした旅行などの際にも、不慮のケガなどに備えて絆創膏《ばんそうこう》などと一緒に携帯しなければならないほどである。

花粉症らしき症状も、若いとき、クロレラを愛飲することで解消していたのに、やはり六十歳になった年、そのころと似たような症状に見舞われたので耳鼻科を訪れたところ、花粉症と診断され、抗アレルギー薬を服用し、抗生物質と消炎剤が配合された軟膏を鼻前庭部《びぜんていぶ》に塗らなければならなくなった。できることならこうした薬品類は使いたくないが、使わないと、鼻の炎症がひどく、副鼻腔炎の悪化で鼻が腫れて痛んで、鼻血もよく出るため、やむを得ないことと思っている。

二〇一四年秋に、めずらしく風邪をひいたときだった、前述のプロポリスのおかげもあってか三日ほどですっかりよくなったかと思いきや、ひどい咳《せき》が出はじめてとくに就寝してからの発作がひどくなっていった。不審に思い、かかりつけの内科を受診したところ、それは、もはや風邪によるものではなく、なんと気管支喘息《ぜんそく》だという。

「私には喘息の持病はないはずですが？」と医師に問い返すと、突然発症することがあると言われた。それ以来、一時期よりは改善したものの、朝起きた直後、外出時、気温や空気の違う場に移動したときなど、何かしらの環境や体調の変化などが引き金になり、突如として三分から、ひどいときには十分前後せきこむ発作に見舞われるようになった。

そして、二〇一五年ごろから、手足が急に冷えるようになった。私はもともと冷え性の体質だったので、当初はそのためかと思ったのだが、違っていた。単なる冷え性なら、室内温度を上げれば解消するものだが、そうではなかった。二〇度以上の室温で、厚手の靴下を履《は》いても冷えは治らなかった。とくに、午前中に心臓の鼓動がいきなり早くなったり、脈が飛ぶような感覚に襲われたりすることもあった。もともとあった頻尿傾向や残尿感もひどくなり、就寝中、トイレに起きる回数も以前より格段に増えた。自律神経失調の症状だった。

ちょうどこのころから、足の冷えとともに足底の妙な違和感（しびれた感覚）も出てくるようになり、それが次第にひどくなっていった。そこで、宮沢先生に診断していただいたところ、それは、椎間板《ついかんばん》ヘルニアによるものだった。

このように、次々と枚挙《まいきょ》にいとまもなく、日々、多種多様の症状や体調不良に見舞われるなか、さまざまな治療や健康法、食生活、健康食品、軽い運動などの対策を駆使しながら、何とかようやく大病を患わずに生き延びているというのが実情である。

そのため、健康管理や生活維持には、人よりずっと多額の費用がかかる。逆な言い方をすれば、それだけ健康のために多くの費用を捻出《ねんしゅつ》してきたおかげで、体じゅうのあちこちに不調を抱えながらも何とか、今のところ、大病には至らずにもちこたえているのだろう。

第五章　新たな人生への船出と出会い

1　退職とその後

私は、二〇一六年八月末をもって、再雇用社員として働いていた日本郵便（「郵便局」）を、南関東支社金融営業部金融渉外本部専門役（橋本郵便局駐在）を最後に退職した。「郵便局」には、ほぼ三十六年の長きにわたってお世話になった。

今どきは、六十五歳になる年度の三月末までは再雇用などで勤めるのが一般的ななかで、しかも、年度途中で退職するのには、それなりの理由があった。

定年を迎え、再雇用社員になってから、確かに自由時間は増えた。とはいえ、結局、勤務している平日の昼間の八時間と通勤時間などを含めた約十一時間は、当然にも拘束される。働いて収入を得る以上、それは当然のことでもある。そして休日や休暇の日の一部は通院など、体の治療やケアに充てる。そうなると、決してそれほど多くの自由時間があるわけではなかった。六十歳までの現役時代があまりにも忙しかったため、それと比較すれば、自由時間が増えたように感じるという程度のことである。

その一方で、体力は衰《おとろ》え、治療に費やす時間も、より必要になってきた。そして自分の年齢や余命などを健康状態の推移とも照らし合わせながら考えると、再雇用期間が満了するまでの残り約二年半がとても貴重に思えてきていた。

将来的にはともかくも、現状では、管理者卒の再雇用社員は、もはや第一線での仕事ではなく、立場も、いわばアドバイザー的なものであり、会社のあり方を左右するような貢献ができる余地も実質上ない。

一方、被爆二世として縁あってこの世に生を受け、自分でなければできない、また、生きて動き、ものが言えるうちに、早く発信したり実行に移したりしておかなければ悔いが残ることなど、いろいろ思うことがあった。また、年老いた母は、かなり手厚いケアの伴った老人ホームに入居してはいたが、もはや仕事にかまけて、老人ホームや妻にケアを頼ってばかりでなく、自分自身がもっときちんとケアに積極的に取り組むべき責任と必要も感じていた。

そのように考えたとき、あとは、生活費等お金の問題だった。どの道六十五歳までと考えていたので、それまであと約二年半だった。退職すれば、当然給与収入はゼロになるが、そのことで公的年金受給額は上がる（そして六十五歳になると満額支給になる）ので、それまでの給与収入分が丸々実質上の収入減となるものでもなかった。

その実質上の収入減となる六十五歳までの二年半分の金額の概算を計算してみたところ、それを定年時に受け取った退職金なども含めた預貯金から切りくずしても、何とかなる範囲と考えられた。

また、妻と私は、一九九〇年代前半の予定利率（貯蓄性）が高かったときの郵便局かんぽの「トータルプラン　しあわせ」という愛称の終身年金付終身保険（入院保障一日一万五〇〇〇円付き）や終身年金保険など、魅力的で素晴らしい商品に夫婦とも郵便局の加入限度額まで加入しており、この受給金額から考えても、減収分を補てんするにほぼ足りる金額と思われた。

もちろん妻とも充分相談したうえで、考えが一致し（一致したというよりも、妻が私に協力・応援してくれたというべきかと思う）、決断した。

2　エネ経会議事務局での活動

退職してフリーになると、事務局員を務めていた「エネルギーから経済を考える経営者ネットワーク会議（エネ経会議）」の分担を増やした。

エネ経会議との縁は、第三章で少し述べたとおり、職員育成センター三期の小山田大和さんが事務局員（のち事務局長）を務めていたのがきっかけだった。彼とは、この新人育成の研修における、講師と研修生の関係だった。その後、同じ郵便局で仕事をするような機会はなかった。二〇〇七年八月末での研修修了後も、時々電話やEメールで近況を交換したり、他の修了生などとも一緒に飲みに行くような機会はあった。

二〇一二年のあるとき、彼から届いたメールに「原発をなくすための活動に取り組んでいる」旨の記述があった（詳細は記憶していない）。さっそく私自身の生い立ちや原発についての思いをつづった返信をした後、電話で話した。私は、二〇〇七年ごろからは、自分自身が被爆二世であることにまつわるエピソードなどを、自分の営業スタンスへの影響などの関連に触れながら、八月の朝礼時のあいさつ、スピーチやコメントで述べるようにしており、他の期の研修生には、朝礼時や懇親会の席上などで確かに話した記憶があった。だが、彼の期では、育成センター研修中には、小山田さんはそういう私の話を聴いた記憶はないと言っていた。

その後まもなく小山田さんと会い、エネ経会議の取り組みについて話を聞いた。彼は、郵便局に転職する前は、鈴廣《すずひろ》かまぼこグループの社員だった。

二〇一二年三月、鈴廣かまぼこグループ　副社長の鈴木悌介《すずきていすけ》さんを代表理事として、全国の中小企業経営者を中心に、一三〇人の発起人によってエネ経会議（任意団体）が発足した（二〇一三年、一般社団法人として設立）。主な事業内容は、地域でのエネルギーの自給体制の確立や再生可能エネルギーの実用化に資する研究、原子力発電に関する正しい情報の把握と共有、持続可能な企業経営についてなどで、地域での再生可能エネルギーの供給体制を実現させることで、地域経済と地域社会の自立をめざしている。

会員による再生可能エネルギーの導入、省エネルギーの実践のため、エネルギーの各分野の専門家からなるテクニカルアドバイザリーボード「エネルギーなんでも相談所」を設置し、創エネルギー、省エネルギーの技術面、経済面についての会員からの問い合わせに、迅速かつ的確に答える体制を敷《し》いている。

私は、小山田さんの説明を聞き、脱原発ということ以上に、これからの地域でのエネルギー体制をどのようにしていくかについての具体的な展望が感じられたので、入会することに決めた。

実は、私は、以前から日本が戦争をしない国となるための欠かせないひとつの要素として、エネルギーの問題とその確保・供給のための取り組み・活動は、平和を築くためには大切なことであると考えてきた。なぜなら、一九三一年の満州事変に始まり、一九三七年、日中戦争、一九四一年の東南アジア諸国への侵略など、日本が起こした一連の帝国主義侵略戦争の主な要因、目的のひとつが、石油、ガソリン、ゴムなど諸々の「資源獲得」にあることは、歴史をひも解けば誰にでもわかることである。結局、この無謀な侵略戦争の行き着く先が原爆投下という悲劇だった。

もちろん原爆を投下したアメリカの行為を絶対に容認することはできないが、日本帝国主義がその原因をつくったことも、私たちは決して見落とすべきではないだろう。

ほとんどの人は、戦争は反対だというし、核兵器は使ってはいけないという。でも本当に核を廃絶に導き、戦争のない崩れぬ平和を築き上げるためには、「戦争反対」や「核兵器廃絶」の単なる抽象的な理念に留まるのではなく、戦争の根本的な原因、芽を根絶していかなければ、絵に描いた餅になりかねない（こうした問題についても第七章で詳しく述べることとする）。

私は入会したのち、二〇一四年の定年退職後に小山田さんが活動していた事務局に入ってはいたが、やはり再雇用社員としての仕事をしていたので、できることは、いわばピンポイント状の範囲に限られていた。

二〇一六年八月末での退職を機にエネ経会議での事務局業務へのかかわりは、常時ではなかったが、それまでと比べるとかなり日常的に近いものになった。また、小山田さんは、二〇一四年に郵便局を退職した後、しばらく経ってからエネ経会議事務局の専従者として、事務局長に就任していた。

私は、会員や諸関係あてに送信する諸連絡のメール作成・配信、再生可能エネルギーを積極的に推進しながらのまちづくりに取り組んでいるモデルとされる地域の視察会や勉強会などの企画や手配、ホームページの更新、会で月一回配信しているメルマガの編集などを手がけた。

なかでも、もっとも力を入れたのがメルマガの内容刷新による充実化だった。会員や支援・協力関係にある方がたに寄稿を依頼のうえ、打ち合わせをして編集する作業は、かなりの時間とエネルギーを必要としたが、そのことを通して多くのことを学び、またいろいろな方とのご縁をいただき、親しくなることもできた。そして、この寄稿依頼がきっかけで入会した方もいたので、そういう意味でも、エネ経会議の組織拡大や活性化に、ほんのわずかではあるが、貢献もできたのかとも思っている。

3　沖西慶子さんとの出会い、父との「和解」、そして被爆体験伝承者への道

一方、退職直後の九月上旬、広島平和記念資料館から、父あてに「被爆証言ビデオの活用に係る意向確認」の依頼文が届いた。

それは、次のような趣旨のものだった。

父が一九八七年度に平和記念資料館に協力し、出演した『被爆証言ビデオ』は、平和記念資料館の収蔵庫で保管の上、各地の学校・自治体等に貸し出したり、来館者の視聴に供している。また、国立広島原爆死没者追悼平和祈念館の体験記閲覧室でも公開している。

「さらに、これを広く多くの人たちの視聴に供して、核兵器や戦争の悲惨さを伝え、平和な世界を築く機運を高める手段の一つとしたい。このため、この『被爆証言ビデオ』をインターネット上にも掲載するなど、公開範囲を広げることが望まれる。

ついては、出演者、あるいは家族の意向を確認したい」という要請と意向確認だった。

私は、即刻、平和記念資料館に連絡をし、次のように意向を伝えた。

「父は、二〇一一年、すでに亡くなっている。

しかし、父は、生前、被爆者運動家として、核兵器廃絶への強い思いをもって活動しており、その遺志を尊重し、公開範囲の拡大に同意する」と。

私は、このビデオを視聴したことがなかった。一九八七年といえば、私が結婚した年だった。

そのころ、父が果たしてどんな証言をしていたのか少し気になった。

若いころは、父の被爆体験を耳にタコができるほど聞いたつもりになっていたものの、いざ、このような話があって、よくよく考えてみたら、記憶にあるのは、ごく断片的なことでしかなく、細かいことはろくにわかってない。あるいは、聞いていたにしても、細かいことは忘れてしまっていることに気づいた。「被爆二世」という以前に、「被爆者の子ども」でありながら、親の被爆体験のことがろくにわかっていない。それで本当によいのか？　このままで後悔はないのか？　というような思いが、そのとき初めて、まだ漠然とではあったが、頭をよぎった。

そのころ、妻からフェイスブックへの登録を強く勧められた。

私には、本来新しい情報や環境に対して恐怖心を感じて、それを回避しようとするなど、身構えてしまう習性があった。携帯電話（スマホ）のＬＩＮＥ登録も、妻の勧めによるものだったが、私はこうしたものに登録して、「自分に関する個人情報が流出するなど、何がしかのトラブルに巻き込まれたり、わずらわしい思いをするかもしれない」という漠然とした不安をいつも感じていた。

でも、ＳＮＳは、これから、様々な情報を取り入れたり、発信していくうえでは、自分の心がけ次第で上手に活用すれば、とても有効なはずだと妻から背中を押されて、恐るおそる登録した。

まず、「友達申請」で真っ先に頭に浮かんだのは、前述の小山田大和さんと吉田敬三さんだった。二人ともフェイスブックを活用していることは、以前から知っていた。

小山田さんは、エネ経会議をはじめ、再生可能エネルギー推進の分野で日々発信をしていたし、吉田さんは、もう何年も前にお会いしたときからフェイスブックの話をしていたので、当然様々な情報を発信しているだろうし、被爆二世等の「友達」も多いのではないかと考えた。

実際、吉田さんつながりで「友達」を閲覧していると、やはり「被爆二世　一〇八人の肖像」の写真展などを通じてすでにご縁をいただいている方がたや、いつしか音信が取れなくなっていた旧友などの顔ぶれも見られた。

そこに、その時点では知らなかった方だが、沖西慶子《おきにしけいこ》さんのお名前があった。写真から音楽家の方であることはすぐわかった。当時は、フェイスブックを始めたばかりで、まだ面識のない方への「友達申請」には少し躊躇もあり、確かインターネット検索、あるいはフェイスブック上のプロフィールから被爆二世の方であることがわかり、「友達申請」し、すぐにありがたく承認いただいたように思う（このあたりの記憶ははっきりしていない）。ただ、確か「友達」になってから、改めてプロフィールを拝見したとき、とくに、記されていた「長崎被爆二世」、「出身校：エリザベト音楽大学」の二項目に何とも不思議な、強い接点があるように感じた。

一般的に被爆二世として何らかの活動をしており、そのことを一応カミングアウトしているような方がたでさえも、少なくともフェイスブックに登録をしている私の知る被爆二世のなかで、そのプロフィールにまであえて「被爆二世」を明示しているような人は、私が知るところでは、彼女と私しかいない。これは、よし悪しの問題ではなくて、ここまでのこだわりの強さは、いったいどこから生じているものなのかということに、私は共感半分、関心半分の気持ちが心の中にわき起ってきた。

そして、もうひとつである。戦後まもなく、父・森川定實《もりかわさだみ》は、広島放送交響楽団に在籍する一方で、エリザベト音楽大学の前身である広島音楽学校の創設に（創設者の一人として）加わっていた。また、初代学長のエルネスト・ゴーセンス神父（ベルギー生まれ、イエズス会士）、フーゴ・ラサール神父（ドイツ生まれ、イエズス会主任司祭、一九四八年、日本に帰化。日本名＝愛宮真備【えのみや　まきび】、世界平和記念聖堂の建設に尽力）と親交があり、三人で室内楽の合奏をしていたエピソードを聞いていた（このため、私自身、上智大学一年生のとき、ラサール神父にお会いしごあいさつした。ちなみに、エリザベト音楽大学と上智大学は、姉妹校でもある。同一法人・上智学院)。ゴーセンス神父:ヴィオラ、ラサール神父:チェロ、父:ヴァイオリンでの三重奏であったという。

また、従姉の母校でもあり、何となく親近感があった。

沖西さんは、プロのヴィオラ奏者であり、同じくエリザベト音楽大学卒の長沼靖子《ながぬまやすこ》さん(ピアノ)と「ガルボ」というデュオを組み、日々、映画音楽などを中心にコンサートやライブを開催し、演奏活動で活躍している。一方、広島市被爆体験伝承者とともに長崎市家族証言者でもあり、フェイスブックのタイムライン上でも、音楽活動に関するニュースや告知とともに、核・被爆者問題などについての新鮮な情報についての発信をされている。

「友達承認」をいただいた当時、沖西さんのこのような稀有なエネルギーがどこから生じているのか不思議に感じていた。

当時は、日本原水爆被害者団体協議会(日本被団協)が「全国被爆二世実態調査」を実施していたが、沖西さんは、タイムライン上で、その実態調査(への回答)に、ご自分もぜひ参加(記入)したいとのことで、「どこに連絡して調査用紙を入手、あるいは提出(送付)すればよいのか?」などについて、ことのほか熱心に尋ねられていたのが印象的だった。彼女は、その時点では、どこの被爆二世組織にも加入しておらず、そうした「つて」もなかったのである。記入するだけでも、それなりに時間も手間も必要になるのに、ただでさえ多忙ななかで、なぜここまでしようという熱意がもてるのか、そこに私は感嘆した。もちろん、私は、沖西さんに、この件についてのできる限りの情報提供をさせていただいた。

私たちは次第にEメールなどでもやり取りをするようになった。そして、私の抱いていた謎は解けた。

沖西さんは、二〇〇八年に甲状腺がんを発症し、その後、三回にわたる手術と入院を繰り返していたことを私は知った。病気の影響で、命や健康についての不安ももちろんだが、ヴィオラを持ったり演奏することがむずかしくなったこともあったそうだ。そのことへの精神的な葛藤や苦悩は、私には計り知れないものであったと思う。私には、腱鞘炎でヴァイオリンを弾けなくなったことも、喉頭炎で歌を歌えなくなった経験もあるが、それらのことは、命に別状があったことでもないうえに、沖西さんのように生活がかかった職業でもなく、趣味の範囲のことに過ぎなかった。でも、そのような私でさえ、劣等感や喪失感、挫折感、敗北感のようなものが入り混じったような複雑な感情に襲われた。そのことを思い出すにつけ、プロのヴィオラ奏者の沖西さんにとって、人に言えない苦しみがどれほどのものだったのだろうか。私は、今でも折に触れ、沖西さんのこうしたご経験のことについて、思いを馳《は》せることがある。

こうした経験や思いが、沖西さんをして、被爆体験伝承者や家族証言者への応募へと導いたものと思う。このようなことを知ってみれば、やはりなるほどと思えた。私自身、子どものころから、一般的な健康者と比較すれば、「死」というものを常に身近に感じながら生きてきた。この世に生まれ出るときと幼少のときに、死線をさまよったことなどを除けば、本当に決定的に切迫して死を意識するところまで、重篤《じゅうとく》な疾病で追い込まれたことまではないものの、次から次へとボディーブローのように押し寄せる体の不調と痛みや苦しみを味わってきた。そして、それに加えて自ら経験した諸々の差別、そのようなものが積み重なってきたからこそ、自分はあえてこの「被爆二世」としての存在を前面に世にさらし、発信しようと開き直れたのではないかと感じている。

沖西さんは、音楽家であり、私と歩んできた人生も価値観も違っていたはずだが、私以上に壮絶で過酷な経験をされていることで、このような思いに至ったのではないかと思う。

年が明けて二〇一七年二月下旬、私は、エネ経会議の視察会で環境モデル都市・岡山県西粟倉村《にしあわくらそん》を訪れることになった。西粟倉村は、地域づくり、森林事業を長期スパンで考える「百年の森林《もり》創造事業」「森の学校事業」など「百年の森林事業」により、面積の小さい森林をなるべく大きなまとまりにする、低コストで効率的な森林整備を推進している。そして、村内での木質《もくしつ》バイオマス有効活用として、温泉施設ボイラーの燃料転換、公共施設への熱電供給、発電ボイラーの設置などによる村民への無償の電力供給を行なっている。

これが、「木質バイオマスエネルギーを活用したモデル地域づくり推進事業」であり、「未利用間伐材《かんばつざい》の積極活用」、低炭素社会（地球温暖化の原因とされる二酸化炭素などの排出を、現状の産業構造やライフスタイルを変えることで低く抑えた社会。化石燃料使用量の削減《さくげん》、資源の有効利用などによって実現をめざす）の実現、村内の雇用創出、地域住民の地域づくり活動への積極参加などによる「新たな地域経済社会の構築」をめざしている。

※木質バイオマスとは、「木材に由来する再生可能な資源」のことである。

まき、木炭、チップ、ペレットなどの木質バイオマスエネルギーは、森林の適正な管理によりつくられる持続可能なエネルギーであり、地球温暖化防止や（資源を効率的に利用するとともに再生産を行なって持続可能な形で循環させながら利用していく）循環型社会づくりにもつながる。

エネ経会議事務局において、このように、長い将来を見据え、環境に配慮した街づくり、村づくりをしながら再生可能エネルギーの推進に努めている環境モデル都市の視察会（視察・見学ツアー）を企画・催行するのも、私の役割の一つだった。

そこで思いついたのが、この西粟倉村の視察会が終了した後、広島に足を延ばすことだった。沖西さんは、エリザベト音楽大学の関係者の方がたとのお話のなかで、ラサール神父、ゴーセンス神父と父の三人が、室内楽の合奏を楽しんでいたことをごぞんじだった。ただ、ヴァイオリンを弾いていた日本人が誰なのかが不明だったというのである。そして、エリザベト音楽大学の卒業生で、ゴーセンス神父の教え子で当時のことにくわしい方が森佳代子《もりかよこ》さんだと言われた。森佳代子さんは、広島の被爆者。エリザベト音楽大学声楽科卒業でソプラノの歌手である。森さんの夫は、広島の被爆者であるとともに、広島への原爆投下時、爆心から四〇〇メートル地点の中国憲兵隊司令部で被爆死したアメリカ兵捕虜《ほりょ》に関する研究や、遺族を探して情報伝達に努めたことなどにより、二〇一六年五月のバラク・オバマさん（当時大統領）と抱擁したことでも知られる歴史家・森重昭《もりしげあき》さんである。

沖西さんと森佳代子さんは、私を、世界平和記念聖堂とイエズス会聖ヨハネ（長束《ながつか》）修道院（一九三八年、イエズス会の修練院として建てられ、東京の上智学院内にあった修練院がここに移り、翌一九三九年から日曜のミサを開始した。ここには、ゴーセンス神父が眠る墓地がある）に、案内してくださった。

私は、そのときの様子と感想について、当時のフェイスブック・タイムライン上に、次のように投稿している。

今回広島を訪れた目的の一つは、六年前に亡くなった父のゆかりの地を訪ね、父と対話し、確執を解き、心からの和解を果たすことでした。父が著名な被爆者運動家であることから被爆二世として直面した諸々の差別…いろいろなことが積み重なり、深まった溝を私が埋められないまま、父は旅立っていきました。このままの気持ちでは、偉大な被爆者運動家であった父の平和への強い思いを受け継ぐことは到底できないと、ずっと思っておりました。

父は、エリザベト音楽大学の関係者ですが、創立に際して親交の深かった方のお一人が、世界平和記念聖堂も創設されたラサール神父（被爆者でいらっしゃいます）でした。今回、ここに沖西さんとともにご案内いただき、きめ細かいご説明をしてくださったのが、エリザベト音大を卒業されたソプラノ歌手でいらっしゃる被爆者・森佳代子さんでした（夫の森重昭さん〈被爆者〉は、被爆したアメリカ兵捕虜の名前特定、遺族探し等に尽力された歴史家で、昨年、オバマ前大統領が広島を訪問された際のオバマ氏からの感謝の抱擁が大きく報道されたことでも知られる方です）。

今回、特別な計らいをいただき、ラサール神父のレリーフの上部に父の遺影を置かせていただきました。父と、もうお一方親交の深かったゴーセンス神父が眠られているイエズス会聖ヨハネ修道院にも特別に案内してくださいました。

お蔭様で父と穏やかに話すことができ、透き通った気持ちでこれからの人生と活動に、前向きで、より広い視野をもって臨んでいく力をいただきました。

改めて感謝申し上げます。

森さん、沖西さん、このたびは本当にありがとうございました。

沖西さんにお会いした際、父の足跡をたどり、史実を明らかにし、あるいは伝承することの意義などについて、いろいろなご意見やアドバイスをいただいたが、そのなかのひとつが、国立原爆死没者追悼平和祈念館への父の遺影等の登録だった。

こういうことは、沖西さんに教わるまで、まったく頭になかった。

これは、被爆者の遺族が、祈念館に申請して、遺影や、本人が生前記述した体験記などを提出して登録するものである。遺影写真や体験記等の記録物は、現物等の郵送でなくても、写真データ等のEメール送信でも受けつけられる。

広島から帰るとさっそく、この手続きに取り組んだ。

遺影のほか、体験記をはじめ、父が記述した被爆体験についての文章や記録はたくさんあった。ただ、父は、通例の場合と違い、著名な被爆者運動家であったため、神奈川県原爆被災者の会や川崎市折鶴の会から寄贈された書物から、ある程度の主だったものは、すでに登録されていることがわかった。したがって、さらに、そのなかにないと思われた『折づるの証言』（川崎市折鶴の会発行、一九八六年）に掲載されていた体験記と原爆詩、神奈川県原爆被災者の会『被爆者ニュース』におけるあいさつ文などを資料として送信した。

四月上旬、父の遺影写真、体験記等資料の登録が無事完了した旨、祈念館から通知があった。

なお、この通知には、証言ビデオのことも記されていたので、確認したところ、前年九月、広島平和記念資料館から公開承諾依頼のあったビデオのことだった。だいたい、広島平和記念資料館と国立原爆死没者追悼平和祈念館では、同一の資料が公開されているようである。また、証言ビデオは、遺族には特別に自宅視聴用として（公開等に供さないことを条件に）ＤＶＤ（コピー）をいただけるとのことだったのでお願いし、受領した。

その一方で、三月初め、ＮＨＫ広島放送局「原爆プロジェクト」に、父に関する記述等記録、あるいはそれに関連した被爆当時の諸記録等についての情報提供を依頼した。

父は、体験記において、ＮＨＫ広島中央放送局（当時）における被爆状況について、いくつかの記述を残しているほか、生前、テレビ、ラジオ番組等にも出演していたことを知っていた。現に、岩波新書の『幻の声　NHK広島八月六日』（白井《しらい》久夫《ひさお》著、一九九二年、岩波書店）などの書籍においても、父に関する記述を読むことができた。したがって、父の被爆時における、私の手持ちにない記録、記述に類するものがあれば、どのようなものでも目を通し、参考にしたいという強い思いからだった。

NHK広島放送局「原爆プロジェクト」からは、『NHK原爆之碑完成記念―原爆被災誌』（広島中央放送局・編集発行、一九六六年）、『マンガで描く焦土の放送局　NHK広島〝八・六〟物語～電波を出せ！放送を続けよ！～』（NHK広島放送局発行、二〇一五年）などを郵送していただいた（この二冊は、一般的に、公開・配布されているものである）。

私は、このようにして入手した資料の一つひとつに丹念に目を通した。証言ビデオについても、平和記念資料館からいただいた一九八七年収録（収録時間二十六分余り）のもの以外に、インターネット・ホームページ「被爆者の声ビデオ版『被爆を語る』」（二〇〇八年、九十二歳時に収録）も視聴した。一九八七年の証言ビデオにも、感ずるところは多々あったが、それに劣らず、亡くなるわずか三年前の約七分の証言を聴いて、ひらめくものがあった。

父は、このビデオのなかで、次のようなことを語っている。

「被爆者の会（川崎市折鶴の会）の（被爆者の古くからの）仲間どうしは、原爆によってもたらされた苦しみや悲しみなどについて、肉親以上に共通、共有する（分かち合える）思いがある。これは、運命的ともいえるものである。

ただ、被爆者の高齢化とともに、最近の被爆者運動の中心は、未成年のときに被爆した人が担うようになってきている。五歳～十歳、あるいはそれ未満の人たちさえ多くなってきた。

被爆時、社会人、おとなであった被爆者と子どもであった被爆者とでは、記憶の濃淡のことはさておくとしても、意識や考え方の面でも、かなりの違いがあるように思う。肉親や友人を目の前で亡くしたり、傷つけられたりし、また、まわりのいろいろな人たちを助けられずに自分が逃げたことへの負い目は、おとなになっていた被爆者に、ほぼ共通する心の痛手《いたで》であり、葛藤、苦しみであるが、子どもであった被爆者の場合、多くの被爆証言などを聴いてみても、そうした個々の場面での生々しく具体的な思いは比較的希薄《きはく》で、どちらかといえば漠然とした（全般的に悲惨な）原爆の被害として語られているような傾向を感じる。

幼少であれば、記憶が希薄であったり、あいまいであるのも当然であるし、感性や観察眼などもおとなと子どもで違いがあるのも当然、これは、ある意味、必然であり、やむを得ないことなのかとは思うが、やはり、同じ『被爆者』と言われても、心理的な距離や隔《へだ》たりを感じる」。

この（被爆時年齢二十九歳であった）父の話を聞いた時、（父が、この証言のなかで語っていることのすべてが適切かどうかはともかく）私は、すぐに沖西さんから言われたことを思い出した。

広島でお会いしたころから、沖西さんには、私が被爆体験伝承者となることを強く勧められていた。沖西さんが、とくに私に伝承を勧めた理由は、少なくとも二つはあった。

まず、父が被爆当時、ＮＨＫの放送部職員であり、なおかつ、長期にわたって被爆者運動を代表する活動家として多くの体験記や記述、記録などが残されていると考えられ、原爆について、いまだに広く知られていない、核廃絶につなげるべき大切な真実がそこに潜《ひそ》んでいるはずである。それをたどって伝承することができるのは、もはや、親族である私だけだと言われた。

そして、もうひとつは、今、成人してからの被爆者の証言は大変貴重になってきている。自分自身が直接体験していなくても、その（被爆時おとなの）被爆体験とそれに伴う思いについて、きちんと意を汲《く》んで伝承することは、子どものときの被爆体験について語る被爆体験証言者の証言に劣らず、平和のためにとても大切なことであり、その重要度は増している。

父のこのわずか約七分の話を聴いたとき、沖西さんが言われていたのは、そういうことだったのかと改めて理解した。

私は、沖西さんと出会うまでは、被爆体験伝承者の存在意義が理解できていなかった。

なぜなら、映像技術が発達した現在、被爆者の証言はビデオにも収録されている。伝承者がいなくても、そうしたものを視聴すればこと足りるような気がしていた。しかし、それはまちがいだった。

たとえば、この父の証言を視聴した人が、どのくらい父の心理や言っていることの本質を理解するかはむずかしい問題であるかもしれない。高齢被爆者の愚痴《ぐち》と受け取るむきもあるかもしれない。

私自身も、必ずしも父のこの考えにすべて共鳴するわけでもない。実際に、今、被爆時年齢十代前半と十歳未満の方の伝承に携わっていて、その方がたの被爆体験に関する証言が、必ずしも具体性に乏しいとは思わない。周りの人たちが亡くなられたり、大変な被害に遭われていることに対する思いにも、その年代ならではの強い思いがあり、それはそれで、伝承すべき大切な体験であるのだと思う。

そのことをふまえたうえで、なおかつ、父のような年代での被爆体験とそれについての思いや考えについてわかりやすく伝承しながら、そこに私の核廃絶・平和への思いを乗せることが、私だけができる、また私が務めるべき伝承ではないか、そのことに意義があると、私は考えるに至った。

その私の考えの後押しをしてくださったのが、森政忠雄《もりまさただお》さん（被爆者）だった。森政さんは、前述の、父が結成に尽力し、長年会長を務めた、川崎市折鶴の会の現在の会長として活躍されるかたわら、神奈川県内の小中学校を中心に十余年、語り部活動を続けている（ご自分が被爆した広島をはじめ、他県に講話に出向くこともある）。

森政さんが語り部を始めたときは、もっぱら「原爆の悲惨さ」の話が大半だった。しかし、講話のあとの子どもたちからの感想、質問、疑問に、「なぜ原爆は落とされたのですか？」「どうしたら原爆や戦争をなくすことができるのですか？」「私たちは何をすれば（どうすれば）よいのでしょうか？」、などのものがあった。

森政さんは、そうした声を聞いて、ご自分の講話が、かならずしも子どもたちの関心、思いや意識とはかみ合っておらず、また、彼らの疑問にもきちんと答えられる内容になっていないことに気づいたそうだ。「悲惨さの話ばかりが中心になると、恨《うら》みつらみのような感情的なレベルの印象に終始してしまいがちで、平和への具体的な展望に結びつかなくなってしまう」と森政さんはいう。森政さんは、語り部を始めて四年目ごろから、講話の前半に、日本が行なった、資源を求めての東南アジアへの侵略からアメリカ・ハワイでの真珠湾攻撃に至る戦争が始まるいきさつと、その後のアメリカの原爆投下までの経過などを（子どもも向けにわかりやすく）説明するようになった。そして被爆体験を語った上で、「人を憎むのではなく戦争を憎むことの大切さ」「国に戦争を起こさせないためには、戦争を防ぎ、平和を築くための広い視野、思いやりの精神、国際感覚と偏らない知識、冷静な判断力」などが大切であることを訴えている。

このような講話は、学校をはじめ、様々な団体や公共機関などが企画の依頼をして、ときには証言者・伝承者と打ち合わせをしたうえで、複数の受講者の前で講話を行なっている。そこには、感想や今後のそれぞれの行動のあり方などについて、講話者と受講者、あるいは、受講者どうしの意見交換をしたり、さまざまな方向への話や活動の拡がりへとつながっていくであろう発展の可能性が秘められている。

原爆や被爆者の問題に関心をもった一部の人が、資料館やホームページなどで（一人で）視聴しただけでは、それ以上の拡がりや展開になりにくい。そこにも「被爆証言ビデオ」に対する、直接的な被爆証言や伝承講話のもうひとつの優位性を感じる。

このとき（二〇一七年六月）、沖西さんから、平成二十九年（二〇一七年）度広島市被爆体験伝承者養成研修（第六期）の募集が行われる旨の情報提供をいただき、私はこれに申し込む決断をした。申込は受理され、二〇一七年六月末から研修が始まった。

養成プログラムの概要は、次のとおりである。

二〇一七年度

・研修（広島平和文化センターが委嘱《いしょく》している証言者による被爆体験講話の聴講や被爆の実相等についての学習）

二〇一八年度

・証言者と伝承者候補者とのマッチング（どの証言者を伝承するかの組み合わせの決定）

・証言者から伝承者候補者への被爆体験等を伝授するためのミーティング等

・講話原稿の作成

・講話原稿の承認

二〇一九年度

・講話実習

・養成研修の修了

二〇二〇年度
・広島平和文化センターの委嘱を受け、伝承者として講話開始

私は、以前から家にあった資料と新たに入手したものなど、父が記述した体験記等と証言ビデオ二本を丹念に読み進め、あるいは視聴していくなかで、父の壮絶な被爆体験において、もっとも本人にとって印象に残り、心の傷となっていることをさらにしぼり込んでみた。そこでは、三つのできごとが抽出されると思う。その三つのことが、父の諸々の体験記で随所に記述され、また語られているからである。

まずは、父の放送部の上司であった間嶋《まじま》副部長のことである。

NHK広島中央放送局二階放送部での被爆直後、室内は闇夜のような暗黒となったが、数分が経ち、やがて部屋に少しずつ光が入ってきたとき、父は、階下へと向かった。出口は左の方である。やっと立ち上がって中腰になって出口の方へ急いだ。いすや机が乱れ散っているなかを、何度も前のめりに倒れながら気持ちだけははやっていた。やっと部屋を出ると、すぐ右に折れてまっすぐな階段を手探りで降りていった。すると、半分まで降りたあたりで人の体を踏んだ感触がした。「俺だ！　間嶋だ！」という声で、その方が間嶋副部長であることがわかった。一人で抱えることがなかなかできずにいるところに、朝、出勤のため一階から昇って来た、技術部で同姓（同じ名字）の森川《もりかわ》寛《ひろし》さんと協力して、間嶋副部長を一階、玄関の外まで運び出した。

そこで間嶋副部長は、父たち部下職員に向かって言われた。「電波は出ているか？　電波を出せ！　放送を続けよ！」と。間嶋副部長は、ジャーナリストとして、とても責任感の強い方だったと感銘し、心を揺さぶられた思いについて何度も記述し、また語っている。

父は、間嶋副部長に対する尊敬の念を次のように表明している。

「あの混乱したなかで、あくまでも放送を続けよと命じて亡くなった間嶋さんの放送人魂に敬服する」

このエピソードは、父の証言（体験記）を参考にラジオドラマ化、二〇〇八年に放送され、二〇〇八年度芸術祭大賞を受賞している（『NHK広島放送局開局八〇年ラジオドラマ放送を続けよ～広島中央放送局の八月六日～』）。

※ホームページNHK平和アーカイブス、放送ライブラリー（横浜情報文化センター内八階）などで鑑賞できる。

もうひとつは、NHK広島中央放送局の局所内外で周囲の負傷した人たちへの救助にあたっている間に、放送局玄関前で目撃した母子のことである。

父は、次のように記述している（平和記念資料館、追悼平和祈念館で公開されている証言ビデオのなかでも語っている）。

「そのとき足元にうごめく一体があった。男の乳児が玄関の石段をはい上がろうとしている。すぐ側にその児の母親が、子どもを抱いたままの姿勢で倒れ、すでに意識はない。『おうかわいそうに、坊やは生きているのになあ』と放送局の誰かがその坊やの頭をなでると急いで局舎の中に消えていった」

おそらく父が目撃した母子と思われる、真っ黒い（黒焦げになった）親子の死体を目撃し、それを描いた十人の方の（十枚の）絵がある。目撃された日時は、八月六日一七時すぎが一人で、その他九人の方は、みな八月七日で、午前中の時間帯を記されている方が大半である。

そして三つめは、白島《はくしま》の河原《かわら》で見た光景である。

父は、NHK広島中央放送局から避難する際、縮景園《しゅっけいえん》（浅野泉邸《あさのせんてい》）を通り抜けて、京橋川沿いに出て広島では「雁木《がんぎ》」と呼ばれている階段を川岸へ降り、川の水に腰まで浸かりながら川上（北）に向かって三〇〇メートルほど歩いた後、白島の河原にたどり着いた。

ここは、国鉄（現在のJR）山陽本線の鉄橋から北、神田橋まで約五〇〇メートルに及ぶ草はらで、現在は広島市中区白島九軒町《くけんちょう》にある白潮《はくちょう》公園である。そこには、何とか生きていた人たちが避難してきて、負傷者がどんどんと倒れたため、一帯は地獄のような様相を呈していた。顔が紫色に膨《ふく》れ上がって動かなくなった人、手や体の皮がはがれ、赤茶色に潰《つぶ》れてうごめいている人、それらの人をまたぐようにして草むらの方に行って倒れこんだ。背中や腰、そして耳の上や頭に受けたガラスの破片による傷がズキズキと痛んだ。耳元で雑草を吹きなぐる強風の音を聞きながら眼を閉じてみても、神経の興奮は休まらず、体全体が寒気を感じてブルブルと小刻みに震えるのをとめることができない。

近くから突然子どもの悲鳴が聞こえてきた。うめきとも言葉ともいえない声で仰《あお》向《む》けに寝転《ねころ》んだまま手を上にあげて「お母ちゃん」というと手をブルブルと震わせてものを言わなくなった。この辺一帯に、少なくとも三十名以上もの小学生と思われる男女の子どもたちがひどい傷を負って横たわっていた。「それを見守る肉親もいないなかで父母を求めて叫びながら孤独のうちに苦しみ、死んでいく断末魔《だんまつま》の子どもたちの姿は、真に、見るに忍びないものだった」と父は述べている。

そのときの様子や父の心情は、次の原爆詩からもうかがい知ることができる。

声　もりかわさだみ

一　人のなした業

あのとき　ヒロシマは
膨大な火災と煙の大瀑布《だいばくふ》が
たぎり昇って天に連なり
命あるものも無いものも
焦熱のなかにのた打ちまわった
老いも若きも　男も女も焼かれ
赤茶色の哀れな化けものとなって烈《さ》け潰《つぶ》れた
天守閣の森も長寿園の桜の木も
相生橋も　浅野泉邸も
トンボもバッタも　川えびも
そして川底にシジミ貝輝く太田川も
神宿らぬ人間の仕組んだ天変地異

二　声ならぬ声

あの日　水に入り猛火を逃れて
川原の草地に倒れるように

泥となって身を横たえた
突風が雑草をなぎ顔を打つ
聞こえくる広島滅亡の地獄の響き
颪の咆哮《ほうこう》か
燃えつきた人びとの魂が
上空に沸き返る雲と煙の中を
さ迷い走る怨嗟《えんさ》の叫びが
そのどよめきに交わる幾十の童《わらべ》のうめき
焼けただれ　千切《ちぎ》れた手をあげ
お父ちゃん！　お母ちゃん！
だが…………
いまわのうごめきはやがて絶えゆく
戦争に生れ飢餓に育ち
人の人たる生も得ず
大量殺りくの只中に潰《つい》えゆく
子たちの命の悲しみよ

三

疼《うず》き
故郷《ふるさと》ヒロシマに墓参《ぼさん》に帰ると

そして街角にたたずむと
またも聞こえくる　あの日の死者の
舗道下から湧き上がる声　声
無念さに歯ぎしりする
地下の白骨のきしみ
この下にうちの子が　うちの子が！
叫び続けた母たちの声
今もなお　この心に刺さったまま
疼き続ける
あなたたちの叫びに耳を貸そうともせず
ひたすら逃げのびたことの心の疼き

父・森川定實は、「被爆者の心理」と題して次のように語っている。

「被爆者には真の意味での健康はあり得ないと思う。その理由は、被爆者が、たとえある時点で肉体的に健康と思っていても、被爆による放射線の影響が、いつ自分の身体に現れ、病気になるかわからないという不安が常に心の底にある。心身ともに健全で生活することは望めないのである。

被爆者には、心に突き刺さった針のような深い傷がある。自分の近くで死んでいった肉親への悲痛な想い…、とくに配偶者や自分の子どもの死。肉親を救い出せなかったり、逃げる途中の周囲の人たちを助けることができず、自分たちだけが生き延びたことへの罪悪感とも言える苦しみ。このような苦しみは、他人には話せない、心のしこりとなっている…生涯消すことのできない精神的な痛手である。

原爆投下は、老若男女、すべての生物を大量に殺りくする非人道的無差別兵器である。

多くの市民が家屋の下敷きとなって叫んでいたのを聞いたあの声が…、そして何の罪もない子どもたちが、誰にも救われずに死んでいった、あの川原での地獄のなかでの数十名の子どもたちの叫び声が私の耳の底にいつまでも焼きついて離れないのである。

私たち被爆体験者の悲願である、戦争のない世界、平和な世界を築くことのための絶対必要条件は…、世界から核兵器を一日も早く廃絶することであると強く確信するものである」。

私は、この文章と原爆詩に、被爆者、そのなかでもとくに成人して以降の被爆者に共通する思いが凝縮して込められているように感じた。

そこで、私は、広島市被爆体験伝承者養成研修が始まる前日の六月二十八日、広島市中区幟町《のぼりちょう》を中心に被爆者の方の被爆体験、被爆証言等の普及などに尽力されていて、避難経路等にも詳しい岡部喜久雄《おかべきくお》さんにご案内いただきながら、父の避難経路を検証することにした。

岡部さんは、上幟町北町内会会長を務めている被爆二世で、幟町小学校の生徒など、地域や子どもたちの間に被爆体験と平和の大切さへの理解を深めるための活動などにも熱心に取り組んでいる方である。父の避難経路等について、自転車でまわり、ていねいな解説を加えながら、親切にご案内いただいた。

この避難経路の検証（フィールドワーク）を行なったことで、父の被爆体験記やこの原爆詩に記されていることの中身・本質が、より臨場感をもって深く掘り下げて理解できるようになったと感じられた。

フィールドワークの大切さについては、沖西さんからも教えられていたことだった。これから、被爆体験伝承者をめざすにあたり、被爆者の方の被爆体験を傾聴して事実を忠実に受けとめ、いかにそれについて臨場感をもってその本質を伝えられるか…そのことへの注力と最大限の努力を忘れずに被爆体験の伝承に努めていきたいと考えている。

伝承者養成研修は、二〇一七年度前期の初回が六月二十九日〜七月二日で、二回目は、七月七日〜八日に行なわれた。ちょうどこの間に、母の大腸の検査が行われ、七月七日、検査結果が判明し、大腸がんのステージ四（末期）であることがわかった。すでに肺、肝臓、脾臓に転移しており、担当医の診断では、余命、長くて一年とのことだった。このときからは、できるだけ母のケアのために、居住している老人ホームを頻回《ひんかい》に訪ねるよう努めた。母は、二〇一七年十一月十七日に他界したが、それまでの四か月あまり、父のことなどを含めて、それまで聞いたことのなかったエピソードなども母から耳にした。

そのことについては、他界した翌日、フェイスブックの私自身のタイムライン上に、次のように投稿している。

訃報

FBお友だちの皆様

昨日（十一月十七日）午後七時四五分、私の母・森川瑞枝《もりかわみずえ》は、星となる旅立ちをいたしました（享年九十二歳）。

母は、中国東北部で生まれ、育ち、終戦とともに日本に帰国し、NHK広島中央放送局の職員として働きました。

日本帝国主義が行なったことへの反省と自責の念が強く、一九四六年二月に結成された日本新聞通信放送労働組合（略称：『新聞単一』）に加入し、婦人部長、委員長などを務め、日本放送労働組合の発足による組合分裂後も、初志を貫いていたというエピソードを私の若いころから何度か聞かされておりました。

写真の新聞は、十月七日朝刊（『朝日新聞』）ですが、十月十日、母と話したとき、マーカーで水色の囲みや黄色い線を自分で引いていた『天声人語』を指さしながら、「あなたは、峠三吉さんや原民喜さんのことは、ちゃんと勉強しているの？」と切り出しながら、戦後の混乱期のなかで、峠三吉《とうげさんきち》さんの（非公然？）学習会に参加していたことや、原民喜《はらたみき》さんとお話ししたことなどを語っていました（七月に大腸がんと複数臓器への転移が発見されましたが、二週間ほど前までは、意識も、思考も気力もしっかりしていて書道家として、七月に書いて日展に出展した書道作品も入選しておりました）。

母は、被爆者の心に寄り添い、反核、反戦の運動に参加するなか、被爆者であり、同じくＮＨＫ放送局の職員であった父と結婚し、私は生まれました。

とくに九月以降は、話すたび、今の社会情勢に危機感を募《つの》らせ、「このままでは戦争が始まってしまう」「あなたはちゃんと気づいているよね？　何をしたらいいかわかるよね⁉」と念を押すように何度も言われました。

十一月十五日に母に面会した際、被爆体験伝承者養成研修出席のため、翌日広島へ向かうことを決め、母にそのこと告げると、「たとえ一人になろうと、どんなことがあっても、あなたの信念を曲げることなく最後まで貫き通してね！　それを雲の上から見守っているから…」と言われました。

「何言ってるの！　二十日に広島から帰ったらまたゆっくり話そう！」と言うと「その時は、もう会えない。もうここにはいないから…」

それが、最後の親子の会話となりました。

私は、生涯にわたり、被爆者の〝ほしょう〟、福祉の充実と核兵器の廃絶を訴え続けた父と、被爆者に寄り添い、戦争反対と平和を訴え続けた母との間に自分が生まれた誇りを胸に、核兵器廃絶・原発ゼロ・再生可能エネルギー推進・脱温暖化等の運動の連帯と融合・結束の必要性をひき続き、強く訴え続け、子どもたち、若者たちの明るい未来のために、微力ながら残りの人生をささげることを改めて皆様にお誓いいたします。

皆様、今後ともご指導・ご鞭撻のほど、よろしくお願い申し上げます。

森川聖詩

4　阪口悠さんとの出会い

十一月十七日からは、ちょうど伝承者養成研修が始まり、これに出席していたが、午後の研修中、妻から母の容態が急変し、危篤《きとく》となった旨、緊急連絡が入り、急きょ退席して帰宅したものの、老人ホームに着いたときには、すでに息を引き取った後だった。

十一月十五日、話をすることができたのはせめてもの幸いだった。そのときは、まだもうしばらくは、大きな容態の変化はなさそうだとの担当医の見立てがあったことから広島に向かったのだが、母本人は、自分の命がもうほんの数日と悟っていたのだろう。

それから、一か月も経たない十二月十日、伝承者養成研修、二〇一七年度最後の研修出席のため、また広島を訪れた。このときは、研修は十二月十一日の一日のみだったが、十一月に、母の容態急変のため済ますことのできなかった用件などもあり、十二月十四日まで滞在した。

そして十二月十四日、沖西さんの紹介で、ニューヨーク在住の写真家・阪口悠《さかぐちはるか》さんとお会いした。

阪口さんは、広島・長崎の被爆者、被爆二世の肖像写真を撮影している。黒色を背景にモノクロ写真で撮影し、モデルとなる被爆者、被爆二世の「戦争を知らない現代の若者たちへの平和についてのメッセージ」を横に添えてひとつの作品にして、『一九四五』と題するアーカイブ（複数のファイルをひとつのファイルにまとめた「書庫」のようなイメージのもの）を作成している（インターネット、フェイスブック上などでも公開されている）。

阪口さんは、日本で生まれ、生後三か月で両親と渡米した。中学校の歴史の授業で原爆について学んだが、教科書にあった記述は数行だけで、「日本を自由に導くための手段だった」とする説明に「日本人として納得できない思いを抱えた」という。アメリカの原爆投下を正当化する風潮を変えたいという強い思いが、この撮影と取材の活動の動機だった。

お会いして、インタビューは、二時間あまりを要した。インタビューは、私の被爆二世としての被差別体験なども含めてかなり掘り下げた内容にまでおよんだ。このように深く掘り下げた内容のインタビューをされたり、受け答えをしたのは、吉田敬三さんに写真撮影をしていただいたとき以来であった。

私がいかに被爆二世であることに開き直り、自己開示することに比較的慣れているとはいえ、さすがに思い出したくないことや人にあまり言いたくないこともあった。それも、初対面であればなおさらのことである。

それでも、不快に思うようなこともなく、できるだけ丁寧《ていねい》にありのままを答えようという素直な気持ちになれたのは、阪口さんの平和への熱意と誠実なお人柄に依《よ》るところが大きいと思う。ただ、それだけでないようにも感じた。

第一章でも述べたように、私は、青年期の留学生活や諸々の外国人との交流の経験から、日本（人）の慣習をやや客観視する傾向があるが、そのあたりの感覚や心情などの波長が、おそらくアメリカで育った阪口さんとぴったり合ったためか、むしろ何か日々感じている孤独感から解放されたかのような、ほっとしたような、安心感に包まれたような不思議な気持ちになったのかもしれない。

しかも、お話ししているなかで阪口さんが、部落問題についての関心や造詣《ぞうけい》が深いこともわかり、考え方や意識の面での共通点が多いのを感じ、すっかり意気投合してしまった感があった。

いずれにしても、アメリカを含め、海外においても、核被害の実情や真実、本質がまだまだ充分に知られていないなかで、阪口さんのような活動は、大変貴重であると思う。

若者の皆さまへの伝言 ――輝かしい未来のために――

森川聖詩

核被害の特徴の一つは、世代を超えて被害・影響が及び、人間を苦しめ続けることです。

原爆被爆二世（父が広島で被爆）である私は、そのことを肌で実感しています。生来体が弱く病気がちで、幼少の頃から発熱をしたり胃腸病を患うなど、寝込んだり通院したりの日々でした。また、ほんの小さなかすり傷でもいつまでも治らず化膿するなど、様々な体調不良や〝原因不明〟とされる症状に悩まされてきました。

三三歳にして良き伴侶に出会い、結婚二年目には子宝にも恵まれたかと思ったのも束の間、日数が経過しても胎内で成長せず、個体としてこの世に生を受ける生命力がないことがわかり、涙を呑みました。健康な被爆二世もいる一方で、私のように病気がちであったり、がん、白血病など大病で亡くなったり、この世に生を受けられなかった二世、三世が現に少なからずいることを私は見聞してきました。

制作・撮影：阪口悠

今の日本社会には、こうした事実を隠したり、ねじ曲げたり、目を背ける慣習・文化・価値観が根強くしみついています。それは、必ずしも国や為政者ばかりにでなく平和や核廃絶を唱える人々の中にさえもです。

日本は「世界唯一の被爆国」でもなく、広島は「世界最初の被爆地」でもないし、長崎も、すでにもうずっと前から「最後の被爆地」でもありません。一九四五年七月、アメリカ・アラモゴードで世界初の核実験が行われ、実験演習に参加した兵士が被ばくし、広島、長崎への原爆投下でも、被爆者の約一割は、朝鮮（当時）、中国をはじめアジア諸国民、欧米諸国民であった方々です。また第五福竜丸で知られる一九五四年のビキニ水爆実験においても、多くのマーシャル諸島共和国（現在）の島民が被ばくし、亡くなられたり、長年放射線障がいなどに苦しめられてきました。世界中で今まで二〇〇〇回以上もの核実験が繰り返され、被害も世界中に広がっています。

また、核兵器を製造するためには原子炉が必要であり、そこで生み出された使用済核燃料の中からプルトニウムを取り出すための『再処理』が必要です。原発は、まさにそのためにこそ存在しています。スリーマイル島、チェルノブイリ、福島をはじめとする原発の事故で多くの方々が被ばくし、亡くなられたり、放射線の影響によると思われる病気・症状で苦しみ続けてきました。そもそも核兵器製造や原発の稼働は、天然ウランを採掘する人（主に先住民）や原発労働者の被ばくを前提にしか成り立たないものであり、核と人類は断じて共存できないものです。

若者の皆さまには、ぜひ、日本人に色濃い傾向である狭い視野や一面的な被害者意識にとらわれることなく、世界的、多面的な視野から核（被害）についての事実・真実を知り、その本質を見極め、世界中の人々と手をつなぎながら核廃絶を目指して行動いただくことを強く望み、期待しております。

これまで、私自身の人生を振り返りながら「被爆二世」の問題に関連したことを中心に述べてきた。そのなかには、必ずしも直接「被爆二世」には関係ないことも多々あったかとは思う。ただ、少なくとも、これまでの私の波乱に富んだ人生が、私が被爆二世であることに少なからず影響を受けていることは、おわかりいただけたのではないだろうか。

ここで、改めて、被爆二世問題が、日本国民、そして全世界の人びとにとってどのようなかかわりのある問題なのかについて、考察していくこととしたい。

第六章　被爆二世問題を考える
——被爆二世問題の本質とは

1　はじめに

被爆二世の問題の本質のひとつは、それにまつわる枝葉のことを別にして、徹底して突きつめるならば、放射線の遺伝的影響と、それに関連した偏見と差別の問題ではないだろうか。そうであるなら、少なくとも、この問題についてあいまいにしたままでは、その解決の方向は見いだせない。もし、国が主張するように、放射線の遺伝的影響が本当にないと言いきれるのならば、そのことを明確にしていけば問題は解決するはずである。でも、はたしてそうなのだろうか？

この章では、まず、この点について考えてみたい。

2　放射線の遺伝的影響について

放射線と遺伝の関係が初めて明らかになったのは一九二七年である。アメリカのハーマン・マラーという生物学者が、ショウジョウバエにX線を当てて、生まれてくる子どものハエに羽の短いものや目の色が変わるなどの遺伝的影響が生ずることを見いだし、これが放射線による「遺伝子突然変異」であることを明らかにした。放射線の遺伝的影響には、このような遺伝子突然変異と、多数の遺伝子の集まった構造体である染色体の形や数に異常が生ずる染色体異常がある。放射線によって、遺伝子突然変異や染色体異常が、放射線被ばく者の生殖細胞に生じ、それが子孫に伝えられ、そのために身体の異常や疾病が発現するというのが、「放射線の遺伝的影響」である（人間を含めて多くの生物には、遺伝情報を伝える生殖細胞、及び体細胞のＤＮＡに損傷を受けても修復する能力―修復機構があるが、マラーの実験に使われたショウジョウバエは、ＤＮＡに修復機構のない精子細胞をもつ種であった。したがって、この実験結果をもって、人間にも同様に遺伝的影響が及ぼされると結論づけることはできない。ただ、この修復機構も、決して万全ではないといわれている）。

一九五七年、日本遺伝学会、日本人類遺伝学会は、次のような見解を発表している。

人類におよぼす放射線の遺伝的影響についての見解

原子力の利用がさかんになるにつれて、人類が放射線にさらされる機会がしだいに多くなるおそれがある。一般に放射線はすべての生物にいろいろな障害をあたえる。とくにその遺伝におよぼす影響はつぎのような点からみて重大である。

1．放射線が生物に遺伝的な変化すなわち突然変異を誘発することは、多くの研究によってあきらかである。

もちろん人類もその例外とは考えられない。このような突然変異は自然にもおこっているが、放射線はその出現頻度を高める。

2．突然変異の大部分は人類にとって有害である。そしてその影響はすぐこどもにあらわれる場合もあるが、孫以後の代になってはじめてあらわれてくることが多い。したがって、子の代に影響が見られないからといって、遺伝的に安全であるとはいえない。

3．突然変異のおこる割合は、生殖腺にうける放射線の総量に比例して大きくなる。またたとえ途中で照射がきれてもつづいても、うけた放射線の総量がひとしければ、その影響には変りがない。これはひとたび突然変異をおこした遺伝物質が、照射の中止されたあとも消えないでつたわるからである。このように生殖腺にうける放射線の影響は、直接身体にうけた放射線障害が、照射を中止すれば回復するばあいのあるのにくらべると、本質的に異なっている。

4．人類の集団では、有害な突然変異が自然に少しずつおこっているが、それらは自然淘汰によってのぞかれていくので、新生するものとのぞかれるものとがつりあって平衡状態を保っている。したがって放射線により人為的に突然変異の出現頻度が高まると、この自然の平衡がみだれてその集団のもつ突然変異の総量がましていく。そのため健康や能力などのおとるものがしだいに多くなって、個人の犠牲と社会の負担とをまし、人類の将来に重大な不幸をまねくおそれがある。

以上のことから、放射線はたとえ少量でも遺伝的に有害であると考えなければならない。職業的に放射線をうける人たちに対しては、最大許容量というものがいままでに定められている。これは照射をうける人自身の健康を保つことを目的としたものであって、子孫におよぼす遺伝的な影響を考えれば、どの程度以下の照射量ならば遺伝的障害はおこらないというような限界があるとは、理論的にはいえない。

原子力や放射線の平和的利用はもちろん緊要なことではあるが、その利用にあたっては、ただ単に直接身体にうける障害からわたくしたち自身をまもるだけでなく、子孫の健康と幸福とに対する責任をも深く認識して、不必要に生殖腺に放射線をうけないように、その用途および用法を誤ることなく、細心の注意をはらわなければならない。また広範囲に大気や水の中の放射能を増す原水爆実験などについては、その人類にあたえる遺伝的悪影響を充分警戒する必要がある。要するに、わたくしたち遺伝学に関心をもつものとしては、これらの緊要切実な問題について世の注意をうながし、適切な対策の一日もはやくたてられることを切望してやまない。

昭和32年4月1日

日本遺伝学会

日本人類遺伝学会

以下出典（http://tabemono.info/report/former/images/iden-kenkai.pdf)

また、『原子放射線の影響に関する二〇〇一年報告書』主文「原子放射線の影響に関する国連科学委員会から総会への報告書」（九ページ）においては、次のように述べられている。

「放射線被ばくはヒト集団にいまだかかって遺伝的影響が及ぼすと証明されたことはない。最大の研究対象集団である日本の原爆被爆者の子供たちに、認められるような影響が無いことは、比較的大きな人類集団への中程度の放射線被ばくでさえほとんど効果が無いことを示している。しかし、植物や動物での実験的研究で、放射線は遺伝的影響を誘発することが明瞭に示されている。ヒトがこの点で例外であることはなさそうである」

そして、『科学的附属書：放射線の遺伝的影響』の「要約と結論」（一〇〇ページ）でも、次のように述べられている。

「電離放射線に被ばくしたヒト集団では、放射線誘発遺伝的（遺伝性）疾患はこれまでのところ証明されていない。しかしながら、電離放射線は普遍的な突然変異誘発原であり、植物や動物を用いた実験的研究では、放射線は遺伝的影響を誘発できることが明確に証明されている。従って、ヒトはこの点に関して例外ではないであろう」

国際放射線防護委員会（ＩＣＲＰ）二〇〇七年勧告には、次のような見解が表明されている。

低線量での発がんにおける直線しきい値なし（ＬＮＴ）仮説については、放射線防護の実際的システムにおいて、およそＩＣＲＰ二〇〇七年勧告について一〇〇mSv（ミリシーベルト）以下の低線量域で、「線量増加分と発がんや遺伝的影響の放射線起因性増加分が比例する」という仮定に基づくことを継続する（科学的に妥当である）。

すなわち、約一〇〇 mSv 以下の低線量域でのがんまたは遺伝的影響の発生率は、関係する臓器および組織の被曝量に比例して、増加すると仮定するのが、科学的に妥当であるとしているのである。

厚生労働省がこの間、日本被団協との交渉の席上などで「遺伝的影響（非被爆二世との有意差）は認められない」とする根拠にあげているのが、放射線影響研究所の行なってきた「被爆二世健康影響調査」である。

この調査では、両親、またはどちらかの親の被ばく線量が五 mGy（ミリグレイ）以上の人、両親の線量とも五 mGy 未満、または両親とも非被ばくの人を比較するなどして有意差は認められないという見解を示している。そして、この五 mGy を境界にしている根拠は、五 mGy 以上の放射線被ばくは、広島では爆心地から約二五〇〇メートル以内、長崎では約二七〇〇メートル以内に相当するとの考えによるものだという。この距離以遠の被爆者がたくさんいることからも、この調査の方法は実際には科学的妥当性を欠いている。一九四八～一九五四年の出生時の障害に関する調査をはじめとする一連の調査において、約七万七〇〇〇人を被爆二世調査集団としている。しかし、この約七万七〇〇〇人すべてが被爆二世であるかの説明や報告を随所で行なう一方では、「両親とも非被爆の親」から生まれた子どもがそのなかに含まれているかの説明や記述を行なうなど、調査対象や比較対象（群）などの基準や内訳が極めて不明瞭である。必然的に出生時の異常（死産、形態異常）、性比、「多因子疾患の有病率」など諸項目について、「有意差がない」とする具体的な数値による説得力のある根拠も、何ら明らかにされていない。さらには、放影研は、寿命調査などを含めて追跡調査が必要であり、結論を出すには数十年を要するということも述べている。

いみじくも、厚生労働省は、二〇一七年六月八日の日本被団協との交渉の場においても、次のような答弁を行なっている。

放射線影響研究所が、七万七〇〇〇人の被爆二世を対象に、死亡率、がんの発生率増加等に関する疫学調査などを五〇年以上にわたって行なってきたが、増加傾向等、親の被爆によると考えられる…放射線の遺伝的影響は認められていない。

また、同じく放射線影響研究所において、毎年、一万人以上を対象とした「健康影響調査」を行い、高血圧、糖尿病、前立腺がん、子宮がん等の発生率について調査してきたが、これにおいても、同様に(遺伝的影響によると考えられる)有意差は認められていない。

したがって、あえてこのうえ、実態調査を行う必要はないと考える。

ただ、晩発性障害等の発症率増加の可能性も否定はできないため、今後においても放射線被ばくに関連した(遺伝的)影響がないかどうかを継続して見守り、把握していきたい。

ここに表れている本質は、つまるところ国にとって被爆二世は、あくまで核放射線の遺伝的影響を調査するための「研究材料」ということなのである。被爆二世が病気で苦しもうとも、国としては関心はないが、放射線被ばくの遺伝的影響がないかどうかを確かめるために「一生を終えるまで観察し続けて結論を出す」というのは、そうした国家意思の吐露にほかなるまい。

第三章で述べたことと重複するが、私は、一九七八年の厚生省(当時)の「原爆被爆者二世の健康に関する調査・研究」の実施の意向を提示してきたときと、現在の厚労省の答弁の双方を実際の交渉のテープルで生の声として視聴してきた。四十年の時を経ても終始一貫して、国側の論旨は次のとおりである。

「放射線の遺伝的影響は認められていない。しかし、健康に不安をかかえている被爆二世がいるため（遺伝的影響がないことを明らかにし）不安を解消するため健康診断を実施する（している）。これは、仮に個別の受診者が健診の結果、異常が見つかったからといって、将来的な医療費補助などを見据えて（想定して）のものではない。健診結果を分析するようなこともしていない（健康に不安のある人が健診を積極的に受診すると考えられるから、そのなかで有病率等を調べることは、妥当ではない）。いずれにしても、健康に不安をもつ被爆二世がいるため、今後もひき続き健診を行ない、推移を見守り、注視していく」

このような論法で、被爆者・被爆二世からの医療費補助などの要求があろうとも、のらりくらりとかわしながら、ひたすら公表する気のないデータを着々と蓄積しているというのが、この国の実情である（ところで、この論法には、第二章でも述べたとおり、自己矛盾がある。それは、「遺伝的影響がないことを明らかにして、不安を解消していただくために健診を行なう」と言っているのに、被爆二世側からの「結果の分析はしないのか?」という問いかけに対して、次のように答えている。すなわち、「健診を積極的に受診する被爆二世には健康に不安がある人が多いと推測されるため、病弱者が多くて当然」であると）。

いずれにしても、遺伝的影響の具体的な現れ方については、科学的に実証することがむずかしいことは確かである。

また、何をもって遺伝的影響と考えるかについても、運動側の人たちやそれを支援している医師なども含めて、本当に被爆二世の実情や訴えに沿った見方、考え方がきちんと備わっているとはいいがたい。

被爆二世の健康状態は、さまざまである。健康だという人もいる半面で、病気がちだという人の持病や症状も多岐にわたっている。悲しいことであるが、若いころに知り合った被爆二世の活動仲間や友人・知人が亡くなったが、その多くが、がんであった。また、現在がんと闘病中の人たちもいる。部位も、肝臓がん、甲状腺がん、大腸がん、胃がん、喉頭がん、舌がん、肺がん、白血病、多発性骨髄腫など様々である。

ただ、私の知る限り、多くの被爆二世から聞いている症状には、原因不明で、場合によっては検査数値（データ）上には表れないような体の不調や治療を要する諸症状が多かった。

私などは、まさにその典型だろう。

私には、すぐに命を左右するような持病はない。人間ドックを受診しても、今までのところ、大病が発見されるようなこともない。しかし、治療、投薬、注射のほか、いくつかの健康食品の摂取や健康法などにより、検査値を安定させ、健康を維持するための日ごろの自己管理は並大抵なことではなく、毎年、所得税の確定申告においても医療費控除のための申告医療費が数十万円におよんでいる。私の諸症状のなかには、非定型顔面痛のように私独特のものもあるが、被爆二世どうしで情報交換をしていると、複数の人と共通のものもある。その一例は、「わずかな傷でも治りにくく化膿しやすい傾向」、鼻血などである。

今まで放射線の遺伝的影響が論じられてくるなかで、被爆者医療に造詣の深いと思われるような医師であっても、こうしたことに深い理解を示していると思われるような方がたにはめったに会ったことはない。

放射線の遺伝的影響について解明を進めるには、従来の医学的・科学的常識や準拠枠（対象を認識する際に使われる判断の枠組みや基準、英語：frame of reference）を取りはらい、被爆二世の健康状態についての生の声を傾聴したうえでの、パラダイムシフト（ある時代を牽引するような、「規範的なものの見方やとらえ方」を時代や状況の移り変わりなどや実情に対応して革命的・非連続的に変化させること）が不可欠である。そのことを、良心的な医学者や科学者の方がたには強く望みたい。

今までに、何度か運動側からは国に対して、「被爆二世の実態調査」の要求が掲げられてきた。

現に一九八二年、関東二世協としてかかわっていた全国二世協の「統一要求」においても、前述のとおり、この要求を盛り込んでおり、それを根本から否定するつもりはない。だが、少なくとも、要求するからには、その要求する実態調査の中身がどのようなものであるのかについて具体的な案をもったうえで、できればさらにそれを、限られた地域であっても実際に行なってみて検証されたものを要求（案）とするのが、私は望ましいと考えている。なぜなら、歴史的に見ても、「実態調査」というものが「無色透明」に行なわれるなどということは考えにくい。ある程度の（結果の）推定（仮説）のもとに行なわれるものであり、その仮説に沿って調査用紙や質問項目も設けられるものである。そのような具体案を何ら提示せずに、ただ漠然と、いわば丸投げ状態で国に「実態調査を要求する」というのは、いかがなものだろうか。極論すれば、「被爆二世には、特筆すべき問題は何もありませんでした」という結果が導かれてしまう、自分で自分の首を絞めることにつながりかねないと考えられるからである。

現に、最近私が協力（記入）した、ある団体が実施した「被爆二世実態調査」の調査票の、とくに健康状態の記入欄には大いなる疑問を感じた。

この調査票には、健康状況と病名を乳児期～成熟期の六段階の年代に分類して記入するようになっている。しかも、その記入欄は大変せまい。この記入欄に書き込めることは限られてくる。これでは、到底その人のありのままの健康状態などは、なかなか反映されないだろう。いろいろな持病や症状があればあるほどである。

私は、どうやって正確に自分の健康状態や病歴を記入したものかとしばらく思い悩んだ末、何とか思いつくまま記入したが、あとになってあれもこれも書きもれていたと次々に思い出すようなありさまだった。

私自身、これまで職場の健診や人間ドックを含めて数々の健診などを受診してきたが、それらの受診に先立って記入する問診表には、予め、多数の病名が記入してあり、そのなかで自分に該当する既往症などに○印を付記するようになっている。そのうえ、自覚症状の例なども多数連記されていて、それらにどの程度当てはまるかなどを記入するようにできているものがだいたいであった。自分の健康状態や病状については、このようにしてこそ正確な全体像に、より近いものが把握できるのであり、病気がもし潜《ひそ》んでいるとするならば、発見できるように、記入がしやすいものでなければならないと思う。

私は、保険の訪問営業の仕事をしていたが、この仕事において欠かせない大切なプロセスのひとつが、被保険者（保障の対象となる人）となるべき人の健康状態の確認（見極め）だった。とくに、郵便局の国営時代の「簡易保険」は、加入手続が比較的かんたんだった分、健康に関する条件は厳しく、何らかの持病があり、通院していると、実質上その人が被保険者となっての契約は成立しなかった。この点をいかに早くもれなく把握できるかどうかの技量も、そのセールスパーソンの成績を左右するひとつのだいじな分岐点であった。

この確認の詰めの甘いセールスパーソンは、加入できない健康状態の人を被保険者とする契約について長時間かけて商品説明や勧奨をし、時にはそのために複数回訪問したあと、申込書にお客様が記入する時点で既往症が判明するようなことにもなる。そこで、お客様の心を傷つけ、自分自身も多くのエネルギーと時間を使った結果、ご契約いただけないことがわかり、落胆する。訪問して早いうちにわかったならば、同じご家庭でも、別の加入可能な方を被保険者とする契約のお勧めに切り替えられる場合もあるが、このように後手になると、それも取ってつけたようで、なかなかままならないものになってしまう。

たとえば、「ご健康ですか？」とか「とくにご病気はないですか？」というような質問では、お客様の健康状態は、正確に把握できない。高血圧のため、通院し、血圧降下剤を服用していても、多くの人は、

（血圧の薬を飲んでいるので大丈夫だから）「健康です」と答えがちである。一般的に、人は自分を健康だと思いたいものである。少々の不調であっても、治療することで日常生活をなんとか過ごせていれば、「健康」と答えてしまう（被爆二世は、差別の問題がからんでいることもあるから、なおさらその傾向は強いと、多くの被爆二世と出会ってきて感じている）。だから、「定期的な通院」、「常用している薬」の有無、「たとえば血圧の薬など」とさりげなく具体的に聞く必要があった。

これとまったく同じようなことが、「被爆二世実態調査」でもいえるだろうし、被爆二世への放射線の遺伝的影響をみていく場合でも考慮すべきではないだろうか。

福岡被爆二世の会会長の南《みなみ》嘉久《よしひさ》さんは、日本被団協の対厚労省交渉のたびに、次のように訴える。「机上のデータを振りかざし、遺伝的影響は認められないとくり返すのではなく、多くの被爆二世が実際に病気で苦しんでいる現状を直視し、施策を講じるべきだ」と。

私も、まったく同感である。

現在、前述したとおり、被爆者援護法における被爆者（一世）に対する健康管理手当の対象十一疾病についての医療費補助が、東京都、神奈川県（川崎市、横浜市、相模原市も政令指定都市として個別実施）、吹田市、摂津市において実施されている。しかし、これは、本来、国が行なうべきものなのである。

3　差別と偏見

これまで、述べてきたように、世間には被爆二世に対する差別や偏見が存在している。

その解決のためには、原因を明らかにすることが大切である。これは当たり前のことであるが、現実には、そのことがあいまいなままタブー視される傾向に陥り、今日に至っている。
あいまいになってしまったいちばんの原因は、今まで述べてきた遺伝的影響に対する考え方の問題である。

具体例で、たとえば、私が「病気で苦しんでいる被爆二世がいる」という事実を訴えようとするだけで、「あまり、それをいうと差別につながる」と、被爆者の方からも言われることがあった。

確かに、被爆二世の誰もが病気であるかのような訴え方は、被爆二世に対する差別という以前に、被爆二世への誤った認識（偏見）を流布《るふ》することにつながりかねない。だから、私は話をするときには、そのことに常日ごろから充分に配慮するように心がけている。これは前述したことでもあるが、公的な場面で被爆二世問題について発言するときには、必ず「健康で活躍している被爆二世もたくさんいる半面」などと、補足する言葉を選びながらつけ加えるようにしている。今後も、当面はこのスタンスを維持する考えでいる。

ただ、私としては、本来このような言葉もあえて必要なものかどうかという疑問も少しばかりある。なぜなら、被爆者（一世）にしても、皆が病気であるとはいえないはずであるが、被爆者運動のなかで「健康な被爆者もいる半面」などの付加説明が行なわれるのを聞いたことはない。そのことについてとやかく思うような人も、まずそう多くはいないだろう。また、健康な被爆者がいるとしても、被爆者として負った心の傷はもちろん、いつ病魔に襲われるかわからないという不安にさいなまれているはずであり、等しく〝ほしょう〟されて当然なのである。そして、それは、被爆二世にも当てはまることではないだろうか。

被爆二世は、現在の健康状態にかかわらず、〝ほしょう〟を必要としている。被爆二世の平均年齢が六十歳を超えてきた今、なおさらそのことは切実になってきている。

被爆二世に対する「偏見」（事実や正しい根拠に基づかない偏《かたよ》った見識や判断）と「差別」の根本的な原因は、国がこのような被爆二世の現状や問題をうやむやにし続け、被爆二世が健康や生活を維持し、あるいは病気を安心して充分に治療できるような施策の実施を拒み続ける一方で、（核開発のためか）「研究材料（モルモット）」として扱ってきたことにこそある。

差別をなくすためには、問題の所在を明らかにする過程を必ずくぐりぬける必要がある。この時、一時的に差別が顕在化することは避けられないかもしれない。

部落解放運動をはじめ、世の中の差別と闘い、その解消をめざしてきた先達《せんだつ》は、そのことを勇気をもって実行してきた。だが、そのときも必ずといってよいほど、その真っ当な運動に水を差し、「差別の助長につながる」と批判を唱える潮流が出てくるものである。

ここに、その典型的な具体例を示そう。

ジャーナリストとして知られる江川紹子《えがわしょうこ》さんが自身のニュース情報サイト上に次のようなコメントを載せている。ここで、長くはなるが、江川さんの文章を紹介させていただく。

江川紹子の「事件ウオッチ」第67回（『Business Journal（ビジネス・ジャーナル）』二〇一六年十一月二十五日）

【原発避難でいじめ】はなぜ起きたのか…蔓延した福島差別と問われる大人の責任

文＝江川紹子／ジャーナリスト

東京電力福島第一原発の事故で、福島県から横浜市に自主避難した家族の子どもが、小学生時代にいじめを受け、放置されていた。いじめが始まった時期と、それが多額の金銭をせびられる重大事態に至った時期。

この二つの時期に注目しながら、問題を考えてみたい。

メディアで垂れ流された差別発言

まず、いじめが始まった時期。

現在中学一年になるこの男子生徒は、二〇一一年八月に転校したというから、九月の二学期から横浜市の小学校に登校するようになったのだろう。その直後から、名前に「菌」をつけて「○○菌」と呼ばれるなどのいじめが始まったという。

いじめる相手をバイ菌扱いするのは、子どものいじめの古典的手口だ。転校生はしばしばいじめの対象になるとも言われる。

加えて、この頃には大人の世界でも、福島の人たちに対するさまざまな差別的言動があったことを忘れてはならない。原発事故が発生した後、さまざまな地域で福島から避難した人々を受け入れる支援が行われた一方で、放射能への無知や不安から「福島」を忌避する現象も多々見られた。

たとえば、福岡県で福島を支援するために産地直送の販売店が、「福島からのトラックは放射能をばらまく」などと書かれたメールや出店に反対する電話が寄せられて中止になった。愛知県の花火大会では、福島県内の会社がつくった花火を打ち上げる予定だったが、「放射能で汚染された花火を上げるな」との苦情が原因で取りやめとなった。

人々の不安や恐怖をあおり、差別や偏見を助長する発言をした科学者もいた。例えば、中部大教授の武田邦彦氏は、テレビ番組で「東北の野菜や牛肉は健康を害しますから、できるだけ捨ててもらいたい」と発言するなど、放射能の危険性をことさらに強調した。

モノだけではない。福島の人も忌避すべき対象と喧伝する者もいた。群馬大教授の早川由紀夫氏はツイッターで、福島の米農家について「オウム信者と同じ」「貧乏人は福島のコメを食って死ね」などの暴言を連発。さらに、「福島県で育って放射能を浴びた娘は我が家の嫁には迎えないが、これは合理的な理由があるから差別ではない」とも言った。

実際に、結婚の約束が破談になる差別も起きている。かつて、広島・長崎の被爆地の人たちも、結婚差別を受けたり、放射線の影響が遺伝するかのような誤った情報に苦しめられた。現在では、さまざまな研究や調査によって、被ばくの遺伝的影響は出ていないことがわかっているにもかかわらず、同じような差別が起きた。しかも教育者であり科学者でもある大学教授が、このような差別を広げる言説を平然と垂れ流していた。それが、この時期だ。

学者がこうなのだから、一般の人たちはなおさらで、放射能があたかも細菌のように人から人へうつるように誤解している人は少なくなかった。こうした大人たちにとって、「福島」は放射能という〝穢れ〟を運ぶものに感じられたのだろう。無自覚な〝福島いじめ〟がじわじわ広がる社会の空気が、子どもに影響しないわけがない。本件以外にも、避難した先で子どもが「放射能がうつる」などといじめられた例が報告されている。

不可解な学校現場の対応

事故後に広がった反原発の動きの中にも、差別を生む過激な言動が少なくなかった。その最たるものが、この年の九月と十月に大阪で行われた、葬式デモである。反原発の市民と宗教者が主催し、福島の子どもの葬式を模して、小さな棺桶を掲げ、僧侶が経を読みながら練り歩くというパフォーマンスを繰り広げた。

主催者のブログには、「見たくない現実を『葬列予報』という形で表すことによりこの厳しい現実と向き合い 子ども達が被曝の危険性にさらされていることにみなさんの関心が集まり 一人でも多くの子どもの命を守れたらと願います」とある。（以下、略）

ここで、私が江川さんの文章で、疑問に思ったことについて述べよう。

江川さんは、福島の子どもへのいじめの原因を、ひとえに偏見、風評被害に求めている。

そして、被爆二世に対する差別と偏見、あるいはその原因について、事実に反する認識や主張をしている。「結婚差別を受けたり、放射線の影響が遺伝するかのような誤った情報に苦しめられた。現在では、さまざまな研究や調査によって、被ばくの遺伝的影響は出ていないことがわかっているにもかかわらず、同じような差別が起きた」としている。

江川さんは、放射線の遺伝的影響を否定している。ここで、被爆二世の現状や偏見と差別の原因を誤認しているのである。また、ご本人は類似例のつもりかもしれないが、福島のこどもの事例を論じているなかで、極めて紛らわしいかたちで原爆の被爆二世の事例に話を転換するのも、妥当とはいえない。（福島第一原発事故当時に被曝した）福島の子どもの場合は、放射線の影響を受けているとすれば、被ばくそのものであり、遺伝的影響の問題ではない。それでも、どうしても被爆二世の問題を事例として出すのならば、その点のわかりやすいフォローの説明が必要だろう。

確かに、放射線被ばくの影響と遺伝的影響には共通した偏見とそれに伴う風評被害もある。

前述したとおり、福島の子どもへのいじめについての手記を読んだ時に、私が自分の小学校時代の被差別体験を思い出したのもそのためだった。

放射線をめぐる偏見は、いろいろある。

「放射線がうつる」

放射線は、伝染病にように人から人に移るようなことはないし、放射線そのものが遺伝してさらにそれが他の人に伝染するなどというようなことも、絶対にあり得ない非科学的誤謬《ごびゅう》にほかならない。

「放射線が光る」

これもまったくあり得ない。

関西学院大学で教える男性の外国人講師が授業中、福島県出身の女子学生に出身地を訪ねて、「福島県です」と答えると、この講師は教室の電気を消し、「放射能を浴びているから電気を消すと光ると思った」と発言した。

一九七〇年代だったと思うが、倉本聰《くらもとそう》さんオリジナル脚本、岡本喜八《おかもときはち》さんが監督、勝野洋《かつのひろし》さんや竹下景子《たけしたけいこ》さん主演で『ブルークリスマス』という映画があった。

【あらすじ】

国営放送の報道部員・南は、京都で開催された国際科学者会議でＵＦＯの実在を訴えた直後に失踪した兵藤博士の行方を追ううちに、世界各地にＵＦＯが頻繁に現われ、それと遭遇した人間の血が青く変質する事実を知る。南はその事実を報道しようとするが、放送局に政府の圧力がかかって頓挫せざるを得なくなった上に左遷させられる。青い血の人間が世界中で急激に増加する事実を各国の政府が隠蔽する裏には、異星人への猜疑《さいぎ》に不安を膨れ上がらせた主要国指導部による陰惨極まりない謀略が隠されていた。世界規模で人権の一切を否定された青い血の人々に降りかかる惨劇の数々…。そしてそれは悲劇への道でもあった。

この映画は、公開に際し、テレビでもCMが頻繁に流れたが、当初、この人間の「血が青くなる」原因がUFOから発せられる「ある種の放射線」という設定になっていた。つまり「放射線を浴びて青い血になった人間が迫害され、銃殺もされていく」描写は、まさしく被爆者・被爆二世に対する偏見と差別を煽るものであると西河内さんと私は考え、私たち関東被爆二世連絡協議会で、制作会社に申し入れをして、「ある種の放射線」という部分を「(ある種の)謎の光線」といったような別の文言に変更してもらった。もちろん、いわゆる「言葉狩り」的な苦情ではなく、今後のために、被爆者・被爆二世問題についての理解を深めてもらったうえでのことであった。

このようにさまざまなかたちで放射線の影響に関する非科学的偏見は枚挙にいとまがない。これは、ひとえに、国が放射線被害についての正しい知識の提供・普及とそれをふまえた〝ほしょう〟を怠ってきたからにほかならない。

したがって、江川さんのように放射線の影響や遺伝的影響、健康上の被害などをないものと取り繕《つくろ》って否定することは、問題をますますこじらせ、さらに偏見と差別を深めることにつながっていく。

福島の子どもたちが避難しなければならないのも、福島が放射能で汚染されており、(成長期であることにより細胞分裂が盛んで放射線に対する感受性が高く)放射線に対する影響や被害を受けやすい体である子どもたちは、放射線を浴びないように避難していることが必要だからである(0歳児の放射線に対する感受性の高さは、三十歳の人の約四倍、五十五歳の人の約三〇〇倍と考えられている)。

また、多少とも放射線の影響下にあると考えられる子どもたちには(福島に限らず)「保養」が必要である(「保養」:放射能の不安を抱えることになった人びとが、休日などを活用して居住地から一時的に距離をとり、放射能に関する不安から解放される時間を確保して心身の疲れを癒《いや》すための一連の行事。これにより、ある程度健康が守られることは広く認知されており、医学的にも、放射能の影響が少ない地域での一定期間の滞在が、免疫力を大きく高めることが知られている。チェルノブイリ原発事故が起きたベラルーシでは、国の制度として保養が実施されている)。

まわりの子どもたちの放射線の影響に関する偏見を解き、彼らに人体に重大な影響や被害をもたらす放射線から身を守ることの大切さを理解させ、寄り添う心を養うことこそが解決への道のはずである。

もちろん、被爆二世の遺伝的影響についてもである。「被ばくの遺伝的影響は出ていないことがわかっているにもかかわらず」などと、当事者の現状から明らかに目をそらすような主張をするのではなく、病気に苦しむ被爆二世に寄り添った言動や発信を心がけることこそが、真実を伝えることが使命であるジャーナリストとしてのあり方ではないだろうか。

私がこのことを指摘しようとしたちょうどそのとき、現役の学校の教師の方が、フェイスブック上で私とほぼ同意見とみられる投稿をしていた。

以下は、それを受けて私が発信した投稿である。


実は、私、江川さんのこのコメントを最近読んで、近日中に投稿しようと思っておりました。まさに、この教員の方が私の思っていることを言ってくださっています。

江川さんは、「実際に、結婚の約束が破談になるケースも起きている。かつて、広島・長崎の被爆地の人たちも、結婚差別を受けたり、放射線の影響が遺伝するかのような誤った情報に苦しめられた。現在では、さまざまな研究や調査によって、被爆の遺伝的影響は出ていないことがわかっているにもかかわらず、同じような差別が起きた」…とコメントされていますが、問題の本質を完全に見誤っていらっしゃいます。

原爆被爆二世に対する差別は、実際に、私を含めた被爆二世が、健康上の問題について訴え、医療等の保障を求めてきたにもかかわらず、国が、「遺伝的影響は認められていない」との答弁をくり返してきたことにこそ、根本的な原因があります。結婚や就職における差別というものは、結婚や、企業の従業員採用に伴い、ご本人の配偶者や雇用する企業側に、具体的な負荷と考えられることが、個人や一企業のみが背負うものとして降りかかってくると想定されることに、少なからず要因があると考えられます。

また、国は、被爆二世に対する医療保障等の施策をなんとしても実施したくないばかりに放射線の遺伝的影響に関する諸々のデータにふたをしたり、「遺伝的影響がない」と結論づけるための恣意的な「データ」を流布してきました。国が放射線の遺伝的影響に関する正しい情報を明らかにしないために、放射能がうつったり、あたかも放射能そのものが遺伝して伝染するかのような、まったく非科学的な認識、つまり偏見が未だに国民の間の一部に根強く存在している、それがいじめ等も含めた問題の本質の一つと考えます。

また、そもそも、福島の子どもたちの被ばくの問題を遺伝的影響…の問題と限定（混同）してしまっているところも、極めてお粗末と申し上げるしかありません。福島第一原発事故に伴う放射能は、高いレベルでそれ以降も残留しており、３・11以前に生まれていた子どもたちはもちろん、３・11以降に生まれた子どもたちも、胎内でも、生まれて以降も放射線の影響を受けているのが現実であると考えられるからです。そのことをふまえたうえで、保養や治療、生活…諸々の保障等を含めて子どもたちの健康や未来が守られるような対策、施策を考えていく必要があるのだと思います。そのような理由で、私も、江川紹子さんのコメントについては、大変残念に思っております。

私は自分の健康状態などについて話すときにも、いつもそのことに配慮して、言葉を選んできました。いずれにしても、甲状腺ガンをはじめ、放射線によると考えられる病気で苦しんでいる方がた（子どもたちの比率が高い）がいる以上、医療費等保障されるべきであると私は考えております。それを、「影響ないから差別されるのはおかしい」という論法は、保障の必要性を否定したり、「安全だから福島へ戻ってしかるべき…」という考え方にもつながると思います。

また、申し上げたように、福島の子どもたちの問題は必ずしも遺伝的影響でなく、むしろ被ばくの問題が中心と考えるべきだと思います。原爆の場合と違って、原発事故による放射能はいまだに残留している訳ですから…。だからこそ、避難や保養が大切であり、現に子どもたちが保養によって症状が軽減される事例がかなり認められていますね。

なお、今、活動をしている被爆二世にはさまざまな団体がありますが、少なくとも一致していることは、現にいろいろな病気で苦しんでいる被爆二世がいるのだから…と長年、保障を求めてきたことです。そのとき、必ず、私たちは、健康な方がたもいる半面…と言葉を選びながらです。当事者が慎重に言葉を選びつつ長年訴えてきたことを江川さんのように、あのようなブログで、それこそ事実に反することを言われては困るので、ひとまず削除していただけないものかと思っていたところでございます。

ちなみに、江川さんのこの文章は、いまだにニュースサイトから削除されていない（二〇一八年九月三十日現在）。江川さんのこれまでのジャーナリストとしての仕事は、評価できることが多いと思う。しかし、この文章については、ジャーナリストたり得ない残念なものであるとしかいえないのである。

4　被爆者の子ども、被爆二世（本人）、被爆三世の親としての被爆二世

被爆者の子ども（家族）として

被爆二世問題は、「被爆二世」という以前に被爆者の子ども（家族）であることから始まる。

私には兄弟姉妹はいない。一人っ子である。その主な理由は、被爆者である父が長くは生きられないかもしれないという不安が両親にあり、いわゆる母子家庭になる可能性も高いと覚悟してのことだった。また、兄弟姉妹が死産であったり、幼少期に亡くなっているケースもよく聞かれる。

そして進学に伴う経済的不安などもつきまとう。私自身も、父がいつ亡くなり、あるいは働けなくなるかわからないということで、大学に行くにしても、浪人は不可、現役合格し、学費もアルバイトによる自前が予め前提だった（伯父の厚意で、一年休学までして留学させてもらえたのは、あくまで偶然幸運に恵まれてのことである）。

そして親である被爆者の介護の問題である。

高齢化社会になった今、親に対する介護の問題は、もちろん被爆二世に限られた問題ではない。でも、被爆者はほかの人々と比べて、病気になったり、体が不自由になる可能性が高いため、それだけ手厚い介護を必要とするようになる確率は高い。実際、今神奈川県原爆被災者の会二世支部で活動をしていても、会員間でその具体的事例についての相談などの話になることが多い。

被爆二世（本人）として

これまで述べてきたとおり、被爆二世は、自分自身の体調不良や闘病と、これに伴う経済的出費など生活全般に影響する問題や負荷を背負っている。比較的健康な人も多いが、それでもいつ病気になるかわからないという不安は、ほかの方がたよりも強くもっている。前述したとおり、私が一緒に仕事をしていてたまたま被爆二世であるとわかった蓑田さんのように、現在とくに病気もなく健康に過ごせているが、将来どうなるかわからないから、（神奈川県では、医療費補助があるという理由で、その権利獲得が主な理由で）「被爆者のこども健康診断受診証」を取得したというような人も少なくない。

そして、偏見と差別の問題である。一般的に「差別」が象徴的に現れるのは結婚と就職といわれるが、被爆二世の平均年齢は、すでに六十歳を超えていると考えられ、ほぼ、この二つに直面するケースは少ないと考えられる。

それでも、なお、これは重い問題のようである。その証拠に、被爆二世としての生い立ちやいろいろな体験が動機で被爆二世の会をはじめ、何かしらの活動に参加しているような人でさえも、ほかの場ではそのことを開示していないような例も少なからず見受けられるのだから、それ以外の方がたはなおさらであろう。

先日も、被爆体験伝承者養成研修受講のため広島に行き、乗ったタクシーの運転手さんが被爆二世だった。雑談のなかで私が被爆二世だとわかると、彼も、自分も被爆二世だと言っていろいろな話をしてくれていたが、「ふだんは決して人にこういう（自分が被爆二世であることに関係した）話はしません。しても気が重くなったり、思い出したくないことも多いし、何より差別されるのがいやですからね」と言われて、少し驚いた。被爆二世がまわりにたくさんいるはずの広島であっても、そのような思いをしているものなのかと改めて感じさせられた。

被爆三世の親として

被爆者（一世）がそうであったように、（子どもをもつ）被爆二世は、自分のこと以上に子ども（被爆三世）の健康と差別（とくに結婚）について日々心配し、また不安や恐れを感じている。

前項（被爆二世本人の項）で述べた差別に対する恐れというのも、とくに結婚前の子どもがいる被爆二世の場合には、このことを深く意識せざるを得ない。しかし、私自身は、正直なところ、（生存している）子どものいないこともあって、そのあたりのことはどうしても実感できないところである。でも、子どものいる被爆二世にとって、深刻な悩みであることは、多くの被爆二世たちの話を聞くなかで、ひしひしと伝わってくる。

現に、この問題については、神奈川県原爆被災者の会二世支部の会合などでも、折に触れ、話し合われることがある（ことさらに構えた議題などとしてではなく余談、雑談中に相談、意見交換がてらである）。たとえば、「子どもがまもなく結婚しそうな気配であるが、親が被爆二世であることを、相手に説明しておくように促《うなが》すべきだろうか？」というような悩みである。

一方で、結婚している何人かの被爆二世から、実際に子どもに持病があったり、病気がちであり、そのケアや健康管理で苦労している話や、子どもが結婚し、子ども（孫）ができたが（あるいはできた場合）、「無事に健康な子ども（被爆四世）が生まれるかどうか心配だ」となどと話しているのも、よく耳にしてきた。また、お子さんが成人になったころ、急性骨髄性白血病で亡くなったというケースも、奇しくも私が直接知る二人の被爆二世の方から聞いて、衝撃を受けている。

このように被爆二世問題というものは、本人はもとより、その親（被爆者）と子ども、孫（被爆三世・四世）の問題も密接かつ複合的にからまっている問題であることを、少なくともこの本を読んでいただいた方にはぜひとも認識してほしい。

被爆二世といっても、世間一般では、漠然と「被爆者の子ども」という程度の認識ぐらいが、まだ支配的なのではないだろうか。被爆二世は、確かに被爆者のように直接原爆の被爆体験はなく、その壮絶さ、悲惨さなどを肌で知っているわけではない。でも、別の意味で、被爆者とは、また違った二重三重にわたる苦悩がある。

私は、そのことをもっと多くの人たちと共有して社会的に明らかにしていくことが、核廃絶への一石を投じることになると確信している。

なぜなら、この被爆二世の多重の苦悩を知ることで、核というものが、兵器であれ、原発であれ、何世代にもわたって人間の幸せをこわし、恐怖に陥れ、破滅へと導くものであるのを、明確に示していることが、重みをもって理解できるものと思うからである。

今、私たち被爆二世のこのような長年の苦悩が、福島の人たち、とくに子どもたちにも襲いかかろうとしている。このようなことは、絶対に許すわけにはいかない。被爆二世が沈黙し、国の被爆二世抹殺（棄民）政策に屈することは、そのまま同じく、国の福島の被害への〝ほしょう〟の切り捨て政策に、自ら同調することにほかならないと思っている。

いつも、フクシマに寄り添う気持ちをもって歩みたい。そのような気持ちを込めて、「原発事故避難者の生活と権利を守る」ことを目的として活動している「原発避難者と歩む＠川越」の会員となった（詳細は第八章で後述する）。

被爆三世について

今では、被爆三世の多くが親になり、被爆四世も育ってきている。やがて近い将来、被爆五世も誕生することになるだろう。

最近では、被爆三世が平和運動や反核、核廃絶、被爆体験の伝承などの分野で活躍している様子がメディアでも頻繁に報じられるようになってきている。序章でも記したようにそれは素晴らしいことであり、うれしく思っている。ただ、一方で気になっていることもある。

これも序章で記したことであるが、今のところメディアを通じてだけでなく、実際に知っている被爆三世を見ていても、少なくとも原爆の問題との関連では、自分をもっぱら「被爆者の孫」という視点からとらえていても、「被爆二世の子ども」という視点でとらえていることがうかがい知れるような話を聞いたことはほとんどない（ただ、先日初めて、それを強く感じさせる話を聞くことができた。その被爆三世の母親（被爆二世）は、四十歳代で多発性骨髄腫を発症し、数年間闘病の後、亡くなられている）。

被爆三世が、自分のルーツに深い関心をもち、祖父母の被爆体験などに耳を傾け、それを伝承したり、核廃絶のために貢献しようとすることはとても意義深く、貴重なことだと思う。と同時に、親である被爆二世の問題にも目をそらさず、関心をもち、そこから自分につながる何かをしっかり受けとめることも大切であるように感じる。

私の場合は、述べてきたような事情から、問題意識がもっぱら被爆二世自身の問題に集中することにより、親である被爆者の問題に対してしっかり受けとめる姿勢を欠いていた。

でも、親があって自分が存在していることからも、親の問題への深い理解や認識なくしては、自分の問題についての正しい認識も成り立たないことがわかって今日に至っているので、あえてこのことを力説するものである。親である被爆二世の問題を理解し、被爆三世自身の問題の独自性を明確にするなかで、自分たちは何をなすべきかがはっきりしてくるのではないかと思う。

不用意な断言は差し控えたいが、被爆三世の健康上の問題や不安についての話は、述べてきたように、あちこちからかなり聞いている。また、差別の問題についても、被爆二世に対するものより必ずしも軽減されているともいえないように思う。

あるとき、私は、インターネット上で、被爆三世に対するかなり悪質な差別書き込みをたまたま発見した。それは、被爆三世であることをカミングアウトしている女優さんについてのものだった。「〇〇は、被爆三世だから、結婚も出産もしない方がいい」。

被爆三世の皆さんには、健康や差別の問題が降りかかってきている現実を直視したうえで、ぜひ、この問題に正面から取り組んでいくことを期待している。また、被爆三世にこのような負荷、宿題を残してしまった被爆二世としての至らなさを真摯《しんし》に反省しつつ、残る人生、背中を見せられる生きざまをしていきたいと思っている。

第七章　改めて被爆二世問題とは
――核問題とのかかわりから考える

1　核を抱きしめた国・日本～核廃絶への道

二〇一七年七月七日、「核兵器禁止条約」（「核兵器の使用や保有を法的に禁止する国際条約」）が採択された。二〇一七年三月からアメリカ・ニューヨークの国連本部で制定に向けた交渉が行われ、七月、交渉会議に出席した百二十四か国中百二十二か国という圧倒的多数の賛成により採択されたものである。

この条約は、前文で、「核兵器の使用による犠牲者（ヒバクシャ）や核実験による被害者にもたらされた受け入れがたい苦痛と被害」に言及した上で、核兵器の使用や開発、実験、製造、生産、保有などのほか、核兵器使用の威嚇《いかく》も禁止しているとともに、核被害者に対する援助や環境の回復なども促《うなが》している。被爆者と連携し、核兵器禁止条約の実現に貢献した「核兵器廃絶国際キャンペーン」（ＩＣＡＮ）は、二〇一七年のノーベル平和賞を受賞した。

条約は、同年九月から署名手続きが開始されているが、批准《ひじゅん》国数が五十か国に達してから九十日後に発効する。

百か国以上が加盟する見通しだが、条約交渉に参加しなかったアメリカ、イギリス、フランスは、署名の意思のないことを表明した。日本もこれに同調する姿勢を示し、署名、批准の意思のないことを表明している。

アメリカのトランプ政権は、二〇一八年二月、新たな核戦略「核態勢の見直し」（NPR）を公表し、核兵器の近代化とともに、「使いやすい新型の小型核兵器」や核巡航ミサイルの開発を打ち出した。「核なき世界」を掲げたオバマ前政権の方針を転換して、アメリカや「同盟国」が通常兵器など核兵器以外の手段による攻撃を受けた場合の報復にも核兵器使用を辞さない方針を表明し、核兵器の先制不使用も否定。低爆発力の小型の開発を盛り込み、「同盟国」に対する「核の傘」を強化する考えを示した。

これに対して、河野太郎《こうのたろう》外務大臣は、「我が国を含む同盟国に対する拡大抑止へのコミットメント（責務）を明確にした。このような方針を示した今回のNPRを高く評価する」と表明している。

日本では、一九四五年八月、広島・長崎に原爆が投下され、それから七十年以上にわたって被爆者は、至るところで核兵器の廃絶を訴えてきた（日本原水爆被害者団体協議会が結成されたのは一九五六年であるが、それまでの間も、被爆者は、詩や絵、文学や芸術など諸々のかたちや手段で反核を訴えてきた）。また一九五四年のアメリカによるビキニ環礁での水爆実験においても、同年末までに一〇〇〇隻を超えるともいわれる漁船が被災している。

そして二〇一一年三月十一日には、東北地方太平洋沖地震発生による地震動と津波の影響により、東京電力福島第一原子力発電所で、炉心溶融（メルトダウン）など一連の放射性物質の放出を伴う事故が発生した。国際原子力事象評価尺度（INES）において最悪のレベル七（深刻な事故）に分類される。三月十一日十九時三分、内閣総理大臣（当時・菅直人《かんなおと》首相）が、「原子力緊急事態宣言」を発令した（「原子力緊急事態宣言」は、原子力施設で重大事故が発生した際に、原子力特別措置法に基づいて内閣総理大臣が発出する緊急事態宣言のことである）。原子力緊急事態宣言は、実は今も解除されておらず、日本は、「原子力緊急事態宣言」発令中にある。

それぞれ、直接の原因が違うにしても、日本ではこれだけの核による被害を多くの人びとが経験している。それにもかかわらず、この期《ご》におよんで核廃絶に後ろ向きな日本政府に対して日本国民が、少なくとも、核兵器の廃絶という一点だけでも心をひとつにして国を動かすほどの民意をつきつけられないのはなぜか？

そこにはいくつもの根の深い歴史的な原因があるのではないだろうか？　そしてそのことに、大半の国民は気づいていないように思える。核兵器の廃絶や原発の廃炉を願う人びとの間でさえもである。そうした一つひとつの原因について、ここでは具体的に解明し、解決への道を考えてみたい。

2　「核抑止論」と「核の傘」

大半の人が、核兵器が使用されるようなことがあってはいけないと言いながら、いざ「核兵器の廃絶」ということになると、意見や考え方が分かれてしまう原因のひとつは、明らかに「核抑止論」という概念によるものと考えられる。一九六三年の原水禁運動の分裂の根本的な原因も、ここにあった。分裂は、「いかなる国の核実験にも反対」する考え方と、「社会主義国の核兵器は、侵略防止のためのものだから（核実験なども含めて）容認すべき」という考え方に二分されたためだった。後者の考え方は、紛《まぎ》れもなく、核抑止論の考え方に依っている。

核抑止論の考え方は、次のようなものである。

「相手の国が先に核ミサイルで攻撃してきたら、直ちに報復して大量の核ミサイルを打ち返せば、どちらの国も大打撃を受けることになり、破滅的な被害を覚悟しなければならないことになる。そのため、最終的には核兵器の使用を思いとどまることになる」。

この論理を突きつめると、「核兵器を持つ国が世界を思い通りにできる。〈その範囲で〉核保有国が核を持っているおかげで〈全世界的レベルの〉戦争も抑止できている。あるいは、すべての国が核兵器を持つことで、より平和が保たれる」というような考えも成り立つことになる。

しかし、このような理論がすでに破たんしていることは、世界の現状が示している。核兵器保有の均衡を何とか崩そうと核軍拡競争がくり広げられ、その後一定の軍縮が行われた今でも約一万五〇〇〇発もの核兵器が地球上に存在している。そして、何よりも現在、アメリカのトランプ政権は、核兵器を「より使いやすくしよう」と画策している。

核抑止論は、実際には抽象的で非現実的な机上論の側面が強い。核抑止という論理は、「報復も辞さない」という考えも含めたものであるが、そもそも相手国に核兵器を使用された時点で、すでに攻撃された国では甚大《じんだい》な被害が発生して混乱状態に陥っている。とくに、首都機能を破壊された場合など、現実には「報復」自体がむずかしくなっているだろう。また「報復」といったところで、その相手国の近隣諸国にも核被害をおよぼしたり、巻き込む可能性もあるため、かなり複雑で不安定な要素が出てきて実際に報復できるかどうかはわからない。

また、核戦争という形で核兵器が使用されなくても、核保有国は核実験を行う。核兵器というものは、保有した以上は、いつでも実際に使えるものであるかどうかや、その威力などを実験で確認したり、実験によって核戦力を他国に対して示しておく「必要」も出てくる。これまでで、世界中で二〇〇〇回以上もの核実験が行われている。

それだけでも、地球上は放射能で汚染され、多くの核被害がもたらされ、被ばく者も増えている。核兵器は、何もせずに静止しているわけではない。核兵器が使用されかねない危機があった。過去の歴史をたどるならば、実際には、朝鮮戦争、キューバ危機などをはじめ、あわや核戦争という事態が何度か発生している。まさに、核兵器は、日々、刻々人類を破滅へといざなう兵器であり、一日も早く廃絶しなければならないものなのである。

「日本はアメリカの『核の傘』に守られている」などの報道番組などでもよく使われる「核の傘」という言葉・概念も、核抑止論の考え方を前提にしている。核保有国が同盟国である非核保有国に対して核抑止力を与え、仮にその同盟国が「核攻撃にさらされた場合には、自国への核攻撃と同様にみなして核兵器で報復することを約束している（保証をしている）」という状態のことを指している（本質的な問題からは少しそれる二義的な問題ではあるが、そのときになったら、はたして核保有国が、自国の死活的利益に直接つながらない場合でも、あえて同盟国のために交戦に加わるかどうかと疑問視する声もある）。

つまるところ、日本政府が核兵器禁止条約に反対しているのも、この核抑止論と、それに基づくアメリカの「核の傘」の庇護《ひご》のもとにあるという、国の「安全保障」上、必要であるという考え方によるものである。また、この政府の見解に賛成する人や、必ずしも賛成ではないが、そうかといって一概に反対ともいえないとする人びとは、ほぼこの核抑止論と「日本＝アメリカの『核の傘』に守られている」理論に、幻惑されているのである。まず、ここが重要なポイントである。

3　日本における原子力発電所（原発）の歴史と日本の核武装

一九五三年十二月八日、アメリカのアイゼンハワー大統領は、国連本部で、「Atoms for peace（アトムズ・フォー・ピース：平和のための原子力）」と題された演説を行なった。

この演説の要点は、次のようなものである。

「アメリカは、世界各国に原子力の平和利用を呼びかける。アメリカは、原子力の平和利用に関する共同研究と開発を各国とともに進めるため、必要な援助を提供する用意がある。

おもな提供内容

(一)　国際原子力機関（現在のＩＡＥＡ）を設立する。

(二)　ＩＡＥＡは、各国から供出された核物質を平和利用するために保管、貯蔵及び防護を行なう。

(三)　ＩＡＥＡは、原子力の平和利用を推進する」。

つまるところ、アメリカがすべての原子力技術を一括して管理する世界体制をつくろうということだった。

アメリカは、核兵器開発においてソ連（当時）に対する確かな優位性を維持することがむずかしくなっていた。またアメリカが、それ以上、核兵器そのものの開発に邁進《まいしん》しているのがあからさまになると、広島・長崎での原爆投下のうえ、さらなる「世界平和の破壊者」としてのイメージダウンにつながりかねない。

それよりも、アメリカが原爆開発で得た原子力関連技術を積極的に同盟国や第三世界諸国に供与し、共同研究・開発を行ない、取り込むことで、いわゆる当時の東側諸国に対する優位性を確立するのがねらいだったとみられる。

もちろん、アメリカは原子力の軍事利用そのものの手を緩《ゆる》めるつもりなどは毛頭なかった。その証拠に、この演説のわずか三か月後の一九五四年三月一日明け方、南太平洋のビキニ環礁《かんしょう》での水爆実験を行なっている。ビキニ環礁から一六〇キロも離れた場所でマグロ漁《りょう》をしていた日本の遠洋マグロ漁船「第五福竜丸」(静岡県焼津港所属)の乗組員たちが、この実験で被曝した。

西の海上に「太陽」が上がるのを見る。やがて空から白いものが降ってきた。「雪が降ってきた」と声を出す人もいた。「太陽」は、水爆実験の閃光《せんこう》であり、白い粉は、サンゴ礁が水爆で吹き飛ばされた破片であり、まさに「死の灰」(放射性降下物)であった。乗組員二十三人には、夕方には、頭痛、嘔吐《おうと》、下痢などの症状が現れた。また、灰をかぶった皮膚にも、やけどのときのような水泡《すいほう》が出始めた。そして一週間ほど経つと髪の毛が抜け始めた。核実験に先立ってアメリカは、「立ち入り禁止区域」を設定していたが、「第五福竜丸」は、それよりはるか外側で漁をしていた。ビキニ環礁から同じく東方に一九〇キロのところにあり、やはり禁止区域外とされていたロンゲラップ島の少し北方にいた。ロンゲラップ島の住民も被ばくし、三月五日までに二三九人が、財産を残したままクェゼリン環礁に強制的に移住させられ、クェゼリンのアメリカ海軍基地に収容されている。そして、三月八日、アメリカ本土で編成された特殊兵器計画部、原子力委員会生物医学部などから選抜された医師、科学者たちで編成された、いわば「医学班」が到着した。

この「医学班」の目的は、次の三項目と考えられる。

① 被ばく者の看護と調査

② 放射線の晩発効果の観察

③ 遺伝的影響の研究

である。

日本では、同年(一九五四年末)までに全国からの(少なくとも)千隻前後の漁船(被ばく魚を廃棄した船だけで九九二隻)、貨物船などが被災したといわれている。

このビキニ事件をきっかけに東京都杉並区の婦人の読書サークル「杉の子会」の人びとの呼びかけで水爆禁止署名活動(五月に水爆禁止署名運動杉並協議会結成。その後、八月に原水爆禁止署名運動全国協議会が結成され、原水爆禁止署名運動に発展)が始まり、その輪は広がり、翌一九五五年に広島市で第一回原水爆禁止世界大会が開催されるに至る(大会までに三〇〇〇万筆を超える署名が集まった)。

アメリカ・アイゼンハワー政権にとって、これは日米関係を激しく動揺しかねないと考えられる大変な脅威《きょうい》であった。アメリカは、アジアにおける戦略上、日本に核兵器を持ち込み、貯蔵したい。在日米軍基地から核攻撃ができるようにしておきたかった。そうした意味からも、アメリカにとっては、ビキニ事件のことが広く伝えられることを妨害し、事件の「矮小化《わいしょうか》」、「事実隠し」、「鎮静化」が急務だった。

一九五四年三月三十一日、アイゼンハワー大統領の記者会見に同席したアメリカ核政策の責任者、原子力委員会(AEC)委員長・ルイス・ストローズは、「日本の漁船は明らかに(アメリカ軍が事前に通告した)危険区域内にいた」と述べ、むしろ第五福竜丸のせいと決めつけた。

また、四月二十二日、アメリカ国家安全保障会議作戦調査委員会(OCB)は、「水爆や関連する開発への日本人の好ましくない態度を正すためのアメリカ合衆国連邦政府の行動リスト」を起草し、科学的対策として、「日本人患者の発病の原因は、放射能よりもむしろサンゴの塵《ちり》の化学的影響とする」「核兵器への誤った考えを根絶するため、冊子や映画で宣伝する」など、ビキニ事件鎮静化に向けた二〇項目に及ぶ対日工作を列挙した。

一九五四年九月、第五福竜丸無線長の久保山愛吉《くぼやまあいきち》さん（当時四十歳）が入院六か月で亡くなった。彼のもとには、容態を案じた激励の手紙が日本全国から寄せられていた。ところが、アメリカは、その死因について、急性放射線障害ではなく、治療の時の輸血によって亡くなったという公式見解をとる（確かに、久保山さんの直接の死因は、輸血の肝炎ウイルスによる劇症肝炎であったが、それは当時、放射線による急性の造血機能障害に対応するには、体内の血液を入れ替える処置しかなかったからである。そもそも「死の灰」を浴びていなければ、造血機能障害もなく、輸血をする必要もない。アメリカの姿勢は、もともとの原因を隠蔽《いんぺい》する卑劣な行為といわざるを得ない。また、日本の輸血用血液の肝炎ウイルスによる汚染は、連合国軍最高司令官総司令部（ＧＨＱ）がとった強制予防接種という、戦後公衆衛生行政の結果であるというから、何をか言わんやであろう）。

そして、一九五四年十月十九日付の国務省秘密メモ「ビキニ事件と核問題」（草案）では、第五福竜丸事件を「戦後最大の日米間の緊張要因」と表現し、「アメリカへの憤りと核兵器への恐怖心が高まった」と解説されている。そして、「原子力・核エネルギーが根本から破壊的だとする日本人の根強い観念」を取り除くために、「原子力の平和利用」を進展させる二国間、多国間の取り組みに日本を早期に参画させるよう努めるべきだ」と主張し、将来日本に原子炉を提供する可能性を論じた。

反核運動が激しさを増した十月、アメリカは、ようやく日本政府に最大二百万ドル（七億二千万円）を見舞金として支払うことを申し出て、一九五五年一月に、日本政府がアメリカの法的責任を問わないまま損害賠償権を放棄し、最終解決（「完全決着」）とすることで合意した。漁船等の帰港時に厚生省が実施していた放射線検査も一九五四年末で打ち切られた。反米感情を抑え、事件隠しをし、幕引きするための政治決着だった。

アメリカが打ち出した「Atoms for Pease（平和のための原子力）」と、日本への核持ち込み等のための日本人の反核意識・反核感情を解消させる「核ならし」戦略に、いち早く呼応して動き出した政治家は、後に内閣総理大臣（第七一〜七三代）になった中曽根康弘《なかそねやすひろ》だった。

一九五四年度予算で、莫大《ばくだい》な原子力研究予算が認められたのは、中曽根のしかけによるものである。当時の保守勢力はいくつにも分かれ、最大勢力の自由党だけでは衆議院で過半数を制することができず、改進党の協力が必要だった。改進党所属であった中曽根は、ここに着目し、原子力予算を認めるよう自由党に迫った。予算委員会の筆頭理事だった立場を利用した。原子力予算を組み込んだ予算の修正案が、あっという間に衆議院を通過した。

日本国民の「原子力の平和利用」への理解を促すアメリカの「原子力戦略」に積極的に呼応して動いたもう一人の人物が、当時読売新聞社主で日本テレビ社長だった正力松太郎《しょうりきまつたろう》だった。ビキニ（第五福竜丸）事件を契機に原水爆禁止の世論と運動が全国に燃え広がるなか、「内閣総理大臣」の座への野望を抱いていた正力は、政治的求心力を得るために、原子力に着目した。正力は、一九五四年五月、アメリカから、世界初の原子力潜水艦ノーチラス号を製造したジェネラル・ダイナミックス社のホプキンス会長らを「原子力平和利用使節団」として招聘《しょうへい》する。同年十一月から巨費を投じてアメリカ国務省と協同で原子力平和利用大博覧会を全国で開催し、それを読売新聞と日本テレビの全機能をあげて報道し、世論の一変を期した。

一九五五年二月、第二七回衆議院議員総選挙において、彼は、郷里である富山県の富山二区で、立候補して当選する。このときのスローガンに「原子力の平和利用」を掲げた。

議員当選後は、「原子力平和利用懇談会」の代表世話人になり、十一月には、第三次鳩山一郎《はとやまいちろう》内閣で原子力担当大臣、一九五六年一月には、新設された原子力委員会の初代委員長となった。そして、「五年以内の原子力発電の実現を目指す」と発言し、日本初の研究用原子炉をアメリカから輸入することが閣議決定されるなど、正力の当選後、原発導入に向けた動きは加速していった。正力は、衆議院議員から総理大臣へという野望のために「原子力平和利用」を使ったともいえる。彼は後に「原子力の父」とまで呼ばれるほど、日本の原発導入におけるキーパーソンとして力をふるった人物だった。

正力が原子力にかかわるようになったのは、「手っ取り早く財界と政界に影響力をもつため」であり、「直接政治資金と派閥が手に入る」からだった。総理大臣になろうと執念を燃やす彼にとっては、原子力発電の危険性などはどうでもよいことだったのである（ちなみに、第五福竜丸のビキニ被災をスクープ報道したのは、読売新聞である。この報道をした記者はどう思っていただろうか）。

正力は、アメリカの情報機関（国務省、合衆国情報局、ＣＩＡ、国防総省）が第五福竜丸事件以来大変な窮地に追い込まれており、日本の反原子力・反米世論の高まりを鎮静化させるために必死になっているという情報を知っていた。自分が手を挙げさえすれば、アメリカ側の強力な支援を受けられ、「原子力の父」になれるという感触を得ていた。原子力は、そのための恰好《かっこう》の「政治カード」だった。

読売新聞は、「第五福竜丸」事件から五か月後の一九五四年八月、十一日間にわたって、「誰にもわかる原子力展」を新宿の伊勢丹デパートで開催した。「原子力の平和利用は必要」と訴えるものだった。しかも、その展示の目玉とされたのが、「第五福竜丸」の「舵《かじ》」である。正力は、マイナス・イメージの象徴であるはずの被曝船を臆面もなく「平和利用」のキャンペーンに利用した。

さらに、一九五五年十一月〜十二月までの六週間、読売新聞社とアメリカ広報庁の共催で「原子力平和利用博覧会」が日比谷公園で開催される。このとき、圧倒的な人気を呼んだのが「マジック・ハンド」だった。若い女性が、マジック・ハンドで、ガラスの向こうにある原子炉の部品を操作する様子を実演してみせた。ロボットの腕のようなアームが動いて、ものを動かすことができる。「危険な核物質も原子炉の機械も、このマジック・ハンドを使えば安全だ」という展示だった。

アメリカ広報庁は、全国各地を巡回し、朝日新聞やそれぞれ、地元の新聞社などとの共催で博覧会を開催し、総計二六〇万人もの人を集めた。被爆地広島でも、地元紙・中国新聞社と共催した。そのときの開催場所も、被爆十周年を期して開館したばかりの広島平和記念資料館の館内に博覧会が持ち込まれたのだった。会期中の二十二日間、原爆の悲惨さを伝える被爆者の遺品や熱線で焼かれた瓦《かわら》の写真などの資料展示物のいっさいが撤去され、別の場所に保管された。

当時の広島市長は、開会の挨拶で、「広島では、原子力の平和利用について、多くの疑問と不安をもっているが、この催しを機会に平和利用への理解と評価が高まることと信じている」と述べている。市長がそんな発言をするように、「『原爆』と『原子力の平和利用』は、まったくの別ものである。アメリカは、その平和利用の技術をもっている。アメリカと一緒になって『夢のエネルギー』を得よう」という意識が、浸透しつつある様子がうかがえる。

このようにして、「原爆であれだけ大きな被害を受けたけれども、あのエネルギーをうまく使えば、明るい未来がある」「残虐な殺りくに使われた原子力が、今度は、人類の平和と幸福のために使われる。なんで素晴らしいことだ」と多くの日本人が思い、夢を抱くようになっていった。とくに一九五四年から五五年にかけて、原子力に対する日本社会の意識は、短時間に劇的に変化していった。

そして、一九六五年五月、日本原子力発電所（原電）が運営した原子力発電所・東海発電所が初めて臨界（原子核分裂の連鎖反応が一定の割合で継続している状態）に到達し、一九六六年に運転開始。日本初の商業用原子炉となった。

第五福竜丸の乗組員だった被ばく者・大石又七《おおいしまたしち》さんの「ビキニの被災者たちは、日本の原子力発電の人柱《ひとばしら》にされた」という怒りの声が、私には強く胸に突き刺さっている。

以上のように、アメリカが日本に原発を持ち込もうとしたいちばんの理由は、日本人の反米・反核意識（感情）を解消して、核持ち込みを含めた日米の軍事的同盟関係を築くためであり、もうひとつは、原発を売り込む格好のビジネスチャンスと考えたからであった。そして、日本側で、これを歓迎したり呼応したのは、中曽根や正力のように原発導入により、政治権力を手中に入れようとしたり、電力業界関係者のように原発により経済的利益（収益）を得ようとする潮流だった。

ただ、これらの根底には、いずれ核武装を可能にするための核開発技術を確保したいという動機・もくろみが含まれていたとみるのが自然と考えられる。

アメリカが「平和のための原子力」を打ち出した一九五三年、中曽根は、ハーバード大学のサマーセミナーに招待された。彼は、ここでまだ大学院生だったキッシンジャーと知り合い、デイビッド・ロックフェラーからも、じきじきに歓待を受けた。また、この渡米中、各地の原子力施設にも招待され、視察している。彼は、この時点から再軍備にも積極的だった保守政治家である。原子力技術を導入しておけば、いつでも核武装できる潜在能力を日本はもつことができる、また、必要であると考えていて当然であった。

日本政府は、「自衛のためなら核兵器を保有することも憲法違反ではない」との見解をもち続けている。この見解が最初に明らかにされたのは、一九五七年のことだった。国会答弁で、当時の岸信介《きしのぶすけ》首相が、「自衛のためなら核兵器を保有することは憲法が禁じない」と発言した。日本国憲法第九条は、戦争放棄を定めているが、その一方で、「国家は、そもそも自衛権を保有しているから、自衛のための最小限の実力は保持することができる」として、日本政府は、自衛隊を創設した。

一九七三年三月十七日、田中角栄《たなかかくえい》内閣総理大臣は、参議院予算委員会の答弁で「いままで政府が統一見解で述べておりますものは、自衛の正当な目的を達成する限度内の核兵器であれば、これを保有することが憲法に反するものではないというのが、従来政府がとってきたものでございます」と述べた。

一九七五年、日本の科学技術庁（当時）の原子力担当課長が、在京の英国大使館員に「日本は三か月以内に核兵器の製造が可能」と語った。この情報を基《もと》に一時イギリス政府は大騒ぎになった。

一九七八年三月十一日、福田赳夫《ふくだたけお》内閣総理大臣は参議院予算委員会で次のように述べた。「たとえば万一核不拡散条約、これを日本が脱退をするということになった場合には、条約上の遵守義務というものはありませんから、先ほど申し上げましたような間接的意味における憲法に由来する九八条の問題というものは消えちゃうんです。第九条の問題だけが残るということなんです。憲法全体の思想といたしましては、私は、第九条だと思うのです。第九条によって、わが国は専守防衛的意味における核兵器はこれを持てる。ただ、別の法理によりまして、また別の政策によりまして、そういうふうになっておらぬというだけのことである」。

また、同委員会において、真田《さなだ》法制局長官は「核兵器保有と憲法の解釈に関する政府見解」として次のように答弁している。

1、政府は従来から、自衛のための必要最小限を超えない実力を保持することは憲法第九条第二項によっても禁止されておらず、したがって右の限界の範囲内にとどまるものである限り、核兵器であると通常兵器であるとを問わず、これを保有することは同項の禁ずるところではないとの解釈をとってきている。

2、憲法のみならずおよそ法令については、これを解釈する者によっていろいろの説が存することがあり得るものであるが、政府としては、憲法第九条第二項に関する解釈については、1に述べた解釈が法解釈論として正しいものであると信じており、これ以外の見解はとり得ないところである。

3、憲法上その保有を禁じられていないものも含め、一切の核兵器について、政府は、政策として非核三原則によりこれを保有しないこととしており、また、法律上及び条約上においても、原子力基本法及び核兵器不拡散条約の規定によりその保有が禁止されているところであるが、これらのことと核兵器の保有に関する憲法第九条の法解釈とはまったく別の問題である。

一九九一年、宮澤喜一《みやざわきいち》は、総理就任前に「…日本にとって核武装は技術的に可能であり、財政的にもそれほど難問ではない」と述べている。

二〇〇二年四月六日、小沢一郎《おざわいちろう》自由党党首は福岡での講演で、以前に中国共産党情報部の人物に語ったこととして次のように述べた。「あまりいい気になると日本人はヒステリーを起こす。核弾頭をつくるのはかんたんなんだ。原発でプルトニウムは何千発分もある。本気になれば軍備では負けない。そうなったらどうするんだ」。

同年五月十三日、安倍晋三《あべしんぞう》官房副長官は早稲田大学の講演において次のように述べた。「自衛のための必要最小限度を超えない限り、核兵器であると通常兵器であるとを問わず、これを保有することは、憲法の禁ずるところではない」「核兵器は用いることができる、できないという解釈は憲法の解釈としては適当ではない」。

同月三十一日、福田康夫《ふくだやすお》内閣官房長官は次のように述べた。「非核三原則は憲法に近いもの。しかし、今は憲法改正の話も出てくるようになったから、何か起こったら国際情勢や国民が『(核兵器を)持つべきだ』ということになるかもしれない」「法理論的には持てる。持っていけないとの理屈にはならない」(記者団とのオフレコでの発言であったため発言者は「政府首脳」とぼかされていたが六月四日に自身であることを認める)。

横畠裕介《よこばたけゆうすけ》内閣法制局長官は、二〇一六年三月十八日の参院予算委員会で、核兵器の使用は憲法違反に当たるのかとの質問に対し「わが国を防衛するための必要最小限度のものに限られるが、憲法上あらゆる種類の核兵器の使用がおよそ禁止されているとは考えてない」との見解を表明した。

この関連で、四月一日、麻生太郎《あそうたろう》国務大臣は、逢坂誠二《おおさかせいじ》衆議院議員三月二十三日提出の「横畠内閣法制局長官の答弁と核兵器の不拡散に関する条約との整合性に関する質問」に対し、次のような答弁書を衆議院議長に提出している。

衆議院議員逢坂誠二君提出横畠内閣法制局長官の答弁と核兵器の不拡散に関する条約との整合性に関する質問に対する答弁書

我が国は、いわゆる非核三原則により、憲法上は保有することを禁ぜられていないものを含めて政策上の方針として一切の核兵器を保有しないという原則を堅持している。また、原子力基本法（昭和三十年法律第一八六号）において、原子力利用は平和の目的に限り行う旨が規定され、さらに、我が国は、核兵器の不拡散に関する条約（昭和五十一年条約第六号）上の非核兵器国として、核兵器等の受領、製造等を行わない義務を負っており、我が国は一切の核兵器を保有し得ないこととしているところである。

その上で、従来から、政府は、憲法第九条と核兵器との関係についての純法理的な問題として、我が国には固有の自衛権があり、自衛のための必要最小限度の実力を保持することは、憲法第九条第二項によっても禁止されているわけではなく、したがって、核兵器であっても、仮にそのような限度にとどまるものがあるとすれば、それを保有することは、必ずしも憲法の禁止するところではないが、他方、右の限度を超える核兵器の保有は、憲法上許されないものであり、このことは核兵器の使用についても妥当すると解しているところであり、平成二十八年三月十八日の参議院予算委員会における横畠内閣法制局長官の答弁もこの趣旨を述べたものであって、我が国が核兵器の不拡散に関する条約を遵守し、これに違反することがないことは、当然の前提としているものである。

以上のように、この数十年、日本政府の首相をはじめ、多くの要人の日本の核保有（核武装）についての見解は、次のように要約される。

日本は、非核三原則（「核兵器をもたず、つくらず、もちこませず」）を国是《こくぜ》としてこれを堅持《けんじ》している。また原子力基本法（一九五五年〜）の規定でも製造や保有は禁止されている。さらに、核兵器不拡散条約により、非核保有国として、核兵器の製造や取得をしないなどの義務を負っている（防衛省ホームページ・

防衛政策の基本）。

したがって、現状では、「政策上の方針」として核保有や核使用はできないが、憲法九条の解釈上においては、核保有も決して違法ではない。

逆な言い方をすれば、たとえば、原子力基本法を改定し、核兵器不拡散条約（核兵器拡散防止条約）を脱退するなどすれば、現行の憲法九条下においてさえ、核武装、核使用は合憲である（核保有は必要とも考える）。

「原子力の平和利用」と謳《うた》われながら、アメリカから導入されて、すっかり日本社会に定着することとなった原子力発電（所）の本質・正体について、核兵器製造・核武装との関連などを中心に以下、考察することとしたい。

4　「化石燃料枯渇」と「原発の必要性」の誤謬

「原発が有用で必要不可欠な未来のエネルギー源である」といわれ、推進されてきたいちばんの「根拠」とされてきたのは、「石油等化石燃料が、極めて近い将来枯渇《こかつ》する」という「説」によるものだった。いまだに多くの日本人は、この「説」を信じ込まされている（原発に反対の立場の人たちにおいてさえである）。

一九三〇年における石油可採年数（推定値）は十八年で、それは長く続く戦争の強力な動機のひとつとなった。それが一九四〇年には逆に二十三年に延びた（可採年数：ある資源のその時点で確認できる埋蔵量をその資源の年間生産量で割ったもの。詳細後述）。それでも、石油権益を確保することは、列強諸国の深刻な課題であり続け、前述したように、日本が、東南アジアの石油などの資源を求めて次々と侵略を重ね、太平洋戦争に突入する動機になった。

そして、戦争後の一九五〇年でも石油可採年数は二十年といわれた。ところが、一九六〇年には、三十五年に延びた。一九九〇年には四十二・六年に延び、二〇一四年末における石油可採年数は五二・五年となった。

地球上に存在する原油の絶対埋蔵量のうち、採算が取れると判断された油田の埋蔵量が「可採埋蔵量」であり、これを一年間の石油生産量で割ったものが「可採年数」である。「可採埋蔵量」は、あくまでそのときどきの状況に基づくその時点での「経済的概念」であり、実質的には、石油・ガスを探し出す探査・炭鉱の技術や生産技術が進歩して開発コストが下がることで石油の可採埋蔵量は、今後もその都度《つど》増加し、可採年数推定値も延びていくこととなる。さらには、世界の政治状況、個々の国の事情、経済的な思惑《おもわく》なども複雑にからみ合って成り立つ数値でもある。また、石炭の可採年数は、一一〇年（BP統計二〇一五年版）、天然ガスの可採年数は、二〇一四年末時点で五十四・一年といわれている。いずれにしても、化石燃料がすぐに枯渇するというのは事実ではなかったし、今後も決して現実的でないことがはっきりしている。

だが、それ以上に原発が、「枯渇する化石エネルギーに替わる」エネルギーであるとする「主張」が、いかに自己矛盾と欺瞞《ぎまん》に満ちたものであるかの根拠は、少なくともさらに二つある。

ひとつには、原発というシステムは、石油を消費するものだということである。原発建設の主な資材（セメント、コンクリート、板ガラス、アルミなど）に必要なエネルギー種は、石油、石炭、電力のなかの三つか二つが必要になる。また、ウラン採掘や輸送にも石油は必要となる。削岩《さくがん》、ボーリング、現場重機運転、ウラン鉱石の精錬、イエローケーキの輸送などにも石油が必要となる。原発自体が使っている諸々の機器も部品も電気を送る電線ケーブルも、廃棄物の固化に使われるアスファルトなども石油製品である。

このように原発は、化石エネルギーの代替どころか、むしろ石油をはじめとする化石エネルギーの多量消費なくしては、成り立たない存在である。

そして、もうひとつである。ウランは、利用できるエネルギー量換算で石油の数分の一、石炭の数十分の一しか存在していない。つまり、ウランこそ、比較的早く枯渇してしまう資源である。

わずかこの二点のことだけでも、原発が「夢の代替《だいたい》エネルギー」などとなり得ないことは充分自明なはずである（核燃料サイクルにより、使用済み核燃料からプルトニウムなどを取り出す作業が十全にできているならまだしも、これも完全に破綻している。これについては、このあと詳しく述べることとする）。

5　核燃料サイクル

ウラン鉱石の採鉱・精練・濃縮・加工などを経て、核燃料が製造される。そして原子炉で使用したあとの使用済み核燃料を再処理することでウランやプルトニウムを取り出す。取り出したウランやプルトニウムを再び加工などの過程を経て核燃料として原子炉で再利用する。再利用できない元素は、廃棄物となって処理・処分される。この一連の流れが核燃料サイクルである。

今日の原子力発電の技術で利用できる燃えるウランは、ウラン全体の中でわずか〇・七％を占めるウラン235だけであるが、長崎型原爆を作ったのと同じように、ウランの中で九九・三％を占める燃えないウラン238を核分裂性のプルトニウム239に変えて利用しようとしたものが、高速増殖炉を中心とする核燃料サイクル計画だった。

「増殖炉」とは、消費する核燃料よりも新たに生成する核燃料の方が多くなる原子炉のことであり、「高速」の中性子による核分裂連鎖反応を利用してプルトニウムを増殖するので高速増殖炉という（高速中性子を利用しながら、核燃料の増殖を行なわない原子炉の形式は、単に高速炉と呼ばれる）。

高速増殖炉は、炉内で発生する中性子を減速せず、「高速」のまま使うことによってＭＯＸ燃料（混合酸化物燃料の略称。原子炉の使用済核燃料中に一％程度含まれるプルトニウムを再処理により取り出し、二酸化プルトニウムと二酸化ウランを混ぜてプルトニウム濃度を四〜九％に高めた核燃料）に含まれる燃えないウラン２３８を燃えるプルトニウム２３９に変え、燃料を「増殖」させようというものである。

原子炉を開発する場合、まず実験炉をつくり、それをもとに原型炉、実証炉をつくり、最終的に実用炉をつくる。

日本原子力開発機構の高速増殖炉「常陽《じょうよう》」は、高速増殖炉開発のために必要な技術・データおよび経験を得るための基礎研究、基盤研究を目的として建設され、一九七七年に運転を開始した実験炉である。

一九九九年九月三十日、東海村にある株式会社ＪＣＯ（住友金属鉱山の子会社）東海事業所の核燃料を加工中に、ウラン溶液が臨界状態に達し、核分裂連鎖反応が発生して、容器外側の水を取り除くまで、その状態が二十時間続いた。これにより、至近距離で中性子線を浴びた作業員三名中二名が死亡、一名が重症となったほか、六六七名の被曝者を出した。

また、実験炉に次ぐ第二段階、性能や安全性の確認を主に行ない、発電技術を確立するための原型炉「もんじゅ」が一九九四年につくられたが、一九九五年十二月、四〇％の出力まであげて、発電も含めた総合的な試験をしようとしたとたんに、二次冷却系が破損し、冷却材の金属ナトリウムが噴出して火災事故となった。

その後、運転再開のための本体工事が二〇〇七年に完了し、二〇一〇年五月六日に二年後の本格運転をめざして運転を再開した。しかし、二〇一〇年八月の炉内中継装置落下事故により、再び稼働ができなくなった。二〇一二年に再稼働する予定であったが実現せず、二〇一六年十二月二十一日、廃炉が正式決定されている。

このように事故続きで稼働のメドがまともに立たない高速増殖炉の稼働に国が執着した大きな理由は、まさに核兵器製造に最適な核分裂性の高純度のプルトニウム239の含有量が九八％のプルトニウムを手にすることができるからにほかなるまい。

日本は、使い道のない「利用目的のない（あまった）プルトニウムは持たない」という国際公約をさせられている。しかし、仮にこの間、原子力を進めている人たちが表明しているとおりに行なったとしても、高速増殖炉が実用化されるのは、二〇五〇年であるという。それにもかかわらず、それが実現することを前提に、核燃料の再処理をイギリス、フランスに委託し、すでに四十八トンものプルトニウムが蓄積されてしまっている。これは、長崎型の原爆にして四千発以上相当にする。したがって、日本は、このあまっているプルトニウムをなんとかして消費しなければならなくなっている。

その方策として考えられたのが「プルサーマル計画」だった。「プルサーマル」とは、プルトニウムの「プル」とサーマル炉（熱中性子炉）の「サーマル」を組み合わせた和製英語である。ウランを燃料とする原子力発電所使用済み核燃料を、再処理して取り出した「プルトニウムとウランを混合してつくる混合酸化物」＝ＭＯＸ燃料を使い、軽水炉（軽水 H_2O を減速剤と冷却材に使うタイプの原子炉の総称。世界で稼働している原子炉の六割強が軽水炉で、燃料は主として濃縮ウラン）で発電する計画のことである。ウランにプルトニウムを混ぜることで、毒性がはるかに増え、発熱量も高く、危険性や事故発生の恐れも、それだけ高くなると考えられる。

小出裕章《こいでひろあき》さん（元京都大学原子炉実験所　助教）は次のように述べられている。

「日本ではずっと、原子力発電所の地元に使用済みの核燃料が残ることはないと説明されてきました。なぜなら使用済み核燃料は再処理工場に送ると言われてきたからです。

しかし、もともとプルサーマルで使われた使用済み核燃料は普通のウランに比べて発熱量が高く、超ウラン元素という厄介な放射線核種を多く含んでいるため、普通の再処理工場では取り扱うことができません。

日本では、六ヶ所再処理工場の次に造る第二再処理工場に送るという説明になっていますが、六ヶ所再処理工場すらいまだに動けないままです。

第二再処理工場など夢のまた夢であり、そうなれば、プルサーマルを行なってしまった原子力発電所で生み出された使用済み核燃料は、原子力発電所の敷地内にためていくしかなくなります。

私は、そのことに反対ではありません。原子力発電所を誘致するのであれば、厄介なごみはいずれどこかにいってくれると期待すること自体が間違いです。

永遠の毒素を含めて引き受けると覚悟できた場合にのみ原子力発電所を受け入れるべきでしょう」。

『隠される原子力・核の真実―原子力の専門家が原発に反対するわけ』小出裕章、創史社（発売：八月書館）、二〇一〇年十二月、五二〜五三ページ）

プルトニウムの大口消費者になると目されていた東京電力が、福島第一原発事故でプルサーマル計画が導入できない事態となったこともあり、プルサーマル計画も事実上、完全に破綻状態に追い込まれている（また、そもそも、プルサーマル発電によるプルトニウム消費量は、原発一基当たり〇・四トン程度に過ぎない。四十八トンも蓄積されてしまっている「あまったプルトニウム」を消費できるメドなどまったくない）。

日米原子力協定（正式名称「原子力の平和利用に関する協力のための日本国政府とアメリカ合衆国政府との間の協定」）は一九五五年に締結されて以来、これまでに三回改定され、一九八八年に現行の協定が締結された。現行協定で定められているのは、主に①「原子力の平和利用」に関する日米間協力、②協力によって導入された施設や核物質を用いた核兵器製造の禁止、③核物質の移転や再処理などの実施やプルトニウム使用を認めるもの）、の三点である。アメリカが包括的事前同意（予め定めた枠内で、再処理等の諸活動を一括して事前に承認する方式）を認めるのは、非核保有国では日本だけである。

この有効期限は二〇一八年七月までの三十年間だったが、自動延長されている。現状は、日米いずれかの通告で六か月後に協定を終了できることとされている。

ここで改めて日米原子力協定が延長されている背景、日米両国の核や「安全保障問題」をめぐっての両国の思惑を整理してみたい。

アメリカは、あまっている濃縮ウランを売り、また日本の原子炉生産ラインを動かして核燃料と原子炉をアジア諸国に売りつけて儲《もう》けたい。

日本も、福島第一原発事故があったことなどから、これ以上原子炉（原発）をつくれなくなったが、なんとか原子炉メーカーがつくってしまった生産ラインを動かし続けて儲けたい。そのためには原子炉を海外に売りたい。日本政府は、原発輸出を成長戦略のひとつとしている。輸出には、日立とアメリカゼネラル・エレクトリック（GE）などがあるため、第三国への輸出でも日米の協定が欠かせない。すなわち、日米ともに原発輸出を協力して推進したいという思惑が一致した(もちろん、これは現状における直接的、象徴的な動機のひとつにすぎない)。

アメリカ政府も一枚岩というわけではなく、日本が大量のプルトニウムを貯《た》め続けていることに(日本が核兵器製造から核武装に走るのではないかという)懸念を示し、日本の再処理を制限すべきだとする声も少なからずある。当然のことながら核保有国側の利害の常として、日本が核武装することには反対する勢力も存在するのである。

アメリカの対日原子力戦略の大筋としては、日本を「核の傘」のもとに置き続け、核武装はしないように牽制、監視しながらも、原発を維持させることにより原発マネーで儲ける。そして、そのことと並行して軍事面においても、核戦略を含めてアメリカの意向に沿って従属・協力させるというものである。その布石として、「日米原子力協定」、「日米安全保障条約」、「日米地位協定」などが取り交わされている。

逆な言い方をすれば、アメリカにとってのアジアにおける「安全保障」上、政治的、経済的、地理的などあらゆる面で要といえる日本が、こうした一定の枠をはみ出さない範囲で、つき従ってくれている限りは、ある程度の自由を与えておこうというものである。

この本質を表すわかりやすい例を、挙げてみたい。

核兵器を製造するためには、天然ウランから核分裂性ウランを集めてくる「ウラン濃縮」の技術、「原子炉」で各兵器の材料として欠かせない(自然界には存在しない)プルトニウムを生み出すための技術、原子炉で生み出されたプルトニウムを取り出す「再処理」の技術が必要となる。

広島に投下された原爆には、核分裂物質としてウラン235が使われた。ウランには、238と235、234という同位体があり、その比率は、九九・二七%と〇・七二%、〇・〇〇六%という比率で存在している。ウラン238、234は、核分裂をせずに中性子を吸収するため、核分裂を連続して起こすには、ウラン235の比率を高めて濃縮ウランをつくる必要があった。この作業が「ウラン濃縮」である。この「ウラン濃縮」という作業は、膨大《ぼうだい》なエネルギーを必要とし、原爆炸裂のときに放出されるエネルギーよりはるかに多くのエネルギーをウラン濃縮だけのために使われなければならないほどである。ウラン濃縮による原爆製造は、初期設備投資は比較的安価でも、電力を大量に消費して運転経費がかかるうえ、少ない数の原爆しかつくれず、原爆一個あたりの製造コストも高価なものになる。

一方、原子炉内でウラン238に中性子をあてると、中性子を吸収して、ウランより質量が重い元素であるプルトニウム239が人工的にできることも発見された。プルトニウム239は、ウラン235より一・五倍も核分裂しやすいことがわかり、一発あたりの生産コストが、総合的に安価に済み、核兵器量産に向くため、プルトニウムが原爆の材料として開発されるようになった。国連の常任理事国でもある核保有国、アメリカ、イギリス、フランス、ロシア、中国の五か国も、プルトニウム主体となっている。長崎に投下された原爆は、プルトニウムでつくられたものである。

核兵器保有五大国は、この技術を持っている。そして、非核保有国のなかで唯一これら三つの技術を持っているのは、日本だけである（ただし、「再処理」については、核燃料サイクル計画が事実上、破綻しているなど必ずしも万全なものとも言い切れない）。それができたのは、この技術の開発等をアメリカが承認したからである。

一方、日本政府は核兵器禁止条約に参加せず、反対し、「署名しない」と明言している。まさにアメリカの意向に沿い、つき従う典型的な事例といえるだろう。

日本は、アメリカに従属し続けてきたし、「武器輸出三原則」を撤廃し、日米が共同開発した戦闘機や

「ミサイル防衛」装備の他国への売却を可能にするなど、原発ビジネスに留まらず、戦争ビジネスにまで及び、ますますアメリカへの従属度を深めている。

日本が原発に執着する大きな理由のひとつは、確かに、「原子力ムラ」（原発を推進することで互いに利益を得てきた政治家と企業、研究者などの集団）という言葉に象徴される人たちの利害への固守によるものではある。

しかし、これまで述べてきた事実からも、それだけが理由であると考えるのは、むしろ現実的ではないだろう。

日本に原発が導入された当初のころから、日本政府の多くの要人たちが、核武装の必要性や、憲法九条（現行）下における核武装の合憲性を主張してきた。もちろんすべて「核武装論者」ではなく、考え方に濃淡もあるが、少なくとも決して少数派とはいえない。

多くの日本政府の要人に共通すると思われる「原子力政策」と「核政策」、すなわち原発と核武装、あるいはその連動性に関する本音を吐露したものともいえる防衛庁長官、防衛大臣を歴任していた石破《いしば》茂《しげる》政調会長（当時）の「原発と核を巡る問題点」についての見解が、『ＳＡＰＩＯ』（小学館：隔月刊国際情報誌）二〇一一年十月五日号（この時は隔週刊）に掲載されている。

――日本以外の多くの国では、原子力政策と核政策はセットとなっており、本来、切り離すことができない問題です。しかし、日本においては、核アレルギーもあり、これまで論争自体が避けられてきました。その流れの中で、今回の脱原発論争からも核問題は抜け落ちていますが、石破さんのお考えは？

石破：私は核兵器を持つべきだとは思っていませんが、原発を維持するということは、核兵器を作ろうと思えば一定期間のうちに作れるという「核の潜在的抑止力」になっていると思っています。逆に言えば、原発をなくすということはその潜在的抑止力をも放棄することになる、という点を問いたい。

そもそも、核兵器とはそんなに簡単に持てるものではない。確かに、広島、長崎に原爆が投下されてから66年が経ち、技術理論自体は賢い学生なら作ることができるくらいまで普遍化しているそうですが、実際には膨大な設備や技術が必要ですし、兵器としての信頼性を確認するには実験もしなければいけない。日本の場合、どこでそのような実験をするのか。実際にやるとなるとかなり難しい問題に突き当たる。

また、国内での議論を経て日本も批准したNPT（核拡散防止条約）は「核のアパルトヘイト」と言われるように、米国、ロシア、中国、英国、フランスのみに核保有を認める不完全な体制だが、特に日本やドイツに核を持たせないことを一つの主旨としている。

私自身は、安全保障の面から、日本が核兵器を持てることを否定すべきではないと思うし、憲法の解釈上も禁じられていないというのが政府の立場です。「非核三原則」は憲法ではなく、あくまで政策的判断として貫かれているものです。

しかし、翻って日本は、核の平和利用を原子力発電の技術によって営々と積み重ねてきた。なればこそ、テクノロジー面においても、マネジメント面においても、世界で一番安全な原発を作っていかなければいけない。これは、世界に対する日本の責務だと私は思う。だから、私は日本の原発が世界に果たすべき役割からも、核の潜在的抑止力を持ち続けるためにも、原発をやめるべきとは思いません。

（『SAPIO』二〇一一年十月五日号）

多くの政府関係政治家は、ここまで原発推進と核武装の関係（連動性）や「必要性」についてはっきりと正直に本音を漏らしていないものの、先に列挙した「核武装・核使用＝現行憲法九条下合憲論」を掲げている点で共通している。

しかも、こうした政治家は、憲法九条改憲論者でもある。現行の憲法九条下でさえ、「核兵器は持てる」と主張する人たちが、さらに改憲しようと主張しているのである。

また、くり返しになるが、自然界にほぼ存在しないプルトニウムを作り出し、核兵器を製造するためには、原子炉は欠かせない。もはや推して知るべしではないだろうか。

ところが、この原発推進と核兵器の製造、核武装（核開発）について、なんと「原発ゼロ」を主張する運動の著名な方による、次のような驚くべき主張の展開を目にした（二〇一八年二月）。

「全くの余談ですが、保守の一部には、将来の核武装のために原発維持を主張する方々もいますが、実は核開発のために原発維持はまったく必要ありません。原発は、いかなる意味でも不要なのです。」

これは、実に原発ゼロ・自然エネルギーの推進を唱える方がたのなかでも、代表格、いわばオピニオンリーダーとも言える方が執筆されている文章の一部である。

主張内容の骨子は、次のとおり。

「太陽光や風力発電のコストは、化石燃料を大きく下回る、極めてコストの安いエネルギーである」「エネルギーは、安全でコストの安い潤沢なものを選択すべき」「日本がこの『エネルギー革命』に踏み切れないのは、ひとえに政府が『原子力ムラ』という利権集団に配慮して、『即時原発ゼロ』に踏み切れないためである」

こうした論旨の展開により「原発即時ゼロ」を主張したうえ、「全くの余談ですが」と付記したものである。

ご覧のとおり、自然エネルギーを推進すべき中心的理由を、安全性（原発に対するテロやミサイル攻撃関連での安全保障にも少し触れている）とコスト面における原発に対する優位性に求めるとともに、日本政府が、「即時原発ゼロ」に踏み切らない理由も、「ひとえに」政府が、「原子力ムラ」の利権に配慮しているからと結論づけている。

このような主張はこの方ばかりでなく、いわゆる脱原発・自然エネルギー（再生可能エネルギー）の推進の活動にかかわっている方がたの比較的多くの人びとに色濃く根づいている（もちろんそうでない方がたも見受けられるが）。

ただ、私が衝撃を受け、見過ごせないと感じているのは、このようにもっぱら原発の問題点を安全性と経済性に求めるとともに、原発存続の元凶を「原子力ムラ」利権優先政策にほぼ一元化したうえ、ついには「核開発（将来の核武装）のために原発は不要」（言い換えれば＝原発がなくても核武装は可能）論にまで到達してしまったことである。

実は、この方は、何度か直接お話ししたこともある、個人的にも大変尊敬している方なのである。人柄も素晴らしい方だと思っている。それだけに心に受けた衝撃は大きく、何ともやりきれない複雑な心境である。

この方は、きっと核武装を奨励するつもりではなく、原発ゼロを主張したい一心から、極論としてあえて、このような事例にまで言及したのだと思う。

しかし、原発をなくすための理由づけのひとつに、たとえ「余談」とはいえ、「それがなくても核開発ができる」などと論じるような発想は、おそらくほぼ日本人にしかあり得ないだろう。外国の人たちには、こうした主張は極めていびつな響きをもつように思える（まして、日本人がヒロシマ、ナガサキ、ビキニ、フクシマを経験していると認識している外国人の眼からは、いったい日本人は、原爆、核実験、原発による核被害、被爆、被曝を体験しながら、そのことをどのように踏まえているのだろうかと、異様に感じるに違いない）。

しかも、核兵器禁止条約が採択される一方で、日本政府はこれに反対を唱え、署名・批准をしないと宣言している。そのような状況下において、原発ゼロを標榜する運動体の代表格ともいえる人が、このような言動に走るさまは、ただでさえ日本（人）の核をめぐる動向に抱いている外国の人びとからの疑念や不信感をさらにかきたてるものにならないだろうか。本当に、原爆や原発の被爆（曝）者の被害、立場に寄り添いながら原発ゼロを考えているなら、こうした言動は絶対にあり得ないはずだと感じるからである。

また、「原発がなくても核開発ができる」という主張自体も、事実とはいえない。おそらく、このような主張は、日本がすでに四十八トンのプルトニウム（長崎型原爆四〇〇〇発以上分）を分離して、保有していることに基づいているものかと思われる。確かに、核兵器の材料であるプルトニウムを手に入れるという目的においては、原発は不要かもしれない。しかし、核兵器をいつでも使えるものとして製造・管理・保全・維持し続けるためには原子炉の運転技術の継承が必要になってくる。

日本政府は、高速増殖炉の廃炉を決めたものの、新たに、高速炉（前述）の開発を続け、核燃料サイクルを維持しようとする方針は変えていない。フランスが進めるＡＳＴＲＩＤ（アストリッド）高速炉開発への参入などの高速炉計画が表明されている。プルトニウムを燃焼して消費することに力点を置くようになっている。これは、日本政府が、核燃料サイクルの拡大を断念したものの、一定の規模でのサイクルの実現をめざした形をとるためのものと考えられる。

ここに隠された二面性を見ておかなければならない。すなわち、「あまったプルトニウムを持たない」という国際公約を一方で守る姿勢、アクションを見せるとともに、核兵器保有の潜在能力の（技術的な面を含めた）維持という二つの条件を満たすことに主なねらいがあると考えられる（少なくとも、「原子力ムラ」の利害のみのために、原発に固守しているわけではない）。

二〇一一年三月の福島第一原発事故を機に多くの人たちが、再生可能エネルギーによる発電を推進する運動に参画するようになっていった（石油、石炭、天然ガスなど枯渇性資源からなるエネルギーが再生不能エネルギーであるのに対して、再生可能エネルギーは、太陽光、風力、水力、地熱、《植物や動物の排泄物の有機物など》バイオマス、温度差利用等、自然の力で定常的または反復的に、利用する以上の速さで補充されるエネルギーのことである）。

今後のエネルギー（対策）のあり方について具体的に提示し、それを実現していくうえでとても大切な運動であると私自身も考えている。そのため、その関係の複数の団体に会員などの立場で微力ながら参加・協力などをしてきている。

ただ、そのなかで懸念していることもある。

再生可能エネルギーを実際に推進して、その発電供給割合を増やしていくことは、描く未来に向けて現実を作り上げていくうえでの大切な歩みであり、それは原発ゼロに向けての大きな説得力をもつとも思う。ただ、ことさらに、再生可能エネルギーによる発電供給割合の拡大ばかりに焦点を当て、もっぱらそのことにより原発ゼロを主張することに終始し、さらには、それが高じて「再生可能エネルギーをどんどんふやしていくことで、おのずと原発の存立基盤や根拠がなくなり、なしくずし的に原発ゼロを実現できる」というような、表面的、一面的、楽観的な情勢認識や運動論には賛成できない。私は、残念ながら、そうした傾向が一部に見受けられるようになってきているように感じている。

そのような考えや発想に特化して運動を進めていくと、原発問題の本質や社会、世界全体の動向との関連性が見えなくなり、そのことが運動のあり方に大きく影響してくる。現に、前述の「核開発のために原発は不要」論まで飛び出したのが、その顕著な事例ではないだろうか。このような傾向は、主に3・11の原発事故を契機に再生可能エネルギーに参画してきている人びとにありがちだと思う。

これまで述べてきたとおり、原発は、本当は化石エネルギーが枯渇するために必要とされる代替エネルギーではなかった。日本政府が、ひとえに核保有を視野に原発を推進するために、あたかも化石エネルギーが早々に枯渇するかのような誤謬を流布し、国民を欺《あざむ》いてきたというのが本質である。アメリカが日本国民の反核意識を取りのぞき、核兵器持ち込み等アジアにおける軍事戦略に日本を取り込むことと、原発マネーで儲けるという一石二鳥のためだった。日本に原発を売り込み、日本政府も、(「原子力ムラ」に象徴されるように)アメリカに政治経済的、軍事的に従属しながら、原発マネーで儲ける一方で、核開発を推進し、いつでも核兵器保有(核武装)が可能になるように原発を導入し、五十七基にも及ぶ原発を建設してきたのである。

実は、このような認識すべてとはいわないまでも、多少ともこれに近い見方をしているような人びとが、再生可能エネルギー推進に中心的、献身的にかかわっている人たちのなかにもいる。それはだいたい、3・11より前から再生可能エネルギーに継続的・地道に取り組んでこられたような人びとである。そうした意見・発信は、時折《ときおり》フェイスブックでも見かける。ただ、それはまだ、なかなか運動界全体に拡がりをもったり、共有化されてはいない。そういう私自身も、力が及んでおらず、非力を反省している。

3・11以降、原発ゼロをめざす運動にかかわる人は確かに増えたが、いわゆる「反原発運動」は、主流ではなくなり、「脱原発・再生可能エネルギー」が主流となった感がある（いつの間にか「脱原発」という表現が多用されるようになり、「反原発」とする正面きっての主張は、ともすればトーンダウン気味となっている）。再生可能エネルギーに取り組んでいる人たちの多くが「脱原発」を唱える。そのなかには、反原発運動（原発訴訟や再稼働反対などの闘い）は、反対中心で原発ゼロへの実効性に乏しいものと考える向きさえ、一部にではあるが見聞することがある。

私自身は、河合弘之《かわいひろゆき》弁護士（「日本と再生」映画監督）が言われているように、「原発の建設や稼働そのものに反対する運動と、再生可能エネルギーの推進と、福島の被災者支援は、いずれも欠かせない三つの輪」だと考えている。

「脱原発」という言葉には、何かしら次のような認識から発せられる含みがあるように感じとれる。「原発は、化石エネルギーが枯渇してきたため、代替エネルギーとして開発されてきたが、事故が多く、安全性に大きな問題がある。また、経済的でもないことがわかってきている。そのようなものに頼るのはやめて、安全、経済的で、枯渇しない再生可能エネルギーで賄《まかな》えば、原発は不要だ」。だいたいこのような主張に集約されるように思う。頻繁に見聞するキーワードが「原発に頼らなくても（頼らない社会）」「原発は（もう）いらない、不要（必要ない）」。

このような表現が頻発されるのは、今もって、国が、ビキニ事件以降に国民に流布し続けてきた、「原発＝原子力の平和利用」論、転じて「化石エネルギーが枯渇するからそれに替わるエネルギーとしての原発は必要」とする、国がつくり上げた「切迫したエネルギー危機」という、いわば「虚構の土俵」のうえで原発を考え、争点をそこに局限しているからだと思う。

少なくとも私にとって、原発は「頼る・頼らない」「必要・不要」という選択肢で語られるような存在ではない。

ここにおける意識の違いは、決して単に私が核被害の当事者であることのみによるものではない。つまり、これまで述べてきたような核兵器と原発の関連性や、原爆投下からビキニ事件発生前までの、日米政府による原爆被爆の被害隠蔽、被爆者への弾圧、そしてビキニ事件以降、原発が日本に導入された経緯等を含めて、原発が今日のような状況に至るまでの歴史を把握したうえで、現在と未来を考えているか否かの違いによるものであるように思う。

3・11以降に運動に参画された人びとの多くは、こうした経緯、たとえば、ビキニ事件ひとつにしても、その詳しい内容や本質的なこと以前に、この事件があったことすら知らない。3・11からまもないころは、原発の問題を安全性、危険性、経済性などに限られたとらえ方の人が多くても、まずは運動の拡がりの意義も大きく大切なので、ある程度はやむを得ないかと考えていた。だが、あれからすでに七年以上が経過している。3・11をしっかり教訓化し、まして風化させることなど絶対にないように運動を進めていくなかでは、認識の深化や視野の拡大を伴う活動領域や連帯の輪の拡がりが、今こそ必要なのではないだろうか。

何ごとにおいても、歴史を学んで、そこからつくられた現状を正確に認識してこそ、今後どのようにするべきかについての有効な方針や対策をたてることができるのである。

これまで述べてきたような歴史からみて、再生可能エネルギーを推進して、発電供給割合をふやすことそのものが、大切で意義深いことであるからといって、そこに一点注力することだけで、原発ゼロが実現できるものではない。原発は、日本の核（兵器）開発や日米軍事一体化（協力体制）などの政治的・軍事的なからみからも存在しているものであり、こうしたことを含めた解決を視野に入れた取り組みをしていかなければ、原発ゼロは実現できないと思っている（詳しくは後述することとする）。

6　なぜ私が原発に反対するのか

ここで、私がなぜ原発に反対するようになったか、改めて述べてみたい。

① まず原発が、被曝労働者の多量の放射線被曝なくして成り立たないことである。

私は、たったひとつのこの理由だけでも、原発は、存在してはならないものだと考えている（だから先にも原発は、本来「頼る・頼らない」「必要・不必要」などという概念で語られるべきものでないと述べたのである）。

そして、このあってはならない被曝労働のなかにも差別が持ち込まれる。より被曝線量が強く危険な仕事に下請け、孫請け会社などで雇用が不安定で、社会的に差別されている弱い立場の人たちに、しかも、被曝の危険性についての充分な告知を行わないまま従事させる醜悪《しゅうあく》な構造を秘めている。

そのことについては、一九七〇年代、いろいろな筋から情報を得たが、もっとも切迫感をもって、この現実について教えてくださったのが、報道写真家の樋口健二《ひぐちけんじ》さんとフリーライターの堀江邦夫《ほりえくにお》さんだった。

樋口さんは、原発被曝労働の実態について強いメッセージ性を込めた写真（『樋口健二写真集　PHOTO DOCUMENT　原発』オリジン出版センター、一九七九年八月　等）、堀江さんは、被曝労働者となって自ら原発に潜入し、文字通り体を張った取材により『原発ジプシー』（現代書館、一九七九年十月、増補改訂版：二〇一一年五月）を執筆するとともに講演活動などを通じて原発被曝労働の実態と反原発を訴えた。

このお二人の写真集や本、講演などを通じた生の声から大きな衝撃を受けた。

そのとき、私には、被爆者運動の「ふたたび被爆者をつくるな！」というスローガンが頭に浮かんだ（「ふたたび」という文言が適切なものかどうかということなどについては後述する）。

原爆による被爆被害と原発による被曝には当然諸々相違点があるにしても、多量の放射線被ばくによる健康等への被害が原発による被害の特徴の一つであると考えるならば、原爆被爆者・被爆二世として、それに反対を唱えるのが自然な姿であると私は考える。だから、当時、被爆者運動（の「主流」）において、この原発被曝労働者の問題が関心の外にあったことは、私にはどうにも釈然としなかった。

さらに、被曝を強いられるのは原発被曝労働者だけではない。

それ以前に原発の燃料であるウランがなければ原発は成り立たず、ウランの採掘が必要となる。しかも日本はウランを輸入に頼っている。輸入元はカナダ、ニジェールなどである。こうした採掘作業は、主に先住民族が居住している地域で行なわれている。そしてここでも、被差別、あるいは弱い立場にある多くの先住民に、ウラン採掘、放射線被ばくの危険性について知らせないまま採掘に従事させている。先住民たちの多くに放射線被ばくが原因と考えられる、肺などのがんをはじめとする病気が発生しているという。

このように核・原発というものは、人が人を虐げ、差別することなしには成り立たないものなのである。

② 原発は、核兵器製造、少なくとも核兵器保有潜在能力を得るために存在するものである（詳細については今まで述べてきたとおりである）。

③ 安全性に乏しく、一度事故が起きれば、多大な核被害、被ばく被害が発生することになる（これも、

四十年前から訴えていたことであったが、力およばず、残念ながら3・11で、現実となってしまった）。

以上が、細かい点は別として、私が一九七〇年代から原発に反対してきた大きな理由である。

③については、とくに3・11以降、多くの人たちと共有している点かと思われるが、私が肝と考えている①と②について正面きって唱える人が極めて希少になってしまっているように思う。

①における樋口さんや堀江さんについては述べたとおりであるが、②の原発と核兵器製造の連動性についても、決して私だけでそう思っていたようなことでなく、とくに誰ということもなく、いろいろな書物や雑誌、会合などでもよく耳にし、そのように確信していた。ところが、3・11以降のあるとき、①と②について思いを分かちあえる人が、ごくわずかしかいないことに気がついた。

原爆や被爆、被爆者・二世問題の活動現場において、原発や、原発被曝労働のことについて話し合ったり、取り組まれているようなことやそのような組織、運動体は、あることはあっても、まだまだマイナーである。逆に、「脱原発・再生可能エネルギー」の領域において、核兵器禁止条約など核兵器廃絶の課題や運動などについて、関心を持って論じられる機会にもなかなか遭遇しない。

私は、再生可能エネルギー関連の運動にもかかわりながら、自分が（核兵器廃絶と原発ゼロ、再生可能エネルギー等）問題を共有する架け橋になれればという思いを3・11以降、もち続けてきた。そうしているうちに自分自身、①は別として②についての確信が揺らぎ、精神面での孤立感、孤独感を深めたことから自信を失いかけていた。

私は科学者ではなく、机上や理屈のうえではともかく、実際に原発、原子炉のなかで働いた経験もない。そのなかで、自分のような認識や考え方が極めて少数でなかなか運動の中で共有できないことから、②についての自分の主張が果たして本当に正しいのかと、一〇〇％の自信をもてなくなりかけていた。

7　小出裕章さんとの出会い

そのとき、お会いしたのが、小出裕章さんであった。それは、二〇一七年三月のことである。私が居住する地域で、小出さんの午後の全体講演と、それに先がけて午前中の比較的少人数の場で質疑応答を兼ねながら進行する講話が開催され、私はその双方に参加させていただいた。また、講話、講演を拝聴《はいちょう》するにあたり、その一か月ほど前から、主催者から渡された小出さん作成の学習資料と『隠される原子力・核の真実—原子力の専門家が原発に反対するわけ』をはじめとする数冊、及び、インターネットに掲載されている過去の講演記録などの記事をできる限り拝読《はいどく》・予習して、参加・拝聴に臨んだ。

小出さんは、いろいろな著書や記事、あるいは講演の場などで、繰り返し、次のようなことを明言されている。

「日本人は、今でも原子爆弾は戦争の道具で、原発は平和利用だと分けて考える傾向がありますが、原子爆弾と原子力発電は本来同じものです。なぜなら原子力発電に使われる原子炉は、もとはといえば、原子爆弾をつくる材料であるプルトニウムをつくり出すために開発されたものだからです。また、核分裂の連鎖反応を使うこと、そして核分裂生成物を生むことも同じです」

『原発と戦争を推し進める愚かな国、日本』（毎日新聞出版、二〇一五年九月）一三五ページ。

「もともと技術に軍事用も平和用もありません。今日の日本人は、原子炉といえば発電を思い浮かべるでしょうが、もともと『原子炉』とは長崎原爆の材料となったプルトニウムを生み出すためにこそ開発された道具です。…もちろん、『平和』利用といいながら開発した技術も、必要であればいつでも『軍事』的に利用できます」

『隠される原子力・核の真実―原子力の専門家が原発に反対するわけ』一〇九～一一〇ページ。

小出さんの、「原発は、弱者への差別なしには成り立たない」というお考えも何度か聞いている。

「原発は、大変危険な上に、差別なしでは成り立たないものである、徹頭徹尾、無責任で社会的弱者に犠牲を強いるものである」

「私たちが自らの責任をきちんと取ろうとするなら、そして未来に生きる人たちにツケをまわさないと思うのであれば、私たちは、社会的弱者を犠牲にするという、そういう差別を生む原子力、原子力的なものは捨てるということが必要なのだと思います。電気が足りようと足りなかろうと、経済が発展できようとできなかろうと、原子力などやってはいけないのです」

『原発と戦争を推し進める愚かな国、日本』二二三～二二五ページ。

小出さんは、青年期に「原子力の開発に命を捧げよう」という志をもち、「原子力の平和利用」に夢を抱いて東北大学工学部原子核工学科に入学したものの、すぐに原発の危険性と差別性に気づき、一九七〇年、女川での反原発集会への参加を機に、原発をやめさせるために、原子力の研究を続けることを決意した。

小出さんは、私に確信と多大な勇気を与えてくださった。私が四十年にわたって「核兵器と原発が表裏一体のものであり、日本政府が核兵器保有をめざして原発を推進している」ものと思っていながらも、そのことについて確かな信念や自信と説得力をもって、人に具体的に説明できずにいた、もやもやと孤独感、孤立感を小出さんが払拭《ふっしょく》してくださった。

小出さんは、原子炉実験所で、放射能測定・計測、原子力安全などを専門として研究を続けてこられた科学者であるとともに、核兵器・原発のしくみや諸問題点などについて原子力の素人《しろうと》や、場合によっては子どもたちにもわかりやすい言葉や例表現などを使って説明や解説をする。それを拝読していくことで、自分が原発について充分にわかっていなかった部分の一つひとつについて解明できた。

ただ、それでもなお、細部について自分で解明できずにいた、やや専門的なことなど、いくつか質問させていただいたこともあったが、小出さんは、わかりやすく懇切《こんせつ》丁寧に教えてくださった。もし、私が小出さんに出会えていなかったならば、この本を執筆することなど到底できなかったことだけはまちがいない。

小出さんの他の原子力関係などの科学者になかなか見られない際立った特徴は、まず、原発の危険性や経済上などにおける問題点についての解説や主張にとどまらず、核兵器と原発が、いわゆる「別もの」ではないことを明快に真正面から指摘し、警鐘を打ち鳴らしていることである。

そして、私がそのことに劣らず深く共感したのが、核（原子力）の利用は、核兵器であろうと原発であろうと、人が人を差別することを前提にしか成り立たないことに着眼し、説いていることである。

なおかつ「電気が足りようと足りなかろうと、経済が発展できようとできなかろうと、原子力などやってはいけない」と言われている。

ここに小出さんの思想、考え方、価値観の根本が凝縮されていると感じ、私がもっとも共鳴し、この上なく尊敬する点である。

この主張は、とくに科学者には稀有であると思う。

私は、一九七〇年代、原水禁運動のある会合に参加し、反原発を唱えていたとき、ある政党の方がた数人に囲まれ、次のように言われた。

「あなたの言っていることは科学の否定だ。科学は、事故や失敗も繰り返すなどし、修正、検証、教訓化などしながら発展し、人類の幸せに貢献していくものだ。今までもそのようにして科学は発展してきた。当然その過程においていろいろな事故やそのことによる犠牲（者）も出た。それは、ある程度やむを得ない」と。

彼らは、一方では「ふたたび被爆者をつくるな！」と核兵器の廃絶を訴えている人たちだった。ちなみに、その政党は、福島第一原発事故が発生するまで、原発は「原子力の平和利用」として、賛成していたところである。

3・11以降、突如「原発ゼロ」を唱えるようになり、再生可能エネルギーへの取り組みもはじめた。しかし、過去の方針や言動についての反省の表明は残念ながら聞いたことがない。

小出さんは、科学者である前に一人の人間として、世の中、（差別をなくし、平和と命を大切にする）社会のあり方についての理想と強い信念をもち、科学はその思い描くあり方や理想に向けて役立てるべきものという、まったくぶれない価値観をおもちの方なのだと思う。

そうした小出さんの考えや姿勢、人柄の一端を著書や講演の内容など以外の場面でも拝見している。ある（小出さんが講演をした）講演会でのことだった。その講演会が終了した後、その会場の机やいすなどの整理やかたづけが必要だった。主催者から、参加者へのかたづけへの協力の要請もあり、多くの参加者が協力していた。その後に予定されている懇親会までの空き時間でもあり、人手も充分足りていた。それにもかかわらず、小出さんは、ほかの人にまじってかたづけをされていた。講演でお疲れだっただろうし、立場上からも、本来小出さんがやらなければならないことではないとする考えが大勢であると思うが、その姿を見たとき、私は改めて、小出さんはそういう方なのだと感銘したのである。

8　再生可能エネルギーの推進はなぜ急務か？

化石エネルギーの枯渇は、決して切迫した問題ではないことはすでに述べたが、それでも、再生可能エネルギーの推進を急務と私が考えている、二つの大きな理由がある。前述のとおり、過去に日本が起こした戦争の主因は、石油をはじめとした資源の不足からその確保、解決を、侵略に求めたことにあった。

経済や産業のあり方として、エネルギーの自給体制や地産地消《ちさんちしょう》（地域生産・地域消費の略語。地域で生産された様々な生産物や資源をその地域で消費すること。地域経済の活性化、食糧自給率の向上、輸送にかかるエネルギーの削減などにつながる）を取り入れていくことは、人にやさしい環境と周りの国々との平和友好関係を築いていくうえで大切であり、再生可能エネルギーの推進は、その根幹の一部をなすものであると考える（こうした取り組みの具体事例については後述する）。

すなわち、再生可能エネルギーの推進は、戦争の抑止と平和への礎を築くことに深くつながっているものである。ただ、地産地消も決して万能というわけではなく、どの地域にも当てはめられるものではない。

そのことは踏まえておく必要がある。

また、今の日本が直面している状況を考えると、エネルギーの自給力を上げても、日本が戦争をする（参戦する）恐れの強い要因（可能性、危険性）がもうひとつあることを注視し、その抑止に努めなければならないことがある。

それは、ほかでもなく、アメリカが行う戦争に日本が同盟国として参戦することである。この数年、その恐れは急速に高まりつつある。

二〇一三年に成立した「特定秘密の保護に関する法律」（「特定秘密保護法」）、二〇一四年の「武器輸出三原則」の撤廃、集団的自衛権（ある国家が武力攻撃を受けた場合に直接に攻撃を受けていない第三国が協力して共同で防衛を行なう国際法上の権利）を認めた二〇一五年成立の「安全保障関連法」、二〇一七年には「共謀罪」が国会で可決され、憲法九条の改悪も画策されている。

自由民主党は、戦争放棄や戦力不保持をうたった九条一項、二項を維持したまま、自衛隊を明記した「九条の二」を新設しようとしている。

九条の二　一項
前条の規定は、我が国の平和と独立を守り、国及び国民の安全を保つために必要な自衛の措置をとることを妨げず、そのための実力組織として、法律の定めるところにより、内閣の首長たる内閣総理大臣を最高の指揮監督者とする自衛隊を保持する。
二項
自衛隊の行動は、法律の定めるところにより、国会の承認その他の統制に服する。

集団的自衛権の行使は、「憲法の明文化なしには不可能」というのが、長年の内閣法制局の立場だった。これを、強引に変更して安全保障関連法を制定したものの、海外での軍事行動へのハードルはなお高く、これを容易に突破できるようにすることが、ねらいのひとつと思われる。

自衛隊の定義と目されていた、「必要最小限度の実力組織」の表現のうち、「必要最小限度」の文言が削られる方向になっている。

「自衛のための必要最小限度を超えない自衛力は合憲だが、必要最小限度を超えると戦力となり違憲」というのが従来の政府解釈だった。この制約が取り払われてしまえば、どんなに軍備拡大を推し進めても「必要な自衛の措置」の範囲だと強弁できることになる。その結果、戦力不保持を定める二項が果たしてきた立憲統制は機能しなくなり、自衛隊のまま実質は軍隊となってしまう。

日本政府が、強行突破してきているこれら一連の流れは、明らかに日米軍事同盟の強化に伴う、戦争に参戦できる国家体制（法制）と、これに反対する国民や団体を容易に弾圧、封鎖、処罰できる体制づくりにほかなるまい。

「安全保障法」の新任務が初めて実施されたのは二〇一七年五月のことだった。海上自衛隊のヘリコプター搭載型護衛艦「いずも」が、日本近海でアメリカ補給艦に「武器等防護」を行なった。海上自衛隊護衛艦と分かれたアメリカ補給艦は、北朝鮮（朝鮮民主主義人民共和国）を牽制するため、日本海に展開していたアメリカ空母艦隊に燃料を補給したとみられている。

二〇一七年後半には、航空自衛隊も、日本周辺に飛来したアメリカ空軍の爆撃機に対して、武器等防護を実施した。武器等防護は、有事でなくても情勢が緊迫しているとされるグレーゾーン事態のときに、自衛隊がアメリカ艦隊や航空機を警護する任務である。第三国が、アメリカ軍の活動を妨害した場合、武器を使って阻止でき、武力衝突に発展する危険もはらんでいるという。

海上自衛艦は、二〇一七年六月ごろ、安全保障関連法で新たに可能となった弾道ミサイル発射警戒中のアメリカイージス艦への給油も日本海で実施し、日米の任務一体化を印象づけた。

自衛隊が新たに導入する武器も、日米一体化の流れを反映しつつある。二〇一八年度防衛予算には、航空自衛隊の戦闘機に搭載する長距離巡航ミサイルの関連費用を盛り込んだ。射程は国内から北朝鮮（朝鮮民主主義人民共和国）の本土に届く。また、そのほかに、「新対艦誘導弾」の射程延長等のための研究費に五十四億円、「高速滑空弾《かっくうだん》」の研究費に四十六億円もの予算が盛り込まれている。

軍事ジャーナリストの清谷信一《きよたにしんいち》さんは、「高速滑空弾は、前提として敵基地攻撃能力を備える。政府は敵基地攻撃に一言も触れていないが、それを前提とする研究なのは明らか」とみる。

軍事アナリストの毒島刀也《ぶすじまとうや》さんは、高速滑空弾の射程について「防衛省の資料では詳細が不明だが、最低でも五〇〇キロはあると思われる。沖縄本島から離島を占領している敵軍を狙い撃ちするといった使い方が考えられる」と指摘している。

このようにして、いまや自衛隊は専守防衛を逸脱するかのような様相を呈してきた。憲法九条改憲のねらい（具体的な目的）が、いわゆる「敵地攻撃」などをも含めた戦争体制づくりにあることは、もはや火を見るより明らかである。

こうした日本政府の戦争準備体制へのなし崩し的な推進、「戦争への道」に歯止めをかけ、平和への道を志向するためには、日本の対米従属（政治・経済・軍事面）を断ち切ることが絶対条件となってきた。

再生可能エネルギーの推進が急務であるもうひとつの決定的な理由は、地球温暖化対策である。一九八〇年代から地球温暖化問題が、徐々に認識されてきた。温暖化は、石油や石炭などの化石燃料の使用に伴って排出される二酸化炭素が原因であり、世界のどこで排出されても影響は世界に及ぶので、グローバルな地球環境問題である。

世界の平均気温は、過去百三十年で、〇・八五度上昇している。日本では、過去百年で、平均気温が一・三度上昇し、夏には、三〇度を超える真夏日はいうに及ばず、三五度以上の日さえ珍しくなくなってきた。

今までの生活様式のままであるならば、百年後には四度前後の気温上昇が予測されるという。そんなことになると、熱中症、熱射病などのほか、マラリアやコレラなど感染症の流行と拡大、光化学スモッグの増大、穀物、農作物の生産量や漁獲量の落ち込み、海面水位の上昇に伴う低地の水没、気候の変化に適応できない動植物の死滅と生態系の崩壊等多岐にわたる影響や被害が生じ、人類の生存が脅《おびや》かされることになる。まさに人類の存亡がかかっている問題なのである。

このような深刻な事態を受けて、二〇一五年十二月、世界の国々が温暖化対策に取り組む国際協定である「パリ協定」が成立した。「パリ協定」では、「世界的な平均気温の上昇を産業革命前に比べて二度C未満（努力目標一・五度C）に抑え、二十一世紀後半には二酸化炭素等温室効果ガスの排出を実質ゼロにすること」を目標としたものである。締約国《ていやくこく》は、削減目標を立てて五年ごとに見直し、国際連合に実施状況を報告することが義務づけられている。日本は、二〇三〇年度の温室効果ガスの排出を二〇一三年度の水準から二六％削減するという中期目標を国連に提出している。

温暖化対策とは、省エネルギーを進めることと、（地球温暖化の原因となる、二酸化炭素の排出を低く抑えるための）低炭素・脱炭素エネルギーを進めていくことであり、そのなかで、再生可能エネルギーの推進は、大切な役割を担っている。

9 「世界唯一の被爆国」との訣別を！

私は、未成年のころから新聞、テレビやラジオのニュースのみならず、原水禁運動、反核運動などの場において、呪文、枕詞《まくらことば》のように繰り返し連呼《れんこ》され、聞かされてきた忌《い》まわしき表現、（日本＝）「世界唯一の被爆国」を心から嫌悪《けんお》している。いまだに、反核集会などの場においても、これを臆面もなく連呼する人たちが絶えないことに怒りを覚えるとともに、日本人のひとりとして恥ずかしく思っている。もちろん、私は、決して言葉尻《ことばじり》そのものにこだわっているのではない。このような表現を、今なお何の疑問もなく声高《こわだか》に使用し続けていることに体現されている、平和関連の一部運動団体などをも含む、日本人の心の奥底にまで染みついてしまっている、その視野や見識の狭さを強く問題視してのことである。

最初に、私がこの言葉に違和感をもったのは、高校生のとき、広島・長崎の原爆投下による原爆被爆者は日本人だけでなく、朝鮮人、韓国人、中国人をはじめアジア諸国の人びと、欧米等、多くの国の人たちも含まれていることを知ったときだった。前述した父の合奏の友、フーゴ・ラサール神父もドイツ人（第五章にて前述のとおり一九四八年に帰化）であったし、そうした外国人被爆者がたくさんいることも聞いていた（広島・長崎の原爆被爆者の約一〇％程度は、外国人であったと推定されている）。

そのことだけでも、「唯一」というのは奇異に聞こえた。そして、もうひとつが「被爆国」である。何度聞いても、耳を覆《おお》いたくなる腹立たしい響きである。

原爆は、広島と長崎に投下された。そして、そのとき広島と長崎にいた日本人と外国人が被爆した。広島と長崎は被爆地である。その歴史的事実から、原爆や核と向き合うことが大切なのである。すなわち、日本という「国」（国家）が被爆したわけではない。そうした原爆による被爆の被害・加害の本質や戦争責任をうやむやにしてしまう「魔法のことば」として、「唯一の被爆国」は君臨し、日本国民を翻弄《ほんろう》し続けてきた。

この「唯一の被爆国」というフレーズが連綿《れんめん》として連呼され続けるなかで、あたかも、被爆者の被害や苦しみが、日本という「国」（全体）としての被害であるかのようにすり替えられながら、いつのまにか日本政府の都合のいいように使われてきた。私は、この言葉の発祥《はっしょう》は（確証がないため断言は差し控えるが）、もともとは運動のなかからではなく、政府（国）の造語であったと推察している。

ここで、ひとまず、一九七七年に発刊された『被爆二世宣言・創刊号』（関東被爆二世連絡協議会）において、私自身が執筆した当時の文章の一部（当時の文章のまま）を紹介する。

被爆者である漫画家・中沢啓治《なかざわけいじ》さんの作品『はだしのゲン』には被爆当時の在日朝鮮人差別の実態が鮮烈に描かれている。

今もなお、在日朝鮮人被爆者や在韓被爆者などは、戦争や軍需産業などの徴用労働に「天皇の赤子《せきし》」「皇国臣民」としてかりたてられながら、日本人被爆者が受けている極めて不充分な保障さえ受けられず、苦しめられている。

そのことから眼をそらし、「日本は唯一の被爆国だ」などというのは、不見識といわざるを得ない。まず、被爆したのは、日本人総体ではない。一部の日本人と在日外国人（朝鮮人、韓国人、中国人、その他のアジア人、アメリカ人…）である。また、被爆したのは国家ではなく民衆である。国家（日本政府）は、むしろ加害者の重要な一端である。これは、決して「ことばのあや」ではなく、被爆問題の本質をはっきりさせるうえでしっかりと踏まえておくべきである。

「被爆朝鮮人孫辰斗《ソンジンド》さんの『なぜ私が広島で被爆したのか。』という問い返しは、私たち一人ひとりに過去の日本の侵略と差別の歴史へ眼を向けさせ、歴史のなかでの私たちの一人ひとりの生き方を問う」（『ヒロシマの原風景を抱いて』栗原貞子《くりはらさだこ》　未來社　一九七五年）ものなのである。


ビキニ事件が、一九五五年の原水禁運動の発祥の大きなきっかけとなったことについて、この章のはじめのところで述べた。

確かにこの事件で、第五福竜丸を含めた多くの日本人が被ばくした。しかし、マーシャル諸島において、アメリカは、一九四六年から一九五八年にかけて、このビキニ水爆実験を含めて六十七回もの核実験を行い、マーシャル諸島住民と地域に健康、環境、文化、生活総体への甚大な被害をもたらした。原水禁運動や被爆者運動が、この問題を真に共有し、連帯する姿勢を強くもって運動を進められていたならば、自ずと「世界唯一の被爆国」は死語となっていたはずではないだろうか。述べたとおり、むしろ日本はこのような核大国、アメリカ製の原発を導入し、先住民の被ばくの犠牲を前提としたウラン採掘など世界の多くの人々の犠牲のうえに原発大国、原発輸出国として、虚構の「平和」を謳歌してきた。日本は、すでに核加害国のひとつである。「世界唯一の被爆国」という、この忌まわしき枕詞は、こうした日本国政府の悪行三昧《あくぎょうざんまい》を覆い隠し、粉飾するための「麻薬」以外の何ものでもないことを自覚すべきだろう。

マーシャル諸島は一九八六年に独立し、マーシャル諸島共和国となった。こうしたことに配慮してだろうか、具体的にいつからかは覚えていないが、テレビのニュースや新聞記事などで「戦争による唯一の被爆国」という表現が使われ出した（早くても二十一世紀に入ってからのことだったと思う。私が最初に聞いたのはNHKテレビのニュースにおいてだった）。近年では、「唯一の戦争被爆国」という表現が主流になっているようである。私には、それこそ言葉尻レベルの忖度《そんたく》をしているに過ぎないと感じられる。

むしろ、そこまでしてまで、「唯一」にしがみつこうとする着想《ちゃくそう》にこそ、この国の深い病巣があると思う。日本政府にとってみれば、「唯一」という謳い文句は、自らの原発大国ぶりや潜在的核保有能力への海外からの批判をかわしたり、「平和国家」という虚構をカモフラージュするための切り札であり、まさしく「金看板《きんかんばん》」なのである。だから、ことのよし悪し、許容できる、できないは別として、政府の要人がこれを好んで多用する意図は、むしろ理解できなくはない。

しかし、少なくとも平和運動、反核、核廃絶を唱え、めざす方がたは、もういい加減に、この偏狭《へんきょう》な視野の殻《から》を打ち破っていただきたい（現に、いまだにビキニデーの国際交流会議のような場においてさえ、声高に「世界唯一の被爆国」を何度も連呼する人たちが後を絶たないことを、恥ずかしく思う）。

楊小平《ヤンシャオピン》さん（広島大学客員研究員、広島女学院大学非常勤講師）は、中国人の被爆について次のように述べている。

　原爆投下時、強制連行労働者、台湾籍、中国内地からの留学生が広島と長崎にいた。日中戦争から太平洋戦争へと戦争が拡大の一途をたどるにつれ、軍需産業、鉱山、炭鉱での労働力、更に、軍事基地・鉄道・道路・港湾等の建設のための労働力不足は深刻化した。そこで、日本政府は、従来の「自由募集」「斡旋」という方法に加え、国家総動員体制の下で、一九四二年に中国人労働力を強制的に利用する政策を打ち出した。日本に強制連行された人々は、少なくとも、日本の国家政策の強権的実行の結果、自らの意思に反して郷土と祖国を離れて渡日し、広島および長崎にいたのである。その結果、中国人被爆者にとってのヒロシマは、一般の日本人被爆者の被害のほかに、強制連行の被害という重層的な歴史構造をもつことに留意すべきである。

楊小平「広島とヒロシマの国際化―ローカルとグローバルのはざまに」
（『ぷらくしす』第18号　広島大学応用倫理学プロジェクト研究センター・西日本応用倫理学研究会・編集、広島大学文学部倫理学教室・広島大学応用倫理学プロジェクト研究センター・発行、二〇一六年）

原爆による被爆と、核実験や原発などによる被ばくについて、日本語では、「被爆」と「被曝」という違う漢字を用いるなどして区別し、切り分けている。

私は、決してそのこと自体が悪いとは、思ってはいない。

戦争のなかで使われた原爆による被害と、被爆者とその子孫にまで及ぼされている苦しみや影響には、確かに独自性もある。だが、核実験や原発などにより、もたらされた被害者の健康、環境などの破壊やそこに生じる差別、あるいは、核開発、軍事戦略上のデータ収集目的の健康調査・研究など、原爆による被爆と共通することがとても多い。

私が今、被爆体験伝承者をめざしている理由・目的は、原爆被爆体験が（戦後のことも含めて）実際にどのようなものであったのか、そしてそれについて被爆者はどのように感じ、考え、何を訴えようとしているかなどについて、真摯に被爆者の「声」に耳を傾け、より理解を深めて受けとめて、それを広くわかりやすく伝承することにある。それとともに、そのなかに間違いなく存在すると確信する核被害の普遍的な共通性に注視して、それを訴えていくことで、その実情と本質、被爆者の思いについての理解・確認を、ひとりでも多くの人びとと共有していきたいと考えている。また、少しでもそのことへの理解を広めて、また世界中の「ヒバクシャ」と連帯し、核兵器も原発もいかなる形態にある核であっても、世界中から根絶させる核廃絶実現に向けて、さらに行動の輪を拡げることに、結実させていきたいと願っている。

世界中で、これまで核実験の回数は、約二千回以上にも及んでいる。

アメリカの核実験はもちろん、それ以外でも多くの被曝者がうみだされている。旧ソビエト連邦は、セミパラチンスク、中国は、新疆《シンチャン》ウイグル自治区（五十回前後、公式発表では四十六回）、フランスは、サハラ砂漠やポリネシアのムルロア環礁（大気圏内核実験だけでも四十六回）などで、イギリスは、オーストラリア先住民・アボリジニが住むオーストラリアの砂漠やクリスマス島で核実験を行なっている。このように、核実験で被曝者となった人びとの多くは、その土地に住む先住民など弱い立場にある人たちであり、核実験後も、放射線の効果を調べる、いわゆる調査・研究対象とされている。もはや、数百万人に及ぶと推定される核実験被曝者が世界中に散在しており、病苦や生活苦を強いられている。死亡者の数も計り知れない。

原発に関しても、一九八六年のチェルノブイリ原発事故、そして二〇一一年の東京電力福島第一原子力発電所の事故の被曝被害は、極めて深刻なものと受けとめなければならない。

福島の原発被害は、残留放射能という問題を含めて、現在進行形のものである。福島の被ばくの被害についての考え方については、第六章でも述べたとおりであるが、福島の被災者の方がたの避難し続ける権利、支援策、また、とくに子どもたちの保養など、生きる権利、健康と生活を守る（改善する）権利の保障がきちんと行なわれなければならない。

大地を汚染している主成分は、セシウム１３７で、その半減期は三十年、百年経っても十分の一にしかならない。福島は、依然、原子力緊急事態宣言のもとにある。

それにもかかわらず、二〇一三年、日本国首相は、東京にオリンピックを誘致するに際して、福島の状況について、アンダーコントロール（The situation is under control.）であると、あたかも問題がないかのように述べている。

まさしく、福島の被害はもう「すでに終わった解決済みのこと」として、幕引きを図ろうとしている。国際放射線防護委員会（ＩＣＲＰ）の勧告に基づき、それまで日本では、年間一ミリシーベルト以下と定めていた、一般公衆の被ばく放射線量限度（基準値）を、緊急時だからとして二〇ミリシーベルトにまで引き上げている。そして、これを根拠に特定避難勧奨地点解除や自力避難者への住宅支援打ち切り、実質上帰還を強要するなどの暴挙に出ている（本来、二〇ミリシーベルトは、放射線業務従事者に対する基準値である）のである。

ＩＡＥＡ閣僚会議に対する日本政府の報告書でも、福島第一原発事故により、大気中に放出したセシウム１３７の量は、広島原爆の百六十八発分だといわれている。こうした原発事故による放射能は、アメリカ西海岸にまで到達している。それにもかかわらず、アメリカが日本に文句を言ってこないのは、自分たちがそれ以上のことをすでにやってきているからにすぎない。

日本政府は、福島の被害について、このように棄民政策を推し進める一方で、核兵器禁止条約に反対し、署名も批准もしないというありさまである。それなのに、この期に及んで、なお「唯一の被爆国」だなどと吹聴《ふいちょう》し続けていては、海外諸国からひんしゅくを買うのが必定ではないだろうか。

被爆者が一九九四年、悲願であった「原子爆弾被爆者に対する援護に関する法律」（被爆者援護法）を制定させることができた理由として、私が決して見落としてはならないと思うのが、国側からの差別・分断政策を、一つひとつ打ち破っていった被爆者の団結・結束力である。

被爆者対策の当初のころには、「特別被爆者」、「入市被爆者」、爆心からの距離など、国側からの様々なかたちでのせまい制限や限られた施策という、明らかな差別・分断待遇が行われていた。これを一つひとつはね返し、被爆者全体の福祉と、より平等な施策適用に努めてきた（私の父は、爆心から一キロで被爆しており、当初いわゆる「特別被爆者」とされていたが、そのことに甘んじることなく、被爆者全体の権利の獲得と福祉の向上の実現に専心していたことを知っている）。

今日において、大切なことは、被爆者の被爆体験の風化を許さず、しっかり伝承するとともに、その体験にある独自性のみに視野を限定するのではなく、国内外のヒバクシャとの共通性やそれぞれの独自性にも着目する広い視野、視点をもって、連帯の輪を広げていくことではないだろうか。

そのように考え、行動に移していこうとするとき、半世紀以上にわたって多くの日本人の心を支配してきた「世界唯一の被爆国」幻想は、そこに立ちふさがる大きな「壁」にほかならない。「世界唯一の被爆国」と語ること自体が、いまや実質上の核大国、輸出国、さらには、これまで述べてきたように核の加害国、核兵器潜在保有能力をもつ筆頭国として、アジア諸国をはじめ海外諸国に脅威を与えるまでになっている日本政府の現状を（あたかも国＝被害者であるかのように「被爆国」とすることで）、あいまいに容認することに確実につながるのである。

ここに四十年余の時を経て、私は、改めて「世界唯一の被爆国」という言説《げんせつ》からの訣別を日本国民の皆さんに強く提言するものである。

竹峰誠一郎《たけみねせいいちろう》さん（明星大学人文学部人間社会学科准教授）は、広島・長崎とともに、地球規模に広がる核被害を射程に収めた研究の促進が必要であるとして、高橋博子《たかはしひろこ》さん（明治学院大学国際平和研究所研究員、名古屋大学法情報研究センター研究員）とともに、グローバルヒバクシャ研究会を二〇〇四年に創設した。この研究会を母体に、日本平和学会に新たな分科会「グローバルヒバクシャ」が設立され、二〇〇五年に始動している。

グローバルヒバクシャとは、広島・長崎の原爆被害とともに世界で核被害を訴える人びとの存在を視野に収め、甚大な環境汚染が地球規模で引き起こされてきた現実を汲み取るために措定《そてい》された新たな「概念」である。

グローバルヒバクシャは、横糸でさまざまな核被害を結ぶ。広島・長崎と世界の核被害を、「被爆」と「被曝」で切り分けるのでなく、核開発にともなう被害として同じ地平に収める。

それぞれの地域で派生する核被害を、局地的出来事として封じこめ個別化するのではなく、空間を超え地球規模で結びつけ、総合的に捉える回路をグローバルヒバクシャの概念は開く。そして、ウラン鉱開発の原料調達から核廃棄物の処理に至るまで、核開発のすべての過程にともなう被害を総合的に捉え、核開発の推進と明確に対置する。「唯一の被爆国」という視野を超えて「意識のグローバル化」を図り、核被害を訴える人びととその支援者が、研究者も含め、世界規模で結びつくことを志向した実践性をもたせた言葉がグローバルヒバクシャである。

『マーシャル諸島　終わりなき核被害を生きる』竹峰誠一郎（新泉社、二〇一五年二月）三七一ページ。

10　核兵器廃絶、原発ゼロ、核（核兵器・原発・核実験…）被害者（ヒバクシャ・被災者・避難者）支援・〝ほしょう〟は三位一体！

日本人は、勤勉な国民だとか、緻密《ちみつ》な作業に向いているなどといわれてきた。確かに、その傾向や国民的な特性は、仕事面だけでなく社会的な運動や活動の分野においても顕著に表れているように思う。自分がかかわっている問題についても、非常に緻密に調査・分析を行い、資料・データをていねいに収集しながら、問題を深く掘り下げて、細かい方針を立てて取り組んでいる論客や実践的活動家などが諸々の分野にたくさん見受けられる。

それ自体は、美徳であると思う。ただ、こうした方がたに同時にありがちな傾向は、自分が取り組んでいる専門分野のみに意識が集中し、視野や情報源を狭《せば》めることで、社会・世界全体の動向や本来密接に関連しているはずの隣接した分野のことなどには、まったくといっていいほど無関心・無頓着《むとんちゃく》になってしまうことである。

そうなると、日ごろ目を通す文献や資料、参加する会合や会議、そしてそこで会い、意見を交わしたり、何かについて検討したりする相手や顔ぶれなども、ほぼ恒常的にその専門分野に取り組んでいる「仲間」どうしということになってくる。当然、そこに集まるのは、ある一定の共通認識、考え方や価値観など、暗黙の了解を持った人たちどうしであるから、それを前提に話を始めることもできる。みな居心地《いごこち》もよいし、結論を出したり、判断をしたりも比較的早く楽にできるだろう。

だが、その様相が強まれば強まるほど、その集団の出す結論や政策、方針などが、現在に至る歴史や社会情勢全体を踏まえての現状にマッチしたものなのか、自分たちがやっていることの社会における役割はどのようなものなのか、その立ち位置はこれでよいのかなどについて、多角的・包括的な視野や観点から判断することがむずかしくなるリスクも、比例して高まる。

その人たちの関心や行動、人間関係の範囲が限られれば限られるほど、さらに（第二章で述べた）「準拠枠」も狭まるだけではなく、その「準拠枠」そのものが妥当なものであるかどうかを、時には検証したり、疑ってみることもまったくなくなってくる。というよりも、そもそも、そういう検証をしようという考えを、あまり持ち合わせていないからなおさらそのようになっていくのだろう。

具体的な事例により、説明してみたい。

この本では、日本が侵略戦争をしかけた原因、アメリカが原爆を落とした目的やビキニ事件などを含めた核兵器や原発をめぐる日米関係の歴史、推移、現状などについて論じてきた。

たとえば、平和運動には、核兵器廃絶をめざし、活動をしている様々な運動体があり、そのなかには、日本政府に核兵器禁止条約への署名や批准を迫ることや、原爆と戦争の悲惨さを訴えることなどの運動に、大半の力点を置いている団体もある。もちろん、それらは、とても大切なことである。

だが、核兵器廃絶という崇高《すうこう》な理念を、現実としてたぐり寄せるためには、この本でこれまで述べてきたように、日本が核武装を射程に入れて推進してきた原発や、その状況を生み出した元凶である日米軍事同盟の問題などにも、視野を向けることが必要である。今日の日本に住んでいる私たちにとって、核武装と密接に関係している原発、核武装や戦争への参戦を現実のものにしかねない日本政府の動向に対しては、はっきりした認識と何らかの意思表示やアクションを起こさなければ、いくら運動に取り組んでいるとはいっても、それは単なる抽象的な願望や理念に終りかねない。だからこそ、少なくとも認識すべき分野についての情報収集をしたり、できうる範囲でもよいから関連分野の運動体と情報・意見交換をすることが大切だと感じる。そのことで横のつながりが生まれ、相互の認識が深まり、情報の共有化や共同での行動の糸口が見つかったりするかもしれないと思っている。

また、原発ゼロをめざす運動体の人たちは、本当にそのことを実現するためには、日本の核武装志向や憲法九条改定などの戦争準備体制をやめさせ、日本国政府を核兵器禁止条約に署名・批准させる運動（体）に、どのような形でもいいから、自分たちの意識や関心を少しでも向けるなり協力してほしい。そのことで、自分たちの情勢認識も広がり、運動が本当に実効性を伴って、質・数ともに厚みのあるものになってくると思う。

昨今の社会情勢の動向や内閣支持率などを見ても、この国の政治に疑問をもち、反対している人は多い。それにもかかわらず、政権交代などがなかなか起こらず、政治が変わらないのはなぜだろうか。戦争をしたり、核兵器が使われてはならないと、多くの人たちが思っているはずなのに、現実には、この国の政府に一歩一歩お堀を埋めるように、法改定などを強権的に推し進められ、戦争への道への歩みを許してしまっているのはなぜだろう。

野党がだらしなく、頼りにならないという声をよく聞く。

私は、それをあえて否定しようとも思わないが、私たち一人ひとりの価値観や考動様式そのものにも問題があると感じている。いまや、そのこと自体を問い直す必要があるのではないだろうか。

国家機構といえども、決して一枚岩ではなく、各省庁間における複雑な利害の競合・確執や政治家・派閥間、官僚間等での意見や利害などの食い違いはある。時として、そこに亀裂《きれつ》や衝突が生じるようなこともあるだろう。「森友問題」などでも、そんなことが垣間見えたりもする。ただ、そうはいっても、大筋においては、国家機構というものは、横の連携や情報共有などにより調整を図りながら、系統的な住み分けや連動性を保ちつつ国を統治している。

これに対して、現状の日本の運動体の多くは、本来目標としては一致していたり重なる部分があるはずの分野の人たちどうしまでが、それぞれの状態と限られた情報や認識のまま、個別の分野でバラバラの意思で活動に取り組んでいる。

日本では、これまで述べたとおり、隣接の分野間においても、それぞれの交流や意思疎通が大変に薄い。しかも、なおかつ、同一分野内においてさえ、必ずしも運動方針の明確な相違とも思えない、主に感情的対立に起因すると思われる派閥（グループ）などに細分化されてしまい、その影響で共同行動（歩調）さえ危うくなる傾向がある。結果的に程度の差こそあれ、それぞれが寸断された「小集団」の感が否めない。このような状況が続いている限り、国の統治は多数の民意に反するものであっても安泰《あんたい》となっていく。そのようなことで、はたしてよいのだろうか。

なぜ、この世の中に差別というものが意図的につくり出され、温存されているかというと、第一章でも述べたように、国家が多数の国民を「分断」して安定的に統治することに「資する」ためなのである。

この国の現状では、数多くの団体がそれぞれの分野でバラバラな要求や主張で、国や自治体に相対していくという、「分断」の状況にあるため、諸々の要求を抑え込んだり、かわしたりするのは比較的楽なことになっている。実は、政府がいま一番恐れていることは、隣接した分野の運動体、団体などが、情報共有、意見交換・調整などを行ない、協力しながら団結・結束して挑《いど》んでくることである。

二〇一六年十月十四日、日本原水爆被害者団体協議会（日本被団協）が厚労省に要請書を提出した。そのなかの項番7は次のとおりである。

福島第一原発事故による被曝住民の健康管理と医療対策を自治体任せにせず、「国民の命と健康を守る」厚生労働省は、国の施策として早急に実施してください。

これに対する厚労省の答弁は、「福島第一原発事故関連のことは環境省管轄のことだから、厚労省は関知しない」の一言でバッサリ切り捨て、門前払いとした。このことに、私はまさしく国家による分断の意図を明確に感じた。

被爆者・被爆二世と福島の被ばく者が意思統一をして、国に対することを国は恐れている。国は、被爆二世・三世、福島の被ばく被害などを「ないこと」にして完全に切り捨てようとしている。被爆者問題の幕引きと福島の見せかけの「復興」をもって、被爆（被曝）問題の一切を封印したうえで、二〇二〇年東京オリンピック開催という国家イベントを経て、戦争準備体制の完成へと導こうとしているのである。

11　「多文化共生社会」の創造と核廃絶！

前川喜平《まえかわきへい》さん（前・文部科学省事務次官）が、二〇一八年二月十六日、名古屋市北区の市立八王子中学校の授業で講演を行なっている（この講演について、文部科学省は市教育委員会を通じ、授業内容の確認や録音データの提出を求めていた。これは、明らかに国家権力による教育への不当介入である）。

この講演のなかで、前川さんは中学生に対して次のようなことを述べられている。

「これからの日本、世界がどうなっていくのかわからないが、未来をつくっていくのは二十二世紀まで生きる皆さんだ。少子高齢化もあり、今までのように日本人だけでつくる社会ではなくなる。多文化共生社会を外国から来た人とも一緒につくれるかが大きな鍵。そのためにも、いろいろな人と話しながら問題を解決していく力、生涯学びながら生きていく力が必要。そうした力を中学生の間に身につけてほしい」。

私は、この前川さんの考え方にまったく同感である。

今日のこの国にとって必要なのは、「多文化共生社会を外国から来た人とも一緒につくれるか」、「いろいろな人と話しながら問題を解決していく力」、「生涯学びながら生きていく力」、この三つが大切なキーワードであると思う。

今日の日本人の多くは、「多文化共生社会」を外国から来た人たちと一緒につくる以前に、日本人どうしでも、自分の中心的専門分野外の団体や人々との交流や参加への積極性が明らかに不足し、閉塞感《へいそくかん》が見られ、本来の関連分野どうしでも、風通しが悪い。そして、「仲間うち」を中心に集い、かたまり続け、なかなか「いろいろな人と話しながら問題を解決していく」発想や行動に至らないことが多い。そして、視野が狭まり、固定観念も強まり、自分の視点や考えを絶対視して、新しい情報や人のアイデアや考え方に耳を傾けることなく、心の窓にシャッターを降ろしてしまう。そうなると、他の人や他の団体、他の活動領域から学んだり、よいことを取り入れて、１＋１を３にしていこうという、プラス思考もなく、とても運動の融合や発展は望めなくなる。

私はこの間、さまざまな分野の会合、講演会などに参加してきたが、そのなかで何度となく遭遇した二つの顕著な傾向に気づいた。

パネルディスカッションでのパネリストの発言や、複数団体が集まる集会の活動報告やアピールをするとき、事前に定められている時間を守らない人が、数多く見受けられることである。それも一〜二分ほどの超過程度のものではなく、ときには所定時間の二倍、三倍、さらには延々とすました顔で話し続ける人もいる。そうなると、だいたいお決まりのパターンは、司会者が、後に予定されている発言者に、「時間が超過しているので、これから発言する方は○分以内でお願いします」と促す流れである。

一方、講演会などで、講演者の講演が終了し、質疑応答の時間となったときに、頻繁に見かけるのが、「質問」の時間（しかも、だいたいにおいてかなり限られた時間であることが多い）であるにもかかわらず、なかなか質問の本論に入らず、自分の意見や主張を延々と話し続けるような人たちである。このケースに遭遇する確率も極めて高い。

こうした人たちの多くは、だいたい、民主主義の大切さを訴えたり、与党の強行採決などの強権政治などを声高に批判しているような方がたであるが、実はそれらと自分が同じことをしていることにまったく気づいていない。彼らは、自分の意見や主張を人に聞いてもらい、一方的に押しつけたいだけで、人の意見や考えにも耳を傾け、「いろいろな人と話しながら問題を解決」していく姿勢を、まったくもち合わせていない。こうした傾向は、日本人のなかでも、とくに中高年に色濃《いろこ》いと思う（もちろん、若年層にいないというわけではない）。

自分に引きよせて考えてみるに、人間は何歳になろうと、謙虚で柔軟に、常に自分を研鑽して学ぼうとする姿勢、「生涯学びながら生きていく力」が、ますます大切であると思っている。

これまで、社会的諸問題、とくに関連分野間の運動体相互の交流、情報共有、共同行動の大切さについて述べてきた。

では、具体的にどのようなことをしていったらよいのか、できるのかなどについて、私が実際に近年において、経験、実践してきたことや、そのなかでご縁をいただいた特筆すべき団体、個人の活動の紹介を交えながら、これから述べていくこととしたい。

私がこの間、微力ながらかかわってきた、あるいはこれから何らかのかたちでかかわっていこうとしている活動分野は、核兵器と原発（当然、福島における被災・被曝の問題などを含む）の問題、原爆被爆者・

被爆二世の問題、再生可能エネルギー推進、気候変動（地球温暖化）等環境の問題などについてである。

私は、被爆二世であり、若いころから多くの被爆二世と出会い、その置かれている健康状態や生活などの実情に触れ、自分なりの「被爆二世問題」についての認識や考えがある。

父の被爆体験は、二十九歳、社会人の時のものであり、もうすでにこうした年代の被爆者の体験を生で聴くことはできなくなっている（現在存命の被爆者の被爆時年齢は、大半二十歳未満となっている）。父は、一九六〇年代から被爆者運動に取り組み、川崎市や神奈川県を被爆者対策が突出して進んでいる自治体にしていくために多くの貢献をするかたわら、被爆体験について自身のことにとどまらず、その共通した本質に迫る数多くの記述や証言（ビデオ等）を残している。

これを咀嚼《そしゃく》して、社会的にわかりやすいかたちで公表し、被爆体験の伝承と核兵器の廃絶に資することは、私自身が取り組むべきこととして大切なことだと考えている。こうした被爆者・二世問題についての活動は、私だからできることであろうし、父の被爆体験の伝承は、私にしかできない、また、やらなければならないはずのものである。

まず、この問題への取り組みを中心に据え、今後もそこに多くの時間やエネルギーを使っていくことにはなると思っている。

一方で、再生可能エネルギー推進の活動へのかかわりも大切に考え、一時期は、「エネルギーから経済を考えるネットワーク会議」（エネ経会議）の事務局活動にも従事した。それは、二〇一七年夏までのことであり、複数の活動領域に均等に注力するという考え方によるものだったが、そこにはおのずと無理があったように思う。限られた時間の中で、エネルギーが分散し、どちらに対しても思うような深い活動内容でのかかわり方ができないまま、焦燥感も高じ、心身の疲れもピークに達して、ついに体に異変が生じ、様々な症状から数か月の治療・服薬などが必要となった。

そして、この際、自分の活動のあり方を見直し、述べてきたとおりの理由から広島市被爆体験伝承者養成研修に応募することも決めた。エネ経会議の事務局活動に費やしていた日々の時間や活動を振り返ってみても、被爆二世としての活動や被爆体験伝承活動との両立は、実質上どう考えてみても不可能と悟って断念し、（事務局活動は）退かせていただくこととした。

だが、そのことをもってエネ経会議はもちろん、再生可能エネルギー分野の活動や団体との縁を絶つような考えなどまったくなかったことは、述べてきたとおりである。何とかして、被爆者・二世の問題にしっかりと軸足を置きながらも、原発ゼロや原発被災者・避難者支援、再生可能エネルギー分野とのかかわりを維持し、運動間の情報・問題共有、共同行動を構築していくために、ささやかでも何らかの貢献ができる方法をその後も一貫して模索してきた。

その結果、自分なりに見つけ出したヒントや方法と、それに基づく具体的実践事例をいくつか披露したい。きっと、日々の仕事や所用、あるいはご自分が中心的に取り組んでいる活動で忙しいというような方がたでも、今までの専門領域や関心事以外のことに視野を広げ、当事者意識をもち、価値や意義を認め、その気持ちにさえなれば間違いなく簡単にできることを中心に提示して、体験発表と提案に代えたい。

なお一会員等として、ささやかながら、何らかのかたちで私が参加、あるいは支援させていただいている、あるいはご縁をいただき、お世話になっている団体（人）、会、活動などについても、併《あわ》せて紹介・披露させていただくこととする。

第八章　核なき未来へ！　今日から、明日…未来につながる一歩を！

1　〝核兵器廃絶ヒバクシャ国際署名〟への参加を！

「核兵器禁止条約」（「核兵器の開発、実験、製造、備蓄《びちく》、移譲《いじょう》、使用及び威嚇《いかく》としての使用の禁止ならびにその廃絶に関する条約」）が二〇一七年七月七日に採択されたことと、その意義、及び日本政府がこれに参加せず、署名、批准を行なわない旨、表明していることなどについて第七章で述べた。

この条約の発効には、国連加盟国の五十か国の批准が必要とされている。

そして、それを実現させるうえでカギを握っていると考えられるもののひとつに「ヒロシマ・ナガサキの被爆者が訴える核兵器廃絶国際署名」がある。

被爆者たちは、被爆から七十年が過ぎてもなお立ち上がることをやめない。今回の署名活動は、実は日本で初めての「被爆者の呼びかけによる署名活動」である（これまでも核兵器に関する署名活動はあったが、被爆者が最初に声をかけたものではなかった）。平均年齢八十歳を超えた被爆者たちが真夏に自ら街頭に立ち、署名を集めている。それだけ、被爆者たちは「核兵器禁止条約」に対して本気なのである。

条約によって、核兵器廃絶を実現するためには、核保有国の参加が不可欠である。条約への加盟国をふやし、核保有国に参加を促していくためには、世界的に「核兵器禁止条約の締結と核兵器廃絶」に向けた世論を高める必要がある。

署名期間は二〇二〇年までで、集められた署名は毎年の国連総会に提出される。

今回の署名活動は、すでにイデオロギー、宗派、世代、国境を超えた運動として、広がっている。とはいえ、二〇一八年九月末現在の累計署名数は約八三〇万筆を超えたばかりである。核保有国や日本政府の動向を見ても、より多くの署名によって民意を示していくことが大切であり、その地道な一歩一歩こそが、核兵器の廃絶につながる道筋のひとつになると確信する。

地方自治体の首長からの署名も、二〇一八年九月十二日現在一一八八筆となっているが、まだまだ署名していない首長、賛同自治体となってない自治体も多い。今後も、首長、自治体等に対する熱意をもった働きかけを含めて、地道で粘り強い運動が必要とされている。

署名は、その内容に賛同してするものである。署名について説明し、訴えかける人も、依頼されて署名する人も、それがこの問題について考え、関心をもつきっかけになったり、あるいは転じて発信する立場になったりもする。署名は、数だけでは測ることのできない波及効果や世論、運動の広がりのきっかけになっていくものである。

原水禁運動の発祥のきっかけとなった、ビキニ水爆実験第五福竜丸事件の後に東京都杉並区で始まった水爆禁止署名運動（↓原水爆禁止署名運動・原水爆禁止運動に発展）は、そのことを教えてくれている典型的な例である。

私は、再生可能エネルギーの活動をしている人たちにも、この署名をお願いしてきた。だいたいの人には、快くご協力いただいてきた。

しかし、意外にも、この活動分野のいわばリーダー的存在である人のなかには、協力いただけなかった人もいる。その人たちは、あえて署名用紙の内容に反対（否定）をしたわけではないが、結局は署名をしてもらうことができなかった。私としては、日ごろのやり取りから、その人自身はもちろん、少なくとも家族全員の署名くらいまでの協力はしてもらえるものと思っていたが、結果は期待と相反するものだった。このときに、いろいろなことを考えさせられた。

今にして思えば、なぜもっと熱意を込めて、しかもわかりやすくこの署名の意義をわかってもらおうと説明ができなかったのかという思いがある。なにしろ、原発ゼロを真剣に考えていると思われる人だったから、なおさら悔いが残っている。

そのことが、本書の執筆を思い立つ動機ともなっている。

今までこの本を読み進めてきた方たちには、この署名活動の意義を理解してもらえたものと信じる。この署名は、忙しい人でもその気持ちにさえなれば、誰でも「ヒバクシャ国際署名」でインターネット検索し、Web 上で「署名」とすることもできる。

そして、できるなら、さらに家族、友人、知人へと広げていただきたい。そのことで、世論の高まりや運動の広がりへの貢献につながっていくものと確信する。

ここで、署名の用紙に掲載されている文章を紹介する。

HIBAKUSHA APPEAL

ヒバクシャ国際署名

被爆者は核兵器廃絶を心から求めます

ヒロシマ・ナガサキの被爆者が訴える核兵器廃絶国際署名

人類は今、破壊への道を進むのか、命輝く青い地球を目指すのか岐路に立たされています。1945年8月6日と9日、米軍が投下した２発の原子爆弾は、一瞬に広島・長崎を壊滅させ、数十万の人びとを無差別に殺傷しました。真っ黒に焦げ炭になった屍、ずるむけのからだ、無言で歩きつづける人びとの列。生き地獄そのものでした。生きのびた人も、次から次と倒れていきました。70年が過ぎた今も後障害にさいなまれ、子や孫への不安のなか、私たちは生きぬいてきました。もうこんなことは、たくさんです。

沈黙を強いられていた被爆者が、被爆から11年後の1956年８月に長崎に集まり、日本原水爆被害者団体協議会（日本被団協）を結成しました。そこで「自らを救い、私たちの体験を通して人類の危機を救おう」と誓い、世界に向けて「ふたたび被爆者をつくるな」と訴えつづけてきました。被爆者の心からの叫びです。

しかし、地球上では今なお戦乱や紛争が絶えず、罪のない人びとが命を奪われています。核兵器を脅迫に使ったり、新たな核兵器を開発する動きもあります。現存する１万数千発の核兵器の破壊力は、広島・長崎の２発の原爆の数万倍にもおよびます。核兵器は、人類はもとより地球上に存在するすべての生命を断ち切り、環境を破壊し、地球を死の星にする悪魔の兵器です。

人類は、生物兵器・化学兵器について、使用・開発・生産・保有を条約、議定書などで禁じてきました。それらをはるかに上回る破壊力をもつ核兵器を禁じることに何のためらいが必要でしょうか。被爆者は、核兵器を禁止し廃絶する条約を結ぶことを、すべての国に求めます。

平均年齢80歳を超えた被爆者は、後世の人びとが生き地獄を体験しないように、生きている間に何としても核兵器のない世界を実現したいと切望しています。あなたとあなたの家族、すべての人びとを絶対に被爆者にしてはなりません。あなたの署名が、核兵器廃絶を求める何億という世界の世論となって、国際政治を動かし、命輝く青い地球を未来に残すと確信します。あなたの署名を心から訴えます。

2016年４月

<この署名は、国連に提出します>

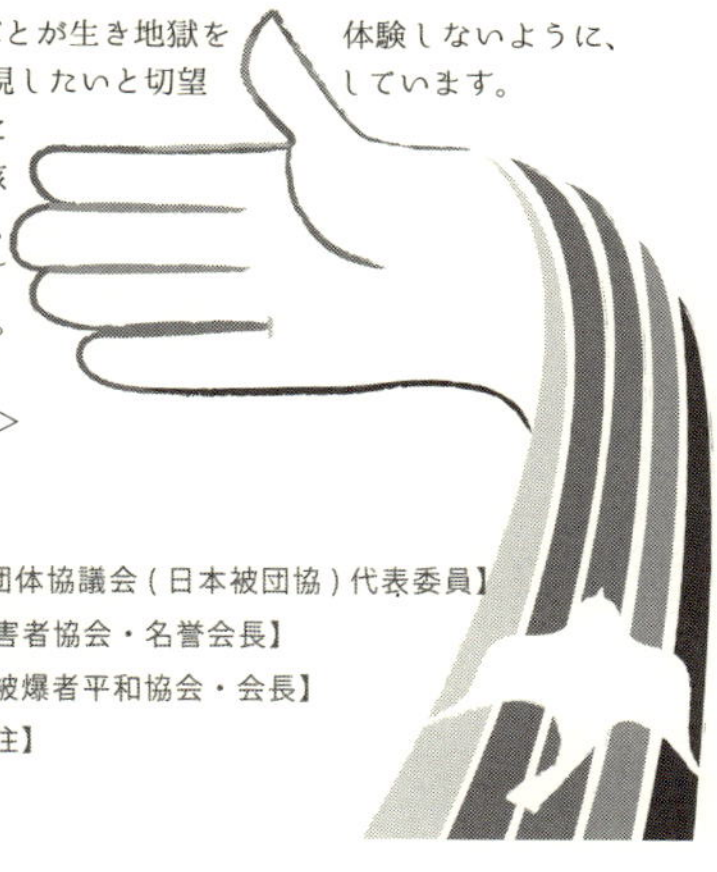

よびかけ被爆者代表

坪井直、谷口稜曄、岩佐幹三【以上、日本原水爆被害者団体協議会（日本被団協）代表委員】
田中熙巳【日本被団協・事務局長】、郭貴勲【韓国原爆被害者協会・名誉会長】
向井司【北米原爆被害者の会・会長】、森田隆【ブラジル被爆者平和協会・会長】
サーロー・セツコ【カナダ在住】、山下泰昭【メキシコ在住】

2 〝被爆者の被爆証言ビデオ〟の視聴を！

「広島平和記念資料館　データベース　被爆者証言ビデオ」、「被爆者の声　ビデオ版『被爆を語る』」などをインターネット検索することで、広島・長崎の多数の被爆者の被爆証言を視聴することができる。

被爆証言者の語り部や被爆体験伝承者の伝承講話などを直接には聴くことが、地理的、時間的になかなかむずかしい人であっても、これならちょっとした時間にパソコンやスマホなどで視聴することができる。時間もだいたい十分前後のものが多いから、ぜひいろいろな人の証言を聴き比べてみて、そのなかからその人それぞれの独自性と共通性を見つけることで、原爆の被害の実情、被爆者に与えた肉体的、精神的苦痛の大きさなどを、より多く感じ取ることができるのではないかと思う。

「核抑止論」を振りかざし、あるいはこれに幻惑され、ひいては核武装や核軍拡を肯定、あるいは容認するような人たちは、なぜそうなるのであろうか。彼らは、核兵器、ひいては原発とそれによってもたらされる被害の実態や深刻さについて漠然とした抽象レベルでの認識にとどまっており、具体的な感覚レベルで認識できていないことにひとつの要因があると思われる。そうした主張をする前に、核の被害を受けた被害者の声にきちんと触れるべきではないだろうか。

まずは、こうした、今すぐにできることから実行してみていただきたい。

3 パワーシフト・キャンペーン

二〇一六年四月、日本でも、電力小売りを全面自由化する規制緩和という「電力自由化」が実施された。

従来、電力の小売業（企業、家庭への電力供給）は、電気事業法という法律に基づき、電力の安定供給を理由に東京電力や関西電力などの全国で十電力会社に地域ごとに独占されていたが、これにより一般向けに電力の小売りが自由化され、消費者は電力会社を選ぶことができるようになった。

震災・原発事故を受けて決まった電力システム改革のひとつのステップであり、市民・消費者にとって大きな変化である。

電力の購入先を新電力へ変更した契約件数は二〇一八年一月末現在で六四三万三五〇〇件となった。一方、販売電力量で見ると、新電力のシェア（低圧・高圧全体）は、全面自由化前の約五％から二〇一七年十月時点で約一二％まで高まっている。切り替え先の上位は、ガス会社系、携帯電話会社系、石油会社系などの新電力が占めている。

こうしたなかで、各地に続々と再生可能エネルギーによる電力調達を重視した電力会社が登場した。自治体系、生協系、地域密着系、全国再生可能エネルギー事業者系など多岐にわたって、それぞれユニークな工夫をしている。

福島第一原発事故を経て、再生可能エネルギー供給をめざす電力会社を選びたいという人びとの潜在的ニーズは、決して少数ではないと思う。だが、仮にそのように思っていたとしても、いまだ多くの人たちにとって、具体的にはどの電力会社を選んでどんな手続きをしたらよいかがわからないため、従来の電力会社との契約のままになっているというのが実情ではないだろうか。

そのような状況を打破しようとする動きがある。国際環境ＮＧＯ ＦｏＥ Ｊａｐａｎ（エフ・オー・イー・ジャパン）が実施している「パワーシフト・キャンペーン」だ。このキャンペーンは、再生可能エネルギーによる電力の供給が促進されるような制度設計を政府に求めるとともに、再生可能エネルギー供給をめざしている電力会社や、市民・地域主体の電力を選びたいという声を世論として広めることを目的としている（吉田明子《よしだあきこ》さんが「パワーシフト・キャンペーン」事務局の運営を担当している）。

パワーシフトとは、再生可能エネルギーが中心となった持続可能なエネルギー社会に向けて、電力（パワー）のあり方を変えていくことである。

パワーシフト・キャンペーンでは、次の「五つの重視する点」の方向をめざしている電力会社を紹介している。

1　電源構成や環境負荷などの情報を一般消費者にわかりやすく開示していること
2　再生可能エネルギーの発電設備（FITをふくむ）からの調達を中心とすること
※FIT（Feed-in Tariff　フィード・イン・タリフ）＝固定価格買取制度の略称：再生可能エネルギー源（太陽光、風力、水力、地熱、バイオマス）を用いて発電された電気を、国が定める固定価格で一定の期間・価格で、電気事業者が買い取ることを義務づけるもの。二〇一二年七月一日にスタート。
3　原子力発電所や石炭火力発電所からの調達はしないこと（常時バックアップ分は除く）
4　地域や市民による再生可能エネルギー発電設備を重視していること
5　大手電力会社と資本関係がないこと

＊詳細はこちら　http://power-shift.org/choice/
ここで、パワーシフト・キャンペーンが推奨している電力会社の一覧表を見ることができる。

キャンペーンの目的

1　電力小売全面自由化に向けて、再生可能エネルギーによる電力の供給が促進されるような制度設計を求める。

・電源構成や環境負荷、費用内訳について消費者への説明や表示義務

・自然エネルギー導入を促進する（妨げない）しくみ

2「再生可能エネルギーによる電力の供給を目指す電力会社や、市民や地域主体の電力を選びたい」という市民の声を可視化し、大きく広げる。

・電力小売全面自由化の意味の普及啓発

・電力小売事業者を選択する際のガイドライン（評価基準）の提示

・評価基準に基づいて、推奨する電力会社の紹介

・実際の再生可能エネルギーの電力会社への契約の切り替えの促進

私は、二〇一七年九月に、パワーシフト・キャンペーンも推奨している「グリーンピープルズパワー株式会社」に契約している電力会社の切り替えを行なった（グリーンピープルズパワー株式会社の詳細については後述することとする）。

私は、二〇一六年四月の電力小売り全面自由化の直後に、東京電力からau電気（携帯電話会社系）に切り替えていた。これは、携帯電話のauのユーザーであることから、いわゆるセット割引（キャッシュバッ

ク）の適用によって、電気料金が安くなるという点などからのあくまで暫定《ざんてい》的な選択だった。その後、再生可能エネルギー供給をめざしているなかで、もっとも応援したいと感じる電力会社を探していたところで、再度の切り替えを行なったものであった。

さて、この従来の電力会社から新電力への切り替え（スイッチング）に際して、一番多い誤解が、手続きが複雑でむずかしいと思い込まれている点である。

実は、スイッチングの手続きは、とてもかんたんである。

必要なのは、それまで利用してきた電力会社の「検針票」や「利用開始のご案内」に記載されている「お客さま番号」、「検針日」、「地区番号」、「供給地点特定番号」などだけである。

それを切り替え希望先の新電力会社に、通知（「検針票」があれば、それを提示するのが一番かんたん）すれば、新電力会社が、切り替えのための一連の手続きをしてくれる。

誰でもその気になればかんたんにできるのだが、なかなか浸透していないのが現状である。

再生可能エネルギー供給をめざしている新電力への切り替えというアクションは、原発ゼロ、地球温暖化防止などを実現するためには、誰でもできて、また、だからこそ、ひとつの社会的なうねりにもつながっていくものと思う。ぜひ、皆さんもこの機会に検討していただきたい。

4　FoE Japanの活動

私がパワーシフト・キャンペーンを知ったのは、エネ経会議の事務局員を務めていてFoE Japanとの協賛のイベントなどを通じてのことである。

また、エネ経会議のメルマガ編集を担当している間、吉田明子さんにパワーシフト・キャンペーンについての寄稿をお願いしたこともあった。

ただ、ＦｏＥ Ｊａｐａｎの活動全般について知り、着目するようになったのは、最近のことである。国際環境ＮＧＯ ＦｏＥ Ｊａｐａｎは、環境問題に取り組む草の根ＮＧＯであり、世界七十七か国に会員数二〇〇万人を超えるネットワークをもつ、「Friends of the Earth International（フレンズ・オブ・ジ・アース 地球の友）」の日本組織である。そして、次のような課題（問題）に取り組んでいる。

1．気候変動とエネルギー〈途上国に集中する被害を世界へ伝える〉

先進国が排出する多くの温室効果ガスによる気候変動の損失と被害は、とくに発展途上国に集中し、貧困や格差が広がっている。

この状況を可視化し、「Climate Justice クライメート・ジャスティス（気候正義）」の実現を求め、国際交渉の場、及び日本政府に対して提言を行なっている。

2．福島支援と脱原発〈3・11を忘れない。被害者支援と原発のない未来を〉

パワーシフト・キャンペーンをはじめ、原発のない社会、省エネルギー・再生可能エネルギーを基本とするエネルギー政策の実現をめざすとともに、福島原発事故被害者の救済に取り組んでいる。

「原発事故被害者の救済を求める全国運動」、二〇一六年七月に設立された「避難の協同センター」における避難者への相談業務や自治体との連携、政府への提言など大切な役割を担うほか、二〇一二年一月より、「福島ぽかぽかプロジェクト」という週末保養プログラムを実施する、あるいは甲状腺がん患者への直接的な支援など、多岐にわたる被害者・避難者支援を地道に行なってきている。

3．開発金融と環境〈開発に伴う被害をなくそう〉

国内外における環境破壊や人権侵害の状況を調査し、住民の生活が守られ、住民の意思や人権が尊重されるような政策提言を行なっている。

4．森林保全と生物多様性〈森を守る木材利用の推進を〉

熱帯諸国を中心に、プランテーション開発や違法伐採《ばっさい》などにより、森がどんどん減少している。森林の乱開発は、生態系や森とともに暮らしてきた人々の生活も脅かしており、これについての現地調査や政策提言を通じて、自然の森と人々の暮らしを守る「フェアウッド」（伐採地の森林環境や地域社会に配慮した木材・木材製品）の利用を推進している。

・「結《ゆ》いの素《もと》」プロジェクト

東日本大震災の被災地・宮城県を中心に海外防災林再生プロジェクトを実施

・里山再生プロジェクト

宇津木《うつき》の森（東京都八王子市）で森の手入れを行ない、今の暮らしに合った里山保全を実施している。

二〇一八年三月、ＦｏＥ Ｊａｐａｎは、国際シンポジウム「三・一一を忘れない　核なき未来へ向けて」を主催した。

プログラムは、〈昼の部〉「福島の今とエネルギーの未来」、〈夜の部〉「核なき世界へ向けて」で構成されていた。

〈昼の部〉は、飯舘村の酪農家・長谷川健一《はせがわけんいち》さんの〈特別報告〉に始まり、ＦｏＥ　Ｊａｐａｎ・満田夏《みつたかん》花《な》事務局長から「原発事故の被害の現状や求められる政策について」、矢野恵理子《やのえりこ》さんから保養「福島ぽかぽかプロジェクト」の取り組みの現状などについて、吉田明子さんからは、「日本におけるエネルギーシフトの現状や今後の課題や取り組みの展望」などについて、それぞれ報告や説明が行われた。

もちろん、すべてが大変貴重な内容のものであったが、そのうえ、さらに心を動かされるものが用意されていた。〈夜の部〉のプログラムに、脱原発の取り組みについての台湾と韓国の人びとからの報告に先がけて、川崎哲《かわさきあきら》さん（ＮＧＯピースボート・共同代表、核兵器廃絶国際キャンペーン（ＩＣＡＮ　アイキャン）国際運営委員）による、「〈特別報告〉核なき世界へ―核兵器禁止条約とこれからの課題」が盛り込まれていたことである（ピースボートは、このシンポジウムの協賛団体となっていた）。

ひとつのシンポジウムや会合などの同じ場において、脱原発、原発被害者・避難者支援等の問題とともに、核兵器禁止条約やヒバクシャ国際署名などの核兵器廃絶の問題が、報告やディスカッションなどで論じられるというのは、今日の日本では、非常にまれなケースであると思う。

この本のなかで述べてきたとおり、核兵器、原発、（原爆・原発双方の）核被害（者）問題、再生可能エネルギーや、地球温暖化等気候変動問題、環境問題などが、本来は極めて密接な関連性、連動性があることなのにもかかわらず、この日本では、運動（体）間での問題（情報）共有や意見交換、共同行動などに乏《とぼ》しい現状にある。そうしたなかで、ＦｏＥ　Ｊａｐａｎは、これらの問題に広い包括的な視野をもって多岐にわたる継続的な活動に取り組み、さらには各分野の協力や融合にも率先して多大なチャレンジや貢献をしてきている。そのことに、心から敬服するものである。

このシンポジウムに際して、ＦｏＥ　Ｊａｐａｎが、私がめざしている方向性や活動のあり方とぴったり合致していると改めて深く感銘を受け、この機に個人会員（正会員）への入会申込をした。

5 グリーンピープルズパワー株式会社

私が新電力への切り替えをし、現在ユーザーとなっている「グリーンピープルズパワー株式会社」について紹介したい。

グリーンピープルズパワーには、三つの特徴がある。

1. 再生可能エネルギー

再生可能エネルギー比率一〇〇％のもっとも品質の高い電気をめざす。

2. 地産地消

地域資源を活用し、地域マネーの流出を防ぐ

3. 市民の力

市民出資という方法で市民のお金を集め、地域の市民が主体となって作った会社が運営する発電所の電気を少し広域の市民に供給し、脱原発や再生可能エネルギー社会をめざす市民の手に電気を取り戻す。

この会社の代表取締役は、原発ゼロと再生可能エネルギー普及のために使命感をもって三十年以上にわたって活動を続けてきている竹村英明《たけむらひであき》さんである。グリーンピープルズパワーは、「市民電力連絡会」という小規模発電事業団体のネットワークのなかから生まれた。竹村さんは、市民電力連絡会の理事長も務めている。

※市民電力連絡会

「電気事業者による再生可能エネルギー電気の調達に関する特別措置法」(「再生可能エネルギー推進特別措置法」)にもとづく再生可能エネルギーの固定価格買取制度のスタートから二年目の二〇一四年二月二十一日、市民・地域主導による再生可能エネルギー発電事業を指向する個人及び団体によって設立された。再生可能エネルギーによる電気や熱をつくり出し、省エネルギーと未利用エネルギーの活用等をめざす「市民電力」推進のために動き出している多くの活動団体が連携するとともに、市民電力の活動をしたいと思っている潜在的な人たちが新たな活動をはじめるきっかけを作り、市民電力の活動を広げていくことをねらいとしている。

竹村さんは、核兵器・原発はもちろん、水俣病等公害などへの過去の取り組みも含め、沖縄の基地の問題など戦争と平和に関連した社会問題に広い視野と深い造詣、平和への強い思いをもっている。竹村さんとは同じ広島市出身であるとともに、現在川崎市民でもある。私自身個人会員として参加している市民電力連絡会の連続講座やイベントのほか、川崎地域で開催される諸団体主催の会合で竹村さんが講演・講話をされる機会、さらにはお互いにエネ経会議の会員でもあることも含めて、いろいろな場面でお会いする多くの接点から親近感があった。もちろん、設立趣旨や特徴なども含めて、グリーンピープルズパワーがよりいちばん信頼でき、応援したい電力会社であると考え、迷わず選択した。

6 「相乗りくん」（上田市民エネルギー）

長野県上田市のNPO法人上田市民エネルギーは、「相乗りくん」と名づけたユニークな発電事業を進めている。

上田市には、かつて養蚕《ようさん》をしていた農家が多く、広く大きな日当たりのよい屋根が使われずに空いていた。ソーラーパネルを屋根に置いた場合、その家庭の全電力をまかなってもスペースが余るほど大きい。しかも上田市は、全国でも日照時間に恵まれているだけでなく、雪も少なく、太陽光発電には有利な地域である。さらにソーラーパネルは、気温が高くなり過ぎると発電効率が落ちるが、上田市は、夏でも朝晩は気温が下がり、パネルの温度があまり高くならないという理想的な条件がそろっていた。「相乗りくん」は、そんな条件の良い民家の屋根に、みんなで一軒分以上のエネルギーを生み出す太陽光パネルを「相乗り」させ、地域に自然エネルギーをふやしていこうというプロジェクトである。屋根を貸す家の所有者「屋根オーナー」と、十万円からの設置費用を負担して自分のパネルをそこに相乗りさせる「パネルオーナー」とで、成り立っている。

「屋根オーナー」には、三つのプランがある。

1. 設置費用０円で（太陽光パネルを設置し、これに対して）毎月定額払い→（パネルは）十二年後無償譲渡（10 kW未満のみ）
2. 二十年間賃貸借契約、支払もメインテナンス費用も不要
3. 一部設置費用を出して自分のパネルの売電収入を得る

「屋根オーナー」には四つのメリットが考えられる。

1．あまった屋根スペースを「相乗り」分に貸すことで、他の多くの人の太陽光発電への参加が得られ、またそのことに寄与できる。

2．「相乗り」分のパネルも一緒に設置することで単価が割安になり、初期費用が下がる。

3．十二年後に「相乗り」分のパネルも自分のものになり、売電収入が増える（初期費用0円の場合）。

4．発電トラブルの早期発見が可能である。

すなわち「屋根オーナー」は、「相乗り」初期費用を安くおさえて自宅にパネルを設置することができる。

一方、「パネルオーナー」になる人たちは、自宅の屋根には（物理的、経済的等々）諸条件が折り合わずに設置できない、さらに上田市から遠方に住んでいるというような人でも太陽光発電に参加することができるうえに、十年間で設置費用額よりも約一割程度多い売電収入が見込まれるという、どちらにもメリットがある魅力的なプロジェクトなのである（売電収入は、太陽光発電の発電量によって変動するため、確定した金額が保障されているものではない）。そして両者が協力し合った結果として、自然エネルギーがふえることになる。

「パネルオーナー」にも、五つのメリットがある。

1．十万円から、太陽光発電（自然エネルギー）をふやす活動に参加できる

2．全国トップクラスの発電効率に恵まれた長野県東信エリアの屋根に「相乗り」できる。

3．全国どこからでも「相乗り」できる。
4．十年間で設置費用の回収＋αが期待できる。
5．ソーシャルビジネスに参加し、社会・経済のあり方をよりよくするために協力をしている喜びを実感できる。

「確実に発電しているのがわかり、実際に地産地消のエネルギー循環に参加できていると感じる」などの声も聞かれている。

私が、この上田市民エネルギーの取り組みにもっとも共鳴する点は、視野の広さとアイデアの柔軟性である。

再生可能エネルギーの大切さを感じ、自分もそのエネルギーをつくり出すこと自体に具体的に参画したくても、様々な条件によりそれがなかなかできずにいる人はたくさんいると思う。私も、そうしたなかの一人だった。そうした幅広い層の、しかも全国各地の市民に参加の門戸を開くことは、上田市にとどまらず、全国的な再生可能エネルギーの推進につながる、画期的で貴重な取り組みの「ヒット作」であり、その貢献度は極めて高いと感じている。

私は、そうした趣旨に賛同・共鳴し、二〇一八年一月、上田市民エネルギーの会員、及び「パネルオーナー」となった。私のパネルは、上田市立第四中学校屋内運動場屋上（四中おひさま発電所）に「相乗り」することになり、設置された。

二〇一八年六月、上田市民エネルギーの総会が開催され、上田を訪れた折に、電車のなかから上田市立第四中学校のパネルが見えたときには、何とも言えない感動が胸に押しよせた。

上田市民エネルギーの代表者は、藤川《ふじかわ》まゆみ理事長である。藤川さんと初めてお会いしたのは、エネ経会議が協賛していたエネルギーシフト関連のイベントの席でのことだった。とてもエネルギッシュで、広い視野と創意工夫をもって常に運動の前進や向上と新しいことへのチャレンジ精神に満ちた方で、いつも勇気をいただいている。藤川さんは、広島県福山市の出身で、子どものころ受けた平和教育の記憶などからも、原発はもちろん、原爆、核兵器、これをめぐる情勢などにも強い関心をもち、フェイスブックにおいて、広島平和記念資料館をはじめ、最近広島市を訪れたときの感想や思いなどについても発信されている。

こうしたアイデアや取り組みが、それぞれの地域の条件を踏まえながらそれに合わせたかたちや方法でさらに展開・拡散されていくことを望むものである。

7　鈴木悌介さんについて

エネ経会議（一般社団法人「エネルギーから経済を考える経営者ネットワーク会議」）とその活動概要については、第五章で触れたが、ここで改めて代表理事の鈴木《すずき》悌介《ていすけ》さんに焦点をあてて、別の角度から紹介しておきたい。

鈴木さんは、鈴廣かまぼこグループ副社長であるとともに小田原商工会議所会頭も務めている。

神奈川県西部相模湾に面した小田原市にある株式会社鈴廣蒲鉾《すずひろかまぼこ》本店は、かまぼこを中心に水産練製品の製造、販売を行う創業百五十年を超える老舗である。

鈴廣は、二〇一五年八月に新社屋を建設した。この新社屋は、同年、経済産業省によりＺＥＢ（ゼブ：

ネット・ゼロ・エネルギー・ビル＝建物の運用段階でのエネルギー消費量を省エネルギーや再生可能エネルギーの利用を通して削減し、限りなくゼロにする建築物）に認定されている。

鈴廣は、かねてより、製造工程で出る魚のアラを利用した魚肥料を地域農家へ提供し、一九九〇年代から営業用車両を電気自動車にするなど、地域・環境貢献運動に取り組んでいた。

そうしたなかで、二〇一一年、東日本大震災と福島第一原発事故が発生し、電力不足に加えて、計画停電が行われるようになり、鈴廣蒲鉾でも一五％の節電が義務づけられた。それを機に、二〇％の電力削減を目標に、社内で使用するエネルギーの活用方法を大きく変えることに着手した。

地産地消のバイキングレストラン「えれんなごっそ」では、地中熱利用換気システムを稼働させた。通年で温度変動の少ない地中五メートルにパイプをめぐらすことで夏は冷たく、冬は暖かい空気を得ることができる。エアコンの負荷が軽減され、年間消費電力は前年比で二〇％削減できた。さらに、通年の温度差がわずか（通年一六〜一七度C）である地下水（井戸水）を熱源として利用する、ヒートポンプマルチエアコンにより主要な範囲の空調を行なう（これが前述した再生可能エネルギーの一つとされる「温度差エネルギー」（温度差熱利用）である）。

また、太陽光といえば、一般的に太陽光発電がイメージされがちであるが、鈴廣では、四〇キロワットの太陽光発電設備で自家消費しているほか、屋上で得られる太陽光により温められた水（→お湯）が、「えれんなごっそ」の食器の洗浄用給湯などに活用される。館内には、停電時に備えた蓄電池も配備されている。

鈴木さんが、再生可能エネルギーの推進のあり方について折にふれ、力説することのひとつが「エネルギー＝電気ではない」、「熱」をどれだけエネルギーとして活かすかである。

新社屋の壁は、外気温の影響を減らす、厚さ二十センチメートルでの断熱が施《ほどこ》されている。窓は、ペア（二重）ガラスで内側は木製サッシになっている。照明には、自然光を取り入れる太陽光照明が採用されている。天井に、太陽光を効率よく、人にやさしく取り入れる偏光レンズが配備されている（私自身、実際に体感してみたが、疲れやすい私の目にも負担感の少ない、自然でやさしいうえ、適切な照度の光だった）。

こうした取り組みにより、社屋のエネルギー消費量は、一般的な事業ビルの三七％にまで留められている。

株式会社鈴廣蒲鉾本店は、神奈川県二〇一五年度かながわ地球環境賞「かながわスマートエネルギー計画部門」（かながわスマートエネルギー計画の推進に寄与する再生可能エネルギーの導入等に関し、特に優れた取組を行なったもの、または今後寄与することが確実に期待できる取組を行ったもの）を受賞している。

市民電力等市民の再生可能エネルギーへの取り組みも、述べてきたとおり大切ではあるが、鈴廣グループ・鈴木副社長のような中小企業・経営者の取り組みは、地域経済全体や地域の生産や消費のあり方への影響力、波及力はとても大きく、貴重な役割や（地域）貢献を果たし、ひいては全国的な拡散のきっかけにもなると思う。現に鈴木さんは、全国組織であるエネ経会議の各地区の啓発をはじめ、日々全国をまわりながら、①地域で再生可能エネルギーを中心としたエネルギーの地産地消のしくみをつくる　②賢いエネルギーの使い方を実践する＝省エネルギーの普及に努めている。

※省エネルギー（省エネ）とは、エネルギー利用の技術的改善や選択、利用方法の工夫などによりエネルギーの利用効率を向上させ、むだなエネルギー消費を減少させることである。この言葉の意味を一部の人びとが誤解しているような、いわゆる節電など、電気やガスほかエネルギーの使用そのものを

ことさらに差し控え、あるいは辛抱するようなことと同義語ではない。

鈴木さんは、次のように語っている。

「大切なことは、エネルギーのことをエネルギーだけで考えるのではなく、どういうエネルギーを使って、どういう世の中をつくりたいのかを考えることだと思うのです。地域経済の循環、まちづくり、農業、防災という視点でエネルギーを考えることです。つまり、エネルギーを道具にして、どう地域経済の循環を促進できるか? どういうまちをつくるのか? 耕作放棄地が増大する農業をどう活性化するか? 安全安心なレジェントな社会をどうつくるか? などを考え、実践することだと思うのです」。

鈴木さんの活動姿勢に一貫して感じられるのは、話の具体性やわかりやすさとともに、考え方や主張、立場が多少異なるような人とも接点を見つけて共同行動をめざそうと努め、それを実現していくことである。

鈴木さんは、次のようなことを言われている。

「人と人の関係づくりは、好き嫌いや合う合わないではなく、他者のいいところを見る努力が欠かせない」。折に触れ思い出す、私の心に響く言葉である。かんたんなようで、これができている人は少ないように感じる。

もちろん鈴木さんは、言行一致、日々これを実践してきたため、エネ経会議がここまで存在感のある組織になったのだと思う。

8　「かなごてファーム」（ふたたび小山田大和さんの活動について）

小山田大和さん（前述）は、エネ経会議で理事・事務局長を務め、重責を果たす一方、二〇一四年、御殿場線沿線の活性化、地域再生をめざす合同会社小田原かなごてファームを設立し、代表理事を務め、耕作放棄地の活用などに取り組んできている（「かなごて」とは、「神奈川口御殿場線沿線活性化異業種勉強会」の略称）。

農家の人びとの高齢化などによる耕作放棄地は、社会問題化しており、周辺農地へ病虫害をもたらす原因のひとつとなり、作物の栽培を脅かす存在となっている。

小田原全体でも、耕作放棄地は一七〇ヘクタールにのぼるといわれている。

小山田さんは、この問題を「素人」だからこそできる手法で解決できないか？　と考えた。素人がそれぞれ働き、経験したことから得られる知恵を結集したら、この問題の解消のヒントが得られるかもしれない。そして、もし素人ができれば、誰もがこの手法を使って耕作放棄の問題に取り組めるのではないか。そのような思いで、耕作放棄直前だった一反五畝《たんせ》（約一四九〇㎡）のみかん畑を地権者から借り受け、保全する運動を始めた。

「みかん畑（耕作放棄地）を保全・再生し、みかん文化を守る」という思いを乗せて「かなごて未来プロジェクト～おひるねみかん畑～」がスタートした。専業農家のように傷がなく形がきれいなみかんをつくることはむずかしく、また出荷時期が重なると値崩《ねくず》れを起こすなどの難点があることから、農薬や肥料を使わない安全・安心な果汁一〇〇％のみかんジュースに加工して販売されている（商品名：「おひるねみかんジュース」。耕作放棄＝「おひるねしていたみかん畑からできた…」というのがネーミングの由来）。自然米やえごま油等の栽培も行ない、農業そのものの価値を高めるモデルを提示した。

もうひとつのモデルの提示が営農型太陽光発電（ソーラーシェアリング）事業である。ソーラーシェアリングとは、農地に太陽光発電設備を設置し、発電事業と営農を両立して行なうことである。地面に支柱を組み、その上に間隔をあけて太陽電池パネルを並べ、太陽光が農作物に当たるように設置する。農業は、天候不良などに影響されることもあり、収入が必ずしも安定しない。農業を続けていくうえで、大きく変動する農業収入だけに頼るのは財政上のリスクも大きい。そこで継続的に比較的安定した収入が得られる太陽光発電を農業と並行して行うことで、農業そのものにもプラスになるという思いで考え出されたアイデアがソーラーシェアリングである。

ソーラーシェアリングは、パネルの下で作物を育てていくことで発電と農業から収入を得ることができる。売電によって、安定的な収入を確保することができれば、営農を継続するモチベーションにもなると思われる。必ずしも農地としての価値は高くなくても、エネルギーと組み合わせることで価値が高まる（再生可能エネルギー推進への貢献となることは、もちろんである）。

当然、太陽光パネルによって、太陽光はさえぎられ、多少とも日射量は減ることになる。しかし、すべての農作物が、日射量が多いほど好条件というわけではないばかりか、むしろ、太陽の光や熱が強すぎると光合成による成長が止まったり、低下するような種類も少なくない。そこで、太陽光パネルである程度の太陽光をさえぎり、作物にとってもよりよい環境をつくり出すというのもソーラーシェアリングのメリットのひとつとなる。その土地の天候や作物（種類）との兼ね合いで、適切な日射量となるようソーラーパネルの傾斜度合いにより、遮光率《しゃこうりつ》を調整するなどの方法がとられる。

二〇一六年九月、小泉純一郎《こいずみじゅんいちろう》元首相も応援に列席するなか、発電開始式が開催された。発電施設の下では、さつまいもが栽培されている（小田原下曽我ソーラーシェアリング・一号機のパネル容量15・12kW、面積約一〇〇坪、竣工二〇一六年十一月）。二〇一八年二月、かなごてファームは、神奈川県二〇一七年度かながわ地球環境賞「かながわスマートエネルギー計画部門」（ソーラーシェアリングによる耕作放棄地の解消と再生可能エネルギーの導入を実現）を受賞している。このソーラーシェアリングは、神奈川県では六例目、小田原市では三例目である。かなごてファームは、その後も、ソーラーシェアリングを増設している（小田原桑原ソーラーシェアリング・二号機は、パネル容量58・24kW（神奈川最大級）、面積約三六〇坪、竣工二〇一八年四月、作付け作物は稲（県下初））。

私自身、新鮮で濃厚、喉越しさわやかな「おひるねみかんジュース」を愛飲し、また、かなごてファーム主催、呼びかけの「みかん畑大収穫祭」や田植えなど、節目のイベントにときおり参加しているが、市民・学生などの幅広い層の参加者が集い、地域再生、地産地消の大切さを肌で体感し、拡散されるきっかけになっていることと思う。小山田さんは、再生可能エネルギーの創出、地産地消の循環型地域づくりにおいて、ほかの人がなかなか考えつかない斬新《ざんしん》なアイデアで次々といろいろな方策やイベント、プロジェクトなどを発案し、実行する、その自由で柔軟な発想と行動力に非凡なものを感じる。

これからの時代は、古い慣習や固定観念にとらわれない社会変革のあり方が必要ではないかと、彼の言動からいつも感じさせられている。

9「原発避難者と歩む@川越」

現在、埼玉県内には多くの福島原発事故避難者が暮らしている。原発事故は七年以上経った今も収束《しゅうそく》せず、環境への放射線の放出は続いている。母子または家族で自力避難（避難指示区域外からの避難）している人たちは、長い二重生活や、転職または職を得ることができないことにより経済的に苦しい状況に追い込まれているのである。

このような状況にもかかわらず、国・福島県は、前述したとおり自力避難者への住宅支援を二〇一七年三月までで打ち切った。

そうした中で、川越市では「原発避難者の生活と権利を守る」ために「原発避難者と歩む＠川越」が活動している（二〇一六年現在の川越市の調査で、市に九世帯二十人の自力避難の在住が確認されている）。

会は、原発避難者、自力避難者に対する認識の共有化、自力避難世帯の（必要とされる支援を把握し、実施するための）聞き取り調査、川越市独自予算による借り上げ住宅費支給、民間借り上げ住宅補助対象外の避難者への補助対策、健康診断の充実化などの生活支援を川越市に求める活動などに取り組んできた。

また、二〇一七年十二月、埼玉県議会が「原発再稼働を求める意見書」を可決し、採択したことに対して会は抗議し、撤回を求めるとともに、原発事故被災者へのさらなる支援を要請する書面を賛同人の名前を添えて市に提出している。

私は、二〇一七年十一月「世界の核災害」に関する会合で、ご縁をいただいた川越市在住の原発避難者の一人、鈴木直子《すずきなおこ》さんからこの会の活動について聞き、二〇一八年年明けの会合に参加したのを機に、この「原発避難者と歩む＠川越」に入会した。

まだ入会から日は浅いが、述べてきたとおり、原爆被爆者・二世は、原発被災者との問題共有と共同行動など手をつないでいくことが欠かせないと考えている。これからぜひ絆《きずな》を深めていきたいと思う。

10『いのちの岐路に立つ』

二〇一七年七月、あるイベントでの矢間秀次郎《やざまひでじろう》さんとの出会いは衝撃的だった。矢間さんは、ドキュメンタリー映画『シロウオ～原発立地を断念させた町～』（かさこ／監督　二〇一三年、一〇四分）を製作した環境活動家・ジャーナリストとして知られる。あるイベントの終了間際に次のような発言をされた。

その発言の一部始終や具体的な文言を思い出すことはもうできないが、私の記憶に残っている部分の要旨をつきつめると、「原水禁運動、反原発運動、被爆者運動、被曝労働者の運動や問題は、充分な情報共有や相互支援、交流が伴わないまま、別々の次元でばらばらに取り組まれてきた。今こそ運動の融合が必要である」（表現や文言は、必ずしもそのままではないかと思うが）というような主旨のことを言われたと思う。

私の心の中に秘めていた、なかなか人と分かち合えずにいた積年の思いとぴったり重なっているように思い、体内にアドレナリンが充満してくるのを感じた。

そのイベントが終るなり、私は矢間さんの姿を探した。矢間さんは、出入り口付近で、書籍や、映画『シロウオ』のＤＶＤなどを販売していた。私は、『シロウオ』のＤＶＤと解説冊子を買い求めながら、初対面の矢間さんに自分の思いを打ち明けた。その後、帰途、お話しする中で、矢間さんがプロデューサーを務める映画『いのちの岐路に立つ　核を抱きしめたニッポン国』（原村政樹／監督、二〇一七年、一一〇分）の本邦初公開試写会が数日後に開催される旨を案内され、躊躇なく鑑賞にうかがった。

この映画の前半は、広島・長崎・ビキニ（第五福竜丸）の被ばく者の証言を中心に、伊方原発運転差止《さしとめ》広島裁判の模様もおりまぜながら展開されていく。

中盤から後半にかけては、原発被曝労働者に寄り添った取材を四十年以上続けてきた報道写真家・樋口健二さん（前述）と被曝労働者の証言や、原発立地を断念させた阿南市椿町の運動で使われた『原発黒書―日本における原発推進の実態』（原水爆禁止日本国民会議発行、一九七六年）紹介等へと進み、最後は再び、舞台を広島へ。伊方原発広島訴訟について広島地方裁判所前でコメントする河合弘之弁護士も収録されている。今まで数々の原水爆や原発に関する映画等を見てきた。しかし、原水爆と原発の双方を網羅《もうら》して、当事者の生の声をしっかり取り入れながら包括的にとらえた映画は、この映像作品が私の知る限り日本で初めてではないか思う。今後の反核・平和運動、反（脱）原発運動のあるべき姿（融合）の方向性を明確に提示した「運動の道標《みちしるべ》」とも言える作品であると感じた。

私がこのたび本書の執筆にあたり、その声かけ、提案、きっかけをいただいたのは西河内さんであり、それはちょうどこのころのことだった。

それに応えられる自信と勇気をもてるようになっていたのは、前述のとおり、小出裕章さんの数々の著作や講演、直接の質疑応答などを通じて教えていただいたことなどに依るところが大きい。

そして、最終的な決定打として背中を押されたのが、矢間さんご本人、そしてその映画作品『いのちの岐路に立つ　核を抱きしめたニッポン国』とのご縁だった。

映画のラストシーンで、広島の原爆被爆者・関千枝子《せきちえこ》さんは、元安川の川面《かわも》に流すとうろうに「安らかに眠れません　核兵器廃絶の日まで　全原発廃炉の日まで」と記していた。

私は、その思いを被爆二世としてしっかりうけとめ、微力ながら精進していきたいと思ったのである。

私が、この本を通じて述べてきたことは、多岐にわたったと思う。

しめくくりとして、改めて、私の考えと今後の展望、指針について、振り返りながらまとめることとしたい。

終章　この本を読まれた方へ　私からのメッセージ
――まとめにかえて

私は、私自身の被爆二世としての今までの人生の実体験について、ありのままを披露し、語るなかで、核は、核兵器、原子力発電（所）等いかなるかたちであろうと決して人間と共存し得ないものであることをあますところなく示してきた。そして、核兵器と原発は表裏一体のものであり、原発が核兵器製造、少なくとも核兵器保有潜在能力を得るために存在するものであることについて、アメリカから日本に原発が導入される歴史的な経緯なども含めて具体的に述べた。

また、あたかも化石燃料が早々に枯渇するかのような誤謬《ごびゅう》にねつ造されたエネルギー危機も、原発を推進し、稼働するための虚構《きょこう》であり、原発の建設から稼働に至るまでの過程で多量の石油が不可欠であることなども含めて、原発推進の真の目的は、最初から代替エネルギーなどではなく、「原子力ムラ」の原発ビジネスと核兵器保有（少なくともその潜在保有能力保持）であることもご理解いただけたことと思う。

日本政府は、一九五四年、ビキニ事件前後から、「核」といえば軍事利用で「原子力」といえば国民の生活のために役立つ「平和利用」であるかのように喧伝し、巧妙な言葉のマジックとともに、国民をマインドコントロールしてきた。「Nuclear Weapon」は、「核兵器」、「Nuclear Power Plant」は、「原子力発電所」と称されている。しかし本来、原発は「核発電所」とでも称されるべきものである。

それでは、本質やその実体がむき出しになるから、耳ざわりのよい言葉で粉飾してきたにすぎない。そして、「Nuclear Development」（核開発）に至っては、自国がやることについては、「原子力開発」と称するなどの、ご都合主義丸出しで恥じることすらしない。

日本はアメリカに政治的、経済的、軍事的に従属・依存しながら、核開発を進めてきた。そして、この間の特定秘密保護法制定、武器輸出三原則の撤廃、集団的自衛権を認める安全保障法の制定、ひいては憲法九条の改定にまで及ぼうとする強権的な一連の法制改定の動きは、戦争準備体制以外の何ものでもない。この戦争準備体制は、アメリカのアジア戦略・軍事体制への協力、従属、参戦等の「日米軍事同盟」的な流れが色濃い。だからこそ、日本は核兵器禁止条約に参加せず、「反対」し、署名も批准もしないと宣言し、なおかつ、トランプ政権の「核体制の見直し」（NPR）を「高く評価する」（河野太郎外相）と表明した。このことなどは、その象徴的な事例であると思う。

しかし、こうした「対米従属・依存」を必ずしも日本政府の一面性ととらえたり、その政策・方針で一枚岩になっているというふうに短絡的にみるのも、もちろん現実的でないことは述べてきたとおりである。その証拠に、歴代の数多くの首相や政府の要人は、「日本の核武装は、憲法九条下でも合憲」、「（原発推進・稼働により）核兵器保有能力を維持し続ける」ことの必要性などを、あえてことさらに説いてきた。

私は、日本、世界の人びと全体にとって、思想信条等にかかわらず、まさに過言でなく人類の存亡を左右する緊急課題が二つあると考えている。

ひとつは、核（戦争や実験等で使われる核兵器、そしてそれと表裏一体である原発）の問題であり、もうひとつが地球気候変動・温暖化の問題である。

放射線は、目に見えない。だからその危険性や恐ろしさが認識されにくいが、二千回以上に及ぶ核実験、原発の稼働や事故により、放射能は世界中に散らばり、地球上を汚染してきている（福島第一原発事故による放射能が、アメリカ西海岸にまで及んだことなども述べたとおりである）。その人体に及ぶ影響も、なかなか個別に証明しにくいだけで、すでに世界中に表れている「グローバルヒバクシャ」の被害の現状からも今後が深く憂慮《ゆうりょ》されている。

核被害の特徴のひとつは、影響が次世代以降に及ぶと考えられることである。少なくとも、私自身、被爆二世として、自分や他の人たちの体験からそのことを実感してきた。

地球温暖化対策が人類の存亡を左右する緊急課題であることについても、述べたとおりである。温室効果ガスの中心である二酸化炭素は、いったん排出されると、森や海に吸収されない限り、いつまでも大気中に残り続ける。そのため、人類がこれまで排出し続けてきた二酸化炭素のうち、吸収されなかったものは大気中に蓄積されて、大気中の二酸化炭素の濃度を上げ続ける。気温は、二酸化炭素をはじめとする温室効果ガスの濃度に応じて上がるので、大気中に二酸化炭素がたまるほど上昇する。そして、たまった二酸化炭素を取りのぞく方法は、現状では科学的にも見いだされていないのである。

以上二つの問題が、いかに差し迫った問題かを本書のなかで、様々な事例や角度から述べてきた。

これら二つの問題にそれぞれの立場から、いろいろな運動や団体が、熱心な取り組みをしてきたと思う。原水爆禁止運動（反核・平和運動）、被爆者（二世）運動、反原発運動、原発被曝労働者・原発事故被災者支援等の運動、脱原発・再生可能エネルギー推進の運動、地球気候変動・温暖化対策の運動等々。

しかし今後、こうしたそれぞれの運動体が、少なくともこの二つの問題については、横の連携を取り合って力を合わせて取り組んでいかない限り、解決はむずかしいと感じている。

まず、核兵器と原発を異次元の「別もの」と見なすことなど日米両国家により刷《す》り込まれた固定観念

（認識）を払拭《ふっしょく》することが、大切な一歩であると思う。

日本政府が、今懸命に推し進めようとしている戦争準備体制を止めることと、核兵器禁止条約に日本政府を署名・批准させることと、原発をゼロにすることは、事実上、どれかだけを単独に実現できるようなことではなく、述べてきたとおり、密接に連動していることなのである。少なくとも、日本政府側は、完全に一枚岩でないものの、これらのことを連動して考えながら進めている。これに対して、運動側がばらばらの思いで、各個・個別な取り組みだけに終始していても、分散した力は、国側に跳《は》ね返され続けるばかりではないだろうか。

また、平和や戦争というものは、ある日突然訪れるものではない。

子どものころ、両親から日本の起こした侵略戦争や天皇制ファシズム下の日本政府の国民統制の実態と被爆体験などについて折にふれ聞かされ、「だから戦争は絶対してはだめだ」と教えられた。そのとき、私に湧いた素朴な疑問を素直に親たちにぶつけた。「なんでそんな誰の目にもおかしいはずのことに、みんないいなりになって反対しなかったの？」と。親たちは、「そうなってしまったときはとても反対などできない状態」だったことを告げ、「だからこそ自由にもの言える今、絶対に同じ過《あやま》ちを繰り返さないように、平和を築く努力と具体的な行動を積み重ねることが大切だ」と教えてくれた。

語り部をしている多くの被爆者が、子どもたちから私とまったく同じような質問をしばしば投げかけられると聞いている。子どもたちがそのように思うのは当然であると思うし、私たちは、子どもたちが戦争のない明るい未来を築けるようにするためのわかりやすい答えをもっている必要があると思う。

誰でも、戦争で自分や家族の命や健康がうしなわれたり、逆に人の命を奪うようなことには恐怖や反対の感情をもつはずである。でも、肝心なことは、ではそのためには「どのように考え、（具体的に）何をすることで、戦争を抑止し、平和を築けるか」ではないだろうか。

この間の日本政府の一連の政府の法律制定や改定は、戦争準備体制とともに、「共謀罪」に象徴されるように、国の強権政治に反対や意義を唱える人々を容赦なく処罰しようとする体制づくりにほかならない。そして、今なお深刻さを増している福島の被災状況や被曝被害を、原爆の被爆二世・三世問題ともども闇に葬り去り、「復興＝問題解決済アピール」の東京オリンピック（二〇二〇年）開催で、戦争準備（いつでも戦争できる国づくり）、ファシズム（準備）体制のしあげを完結させることが国側の描いてきたシナリオであろう（ファシズム：少数の個人、限られた組織等が、政治・経済・軍事・教育・文化等のあり方についての意思決定権を独占して、国民一人ひとりの自由や人権を極限まで奪い、その国家や社会などの全体の利益を最優先させる、独裁的な政治支配による国家主義的・全体主義的で他国に対しても排斥的・好戦的・攻撃的な政治支配形態。一九三六年、ドイツで開催されたナチス政権下のベルリンオリンピックが、ファシズムの完成に向けた宣伝に最大限利用されたことが改めて想起される）。それに向けた外堀が、一つひとつ埋められつつある。

これに歯止めをかけられるのは、まさに今である。そのためには、少なくとも前述の二つの問題（核《核兵器・原発、およびその周辺関連の問題》と地球気候変動・温暖化などの問題）に取り組んできた皆さんの協力や団結が欠かせない。

確かに、人に与えられている時間は限られており、自分の守備範囲を超えていくつもの問題、課題などのすべてに常時均等、恒常的な参画をするということは現実的でない。でも、だから自分の専門領域以外のことに無頓着でもしかたがないということではなく、それぞれがもてる時間と力量、エネルギーのなかで多くの人の力をじょうずに結集し、それによって世の中を動かし、平和につなげていく方法は必ずあるはずである。そのためにという強い思いから、私なりに実際に取り組んできた最近の日々の取り組みについて前章において示した次第である。
「ヒバクシャ国際署名」も「パワーシフト」（新電力への切り替え等）なども、誰でも、その気持ちをもてば必ずできることであると思う。もちろん、これはあくまで私が考え、実行にうつしたほんの一例であり、皆さんの知恵と工夫で、いろいろな連携分野へかかわり方、参加のしかた、連帯のしかたができていくものだろう。

そのための一人ひとりの力は、一見弱く小さいように見える「一滴の水」でも、それが積み上がり、濁流《だくりゅう》が渦巻くように広がっていったとき、必ず社会を動かす「大河」となるものと信じている。

私たちは、まさに「いのちの岐路」に立っているのではないだろうか。

私は、原爆被爆二世の問題は、フクシマの被災者、避難者の問題とともにこれからの世の中のあり方、命運を握《にぎ》る大きな「試金石《しきんせき》」のひとつになるものと考えている。

国は、こと核被害の「ほしょう（補償・保障）」については、被爆者援護法等原爆被爆者への施策をもって幕引きを図るもくろみである。

政府・厚生省（→厚生労働省）は、戦後一貫して、「放射線の遺伝的影響は認められない」の一徹で被爆二世の「ほしょう（保障）」の要求を退ける一方で、（軍事用・核開発用と考えられる）放射線の遺伝的影響を調査するための「研究材料」（モルモット）として、ABCC（原爆傷害調査委員会）および放射線影響研究所、国の「原爆被爆者二世の健康に関する調査・研究」（「被爆二世健康調査」）などを通じてデータだけは、しっかり蓄積してきた。

このままデータだけを取り続けながら、国はのらりくらりと「ほしょう」の必要性を否定し続け、逃げ切りを図る構えである。一方、福島において、年間被ばく線量二〇ミリシーベルト以下になるとされる地域の避難指示を解除し、さらに二〇一七年三月末で自力避難者に対する住宅無償提供を打ち切るなど、ここでも露骨な棄民政策を推し進めてきている。

もちろん、原爆の被害と震災や原発事故による被害には、それぞれの独自性や特殊性がある。ただ、連綿と続いていく恐れのある深刻な核による被害の実態を隠蔽し、ないことにしようとする棄民政策という点、そして、どちらにも、「原子力ムラ」、「御用学者」が被害の矮小化を演出するために暗躍しているなど、諸々の点で酷似している。

福島の被災者の方がたと手をつなぎ、原爆被爆二世以降の世代と原発被災者の生きる権利の「ほしょう」を獲得していきたいと考えている。

私は、被爆二世のひとり、核被害の生き証人として、核の被害は、核兵器であろうと「核発電」（原子力発電）であろうと、世代を超えて苦しみを与え続ける恐ろしいものであり、この地球上から葬り去らなければ人類の生存はあり得ないことを、あらゆる場面、あらゆる分野、あらゆる方法を通じて、命ある限り訴え続けるつもりである。核放射線にまみれた大地や汚染された空気、戦争で人と人が殺し合う世の中、温暖化による異常高温、破壊された地球環境や生態系、人類滅亡の淵《ふち》に立たされた未来を若者や子どもたちに残すような無責任は決して許されない。

若者や子どもたちが核や戦争、そして温暖化による異常気象の恐怖に脅かされることがなく、「健康で幸福に生きられる未来を残せるよう最善を尽くす」、目標はひとえにそこにある。

それが、「まだ見ぬ我が子」がそっと私の耳元でささやいたメッセージである。

「まだ見ぬ我が子」と対面する日までもうひと頑張り、いや二頑張り…したいと思う。

命の炎燃え尽きるまで…。

年表

（西暦）	日本	世界	自分史
一八九四	日清戦争		
一九〇四	日露戦争		
一九二二	全国水平社創立		
一九二七		アメリカ、ハーマン・マラーがショウジョウバエにX線をあてて、遺伝的影響が生じることを見出し、これが放射線による遺伝子突然変異であることを明らかにした。	
一九二九		世界恐慌	
一九三一	満洲事変（一五年戦争に突入）		
一九三七	盧溝橋事件、日中戦争（日華事変）に突入。南京事件（南京虐殺）		
一九三九		ドイツ、ポーランドに侵攻、第二次世界大戦が勃発	
一九四〇	日本・ドイツ・イタリアが三国同盟を結ぶ。大政翼賛会発会式		
一九四一	日本軍、ハワイ真珠湾への奇襲攻撃。アメリカ、イギリス、オランダに対して、宣戦布告。太平洋戦争へ	ドイツ・ソ連開戦	
一九四二	日本軍、ミッドウェー海戦で敗退	アメリカ・イギリス、合同で原爆開発をすることで合意。マンハッタン計画開始。	
一九四三		イタリアが降伏	
一九四五	東京大空襲（三月十日）、沖縄地上戦（四～六月）、原爆投下（八月六日・広島、八月九日・長崎へ）、終戦（八月十五日）	ドイツが降伏（五月）。アメリカ、アラモゴードで人類初の核実験（プルトニウム原爆）（七月）	

一九四六	中国文化創刊号、原爆を特集。栗原貞子の「生ましめんかな」掲載。一九四五年九月より撮影の日本映画社「原子爆弾の影響—広島と長崎」、アメリカに没収される。一九六七年に返還。部落解放全国委員会結成	マーシャル諸島のビキニ環礁で、戦後初の核（原爆）実験。以後エニウェトク環礁と合わせて計六七回の核実験を行なった。	
一九四七	日本国憲法施行。第十二（戦後初）回日本医学会総会で、原爆の医学的影響に関する二四の講演・論文が発表される。原民喜、三田文学に「夏の花」発表。原爆傷害調査委員会（ABCC）、広島赤十字病院の一部を借り受けて開設		
一九四八	広島市、爆心に平和記念公園建設を決める。大田洋子、「屍の街」刊行。長崎ABCC、長崎医科大学附属病院（新興善小学校）内に開設。 「優生保護法」施行	国連世界人権宣言発表	
一九四九	平和擁護広島大会。占領下で初めてはっきり「原爆反対」を宣言。長崎ABCC、長崎教育会館へ移転	ソ連、セミパラチンスクで初の原爆実験。パリとプラハで第一回平和擁護世界大会。日本は占領下のため代表を送れず、呼応して第一回平和擁護日本大会を東京で開催	
一九五〇	ABCC、白血病調査開始	朝鮮戦争始まる。平和擁護世界大会委員会「原子兵器禁止のストックホルム・アピール」を発表。「原子兵器の無条件使用禁止」等の署名運動を展開。全世界から五億の署名が寄せられる。	
一九五一	サンフランシスコ講和条約・日米安全保障条約調印、日本独立へ 峠三吉、「原爆詩集」をガリ版で発行。被爆児童生徒の手記を集めた長田新編「原爆の子」発行。 ABCC、胎内被爆児調査開始		

一九五二	広島市で世界連邦アジア会議開催。原子兵器の製造・使用の禁止を求める広島宣言を発表。原爆慰霊碑序幕。映画・「原爆の子」試写会。原爆傷害調査委員会（ABCC）、「両親の被爆が第一世代の子孫に及ぼす影響」に関する調査結果発表	アメリカ、マーシャル諸島エニウェトク環礁で初の水爆実験。イギリス、初の原爆実験。国連軍縮委員会設置。	
一九五三		アメリカ・アイゼンハワー大統領、「Atoms for Peace（平和のための原子力）」と題して演説	神奈川県、東京都のNHK職員寮に居住
一九五四	ビキニ水爆実験により第五福竜丸をはじめ、年末まで推定一〇〇〇隻前後の日本の漁船も被災。これがきっかけとなり原水爆禁止署名運動全国協議会結成。	アメリカ、マーシャル諸島ビキニ環礁で水爆実験。ロンゲラップ島住民が被曝する。	二月二十日、広島市で誕生。生後四か月で、父の転勤により、首都圏に移住。以降、（～一九六一年）神奈川県、東京都のNHK職員寮に居住
一九五五	第1回原水爆禁止世界大会が広島市で開催される。一方で、「日米原子力協定」が調印され、「原子力基本法」が成立。原水爆禁止日本協議会（日本原水協）結成。広島で第一回原水爆禁止世界大会開催。部落解放全国委員会、部落解放同盟へ名称変更	アメリカ下院議員、広島に原子力発電所建設提案。「ラッセル・アインシュタイン宣言」発表	
一九五六	日本原水爆被害者団体協議会（日本被団協）発足。日本原子力研究所（東海村）発足		
一九五七	「原子爆弾被爆者の医療等に関する法律（原爆医療法）」制定。岸首相「名前が核兵器とつけばすべて憲法違反だということは正しくない」と発言	国際原子力機関（IAEA）発足。「原子力の平和利用の促進と軍事利用への転用防止」が目的	
一九五八	衆参両院、原水爆実験禁止に関する決議案を可決	アメリカ、マーシャル諸島での核実験打ち切り。以後ミサイル実験場に。トルーマン前大統領、アメリカのテレビで、「広島の原爆投下に良心の呵責を感じていない」と語る。広島市議会、抗議声明を決議	

一九五九			
一九六〇	日米新安保条約締結。大規模な安保反対運動が起こる。安保闘争の渦中、東大生だった樺美智子さん、国会構内で亡くなる。	フランス、初の原爆実験	小学校入学
一九六一	ソ連核実験への見解・対応などで日本原水協内部が紛糾し、社会党・総評系が執行部不信任声明	ソ連、五〇メガトン水爆実験（広島の四〇〇〇倍）	現住所（川崎市）に転居
一九六二	東海村、日本原子力研究所・国産一号原子炉（天然ウラン重水型）稼働	アメリカ、南ベトナム内戦に直接介入開始。キューバ危機勃発。アメリカ、ソ連のミサイル基地に対し、対キューバ海上封鎖開始。アメリカ、プルトニウムでの核爆発実験に成功（公表は一九九四年）	
一九六三	日本政府、アメリカから原子力潜水艦の寄港申し入れがあったと発表。日本原子力船開発事業団が発足。狭山事件（女子高校生殺人事件）発生。被差別部落の青年・石川一雄さん、不当逮捕される。	米ソ英、部分的核実験停止条約（PTBT）調印。大気圏内と水中核実験は禁止、地下核実験は可。フランス、ムルロア環礁での大気圏内核実験を続けると宣言	
一九六四	原水禁世界大会、京都と広島で分裂大会。アメリカの原子力潜水艦、佐世保に初寄港。反対集会に二一〇〇人。同和対策審議会答申。教科書無償化実施	中国、初の原爆実験	右目斜視矯正手術、東京都内の区立小学校へ転校、二学期から東京都世田谷区内の私立小学校へ転校
一九六五	原水爆禁止日本国民会議（原水禁）結成	アメリカ、北ベトナム爆撃（北爆）開始	
一九六六	川崎市折鶴の会（川崎市の被爆者の会）結成。神奈川県原爆被災者の会結成。広島で「胎内被爆者・被爆二世を守る会」発足。外務省、「アメリカの核保障なしに日本の安全保障はない」との日米統一見解を発表		東京都世田谷区立中学校入学
一九六七	佐藤首相、非核三原則「持たず・つくらず・持ち込ませず」を打ち出す。以後、国是とされる。	中国、初の水爆実験。ラテンアメリカ非核地帯条約（トラテロルコ条約）署名。	

一九六八	「原子爆弾被爆者に対する特別措置に関する法律（被爆者特別措置法）」制定。原子力空母エンタープライズ、佐世保入港。韓国被爆者救援日韓協議会を広島で結成	核不拡散条約（NPT）調印、一九七〇年発効	
一九六九	「正当な防衛目的なら核兵器使用も違憲ではない」と政府見解。同和対策事業特別措置法制定		東京都立高校入学
一九七〇	厚生省、スモン病の多発に伴い、整腸止痢剤として胃腸病に多用されたキノホルムの製造販売と使用中止を決定。原爆医療法施行令の一部改正。特別被爆者に黒い雨降雨地域住民を加える。広島市、平和公園の外に、「韓国人原爆犠牲者慰霊碑」を建立。日本航空便「よど号」ハイジャック事件発生	アメリカ原子力委員会、「ネバダの地下核実験で放射能が大気中に漏れた」と表明	約五年間、下痢止めのための常備薬として頻繁に服用していたキノホルム製剤が有害とのニュースを知り、服薬を中止
一九七一	川崎市で一九七一年度、被爆二世・三世の希望者への定期健康診断および治療の必要を認めた場合の一部医療費の市負担を実施		受験勉強中、非定型顔面痛等発症
一九七二	沖縄の本土復帰。一九六〇～六三年、「三〇回にわたり本土と沖縄の米軍基地に核兵器を運んだ」とアメリカ軍兵士が証言	米ソ第一次戦略核兵器削減交渉（SALT-1）調印	上智大学文学部新聞学科入学
一九七三	神奈川県、一九七三年度から被爆二世に定期健康診断を実施。田中首相、参院予算委員会で「自衛の正当な目的を達成する限度内の核兵器であれば、保有することが憲法に反するものではないとするのが従来の政府の統一見解」と発言	第四次中東戦争勃発。ベトナム和平協定調印	
一九七四	原子力船「むつ」の出力上昇試験中、放射線もれ事故	「日本寄港の艦船は、核抜きはしない」とのラロックアメリカ海軍退役将校のアメリカ議会証言を公表	上智大学を休学し、アメリカ・ワシントンDCへ留学。ジョージタウン大学で英語・社会学、ジョージワシントン大学で文化人類学、言語学を学ぶ。

一九七五	昭和天皇、原爆投下について「遺憾には思っていますが、こういう戦争中であることですから、広島市民には気の毒ですが、やむを得ないことと私は思っております」と発言。議論おこる。ABCCと国立予防衛生研究所（予研）原子爆弾影響研究所を再編し、日米共同出資運営方式の財団法人放射線影響研究所（RERF）に改組。部落地名総鑑事件発覚	ベトナム戦争終結	上智大学に復学。部落解放研究会に入会、狭山闘争に参加
一九七六	近藤信好東京都議、「被爆者を絶滅する方法はないか？……遺伝の傾向があるので、都は、優生保護的な見地から子供を生まないように都は行政指導すべきである」等発言。（近藤発言）第五福竜丸展示館が東京夢の島に完成。	米ソ、平和目的地下核実験規制条約調印。アメリカの航空ショーでエノラ・ゲイのティベッツ機長が模擬爆弾を投下して当時を再現。被爆者、原水禁団体が抗議	原水爆禁止世界大会（原水協）に参加。被爆二世分科会で西河内靖泰氏と出会う。その後、関東における被爆二世運動の創生、被爆二世組織の結成について話し合う。
一九七七	関東被爆二世連絡協議会（準備会）発足、会誌『被爆二世宣言』創刊号を発刊。高速増殖炉「常陽」臨界。東海村再処理工場が運転開始。NGO被爆問題国際シンポジウム、広島で開催	アメリカ、中性子爆弾開発	上智大学卒業。川崎市内の病院に就職。就職後、まもなく職場で労働争議が発生。労働組合執行委員となる。実家を離れ、職場の近くに転居。単身生活を始める。
一九七八	関東被爆二世連絡協議会結成、全国被爆二世連絡協議会（準備会）発足。厚生省、「原爆被爆者二世の健康に関する調査・研究」実施したい旨、意向発表。福田首相、参院予算委員会で、「わが国は、専守防衛的意味における核兵器は持てる」と発言	第一回国連軍縮特別総会。国連本部でヒロシマ・ナガサキ原爆写真展。八月六日を軍縮デーにとの日本の提案、アメリカなどの反対で通らず、一〇・二四国連創設記念日から一週間が軍縮週間に	

一九七九	神奈川県（川崎市、横浜市、相模原市を含む）、一九七九年度より被爆二世に医療費補助を実施。大平首相、「核兵器であっても自衛のための最小限度を超えないものであれば憲法上はその保有を禁じられていない」と発言	アメリカ、スリーマイル島原発二号炉で炉心溶融事故。周辺地域を放射能汚染。ソ連、アフガニスタンに侵入。ベラウ共和国、世界初の非核憲法を住民投票で採択	
一九八〇	厚生省、二月、「原爆被爆者二世の健康に関する調査・研究」（一九七九年度）の実施を強行。原爆被爆者対策基本問題懇談会、厚生大臣に答申、「原爆被害は国家補償の見地に立って対策を講ずべき」としながらも「国による賠償責任は認めない」など、事実上被爆者援護法を退ける内容	ミクロネシア・パラオで世界初の非核憲法成立。住民投票で賛成七九％	「原爆被爆者二世の健康に関する調査・研究」強行実施に反対し、関東二世協を代表して二三時間のハンガーストライキを行なう（二月）。病院を退職（七月）、神奈川県横浜市内の郵便局に就職（十月）、郵便内務の仕事に従事
一九八一	ライシャワー元駐日大使、「アメリカの艦船や航空機が装備または積載された核兵器を取り外さなくても、日本の領海通過や寄港は問題にならないという口頭了解が日米当局者間にあった」と証言	国連総会、原子力施設への軍事攻撃禁止を採択	
一九八二	全国被爆二世連絡協議会（準備会）、「統一要求書」を提出	第二回軍縮特別総会。ニューヨークで一〇〇万人反核集会	新設された郵便業務専担の郵便集中処理局の庶務会計課に異動。総務関係の仕事に従事
一九八三	広島・長崎原爆資料、国連本部（ニューヨーク）で常設展示	世界保健機関（WHO）、「核戦争が健康と保健体制に及ぼす影響」を作成。中距離ミサイルのヨーロッパ配備に反対して西独四都市で一〇〇万、ローマ三〇万、ロンドン二〇万人のデモ	
一九八四	晴新丸がフランスから日本にプルトニウム二〇〇kgを運ぶ。	ソ連がSS二〇ミサイル配備。アメリカが太平洋に巡航ミサイル配備	

一九八五	青森県、原子燃料サイクル基地立地を受け入れる。	ニュージーランド、核艦船寄港拒否宣言	三月、筑波学園マラソンに参加。二時間五四分で完走。練習中からの右足底筋膜炎が治癒せず、フルマラソン参加はその一回のみ
一九八六		チェルノブイリ原発事故、ヨーロッパに汚染広がる。	
一九八七		第一回核被害者世界大会がアメリカ・ニューヨークで開会。原爆被爆者、ウラン鉱山労働者、ネバダ核実験場周辺住民、マーシャル諸島住民ら三〇か国三〇〇人が参加	妻・森川千賀子（旧姓：宗像）と結婚
一九八八	中部電力浜岡原発二号機で放射能漏れ。汚水処理の作業員一七名が被曝	イギリスの核実験参加兵士に、白血病と骨髄腫の死亡率が高いとの報告	川崎市内の普通郵便局郵便課に異動
一九八九		ソ連カザフ共和国のセミパラチンスク核実験場や首都アルマアタで六万人の核実験反対のデモ。「ベルリンの壁崩壊」	
一九九〇		東西ドイツ統一。ソ連カザフ共和国のアルマアタで、核実験禁止国際市民会議。核戦争防止国際医師会議とネバダ・セミパラチンスク運動の共催。核実験禁止の世論を高めた。	
一九九一		湾岸戦争で中東派遣アメリカ軍がイラクの核施設を攻撃。燃料帰化爆弾（爆風圧は核兵器級）使用	同郵便局の保険課（外務職）に異動。「簡易保険」の訪問セールスに従事
一九九二	青森県六ヶ所村のウラン濃縮工場操業始まる。あかつき丸、フランスから一トン以上のプルトニウムを日本に運ぶ（〜一九九三年）	国連軍縮広島会議でアメリカの教授、「広島・長崎への原爆投下は一〇〇万人以上の日本人を救った」と発言	

一九九三	平和宣言で広島市長「核拡散防止条約の無期限の延長は、核兵器を持つ国と持たない国との関係を不安定にするだけでなく、核兵器廃絶の願いに反する」と	アメリカ、エネルギー長官、「過去二〇年間に二〇四回の秘密核実験実施」の事実を発表	
一九九四	「原子爆弾被爆者に対する援護に関する法律（原爆被爆者援護法）」制定。「国家補償」の文言は盛り込まれず。高速増殖炉「もんじゅ」臨界	旧ソ連のカザフスタンからアメリカに、核拡散防止のため、核兵器解体後の高濃縮ウラン六〇〇kgを秘密空輸	顔面痛軽減のため、RK手術（近視矯正手術）を受ける。日本ファイナンシャルプランナーズ協会・AFP資格取得
一九九五	阪神淡路大震災発生、震度七を記録。六四三四人が死亡。四三七九二人が重軽傷	核不拡散条約（NPT）を無期限延長	
一九九六	日本政府、国際司法裁判所からの核兵器の違法性の判断に関する意見聴取に対して「核兵器は違法ではない」と主張。日本人の裁判官も、「国際法に違反しない」との見解を表明	国際司法裁判所（ICJ）が、核兵器と威嚇について「国際法や人道に関する諸原則、法規に一般的に反する」との勧告的意見を出す。国連、包括的核実験禁止条約（CTBT）採択	
	「優生保護法」、優生思想に基づく部分を削除した「母体保護法」に改正・改名		
一九九七		アメリカ、初の臨界前核実験を実施	三上彩子アナウンサーの「話し方のレベルアップ」教室に通学（〜一九九八）
一九九八	広島市、爆心地から半径二km以内で被爆した樹木に説明プレートを設置。	インド・パキスタン、核実験	ジャズボーカル（グループレッスン）を習い始める。
一九九九	韓国人原爆犠牲者慰霊碑を平和記念公園内に移設。	オランダ（ハーグ）で世界平和市民会議開催	
二〇〇〇		NPT再検討会議がニューヨークで開幕。五月二十日、「核兵器の全面廃絶に向けた核保有国の明確な約束」が盛り込まれた最終文書を採択して閉幕	慢性副鼻腔炎（後鼻漏）、慢性喉頭炎等を併発。発声に影響

二〇〇一		アメリカで同時多発テロが発生（九・十一）。三〇〇〇人以上が犠牲に。米ロの両大統領が、両国共に戦略核兵器を三分の一程度の約二〇〇〇個に大幅制限することに原則合意。	慢性喉頭炎等が悪化したため、ジャズボーカルレッスンを断念
二〇〇二		米ロが「戦略攻撃兵器削減条約（モスクワ条約）」調印。双方の戦略核弾頭を二〇一二年までにそれぞれ現在の三分の一程度まで削減することに同意。アメリカの一方的な脱退により、弾道弾迎撃ミサイル（ABM）条約が失効	
二〇〇三	アメリカ・スミソニアン博物館でのエノラゲイ完全復元展示に対し、原爆被害の説明を加えるよう被爆者が抗議。日本が武力攻撃を受けた場合の対処手続などを含めた有事法制関連三法が成立。原爆症の認定基準の見直しを要求する原爆症認定集団訴訟、始まる。	朝鮮民主主義人民共和国、核不拡散条約（NPT）からの脱退と国際原子力機関（IAEA）との保障措置協定からの離脱を表明	南関東支社（日本郵政公社）簡易保険訪問営業インストラクターに就任。保険訪問セールスパーソンへの営業実践指導に従事
二〇〇四	平和記念資料館などが、被爆資料や遺影、被爆体験記などの全国規模での収集事業に着手	欧州連合（EU）欧州議会が、平和市長会議（会長：秋葉市長）が提唱している「核兵器廃絶のための緊急行動（二〇二〇ビジョン）」を支持する決議	
二〇〇五	第六回平和市長会議被爆六〇周年記念総会が広島市で開幕	NPT再検討会議が具体的な進展を見せないまま閉幕	
二〇〇六		朝鮮民主主義人民共和国、初の地下核実験に成功したと発表	南関東支社簡易保険職員育成センター・チーフトレーナーに就任。新人保険訪問セールスパーソンの育成・営業実践指導等に従事

二〇〇七	被爆二世が主人公の一人である『夕凪の街　桜の国』（漫画）が映画化され、上映	放射線防護委員会（ICRP）勧告、「約一〇〇ミリシーベルト）を下回る低線量でのがんまたは遺伝的影響の発生率は、関係する臓器および組織の被曝量に比例して増加すると仮定するのが科学的に妥当」と見解表明	十月一日郵政民営化に伴う郵便局株式会社設立に際し、保険営業部門の管理職に就任。久々に広島を訪れ、映画化された『夕凪の街　桜の国』を鑑賞するほか、広島平和記念資料館、原爆死没者追悼祈念館などを見学
二〇〇八		平和市長会議の加盟都市が二〇〇〇を超える。	郵便局株式会社、全国施策として、統一カリキュラムによる営業力養成センターを全国10カ所余りに設置。これに伴い、南関東支社管内営業力養成センター・次長に就任、当センターの運営と営業実践指導に従事
二〇〇九	日本被団協、原爆症認定に際して、「訴訟に訴えることなく解決するため定期協議を開催する」等を盛り込んだ「集団訴訟の終結に関する確認書」を麻生首相と取り交わす。	オバマ大統領、欧州連合との初の首脳会議のためにプラハを訪れた際の演説で「アメリカは世界で唯一核兵器を使用したことのある核保有国として行動を起こす責任がある」として核兵器のない世界の実現に向け牽引すると明言（プラハ演説）	
二〇一〇		アメリカ、初のZマシン（核融合実験装置）による核実験を実施	神奈川県内郵便局・保険営業部門の管理職・お客さまサービス部長に就任
二〇一一	三月十一日、東日本大震災、及び東京電力福島第一原子力発電所事故発生。原子力緊急事態宣言発令。石破自民党政調会長、「原発維持は核の潜在的抑止力になっているから原発はやめるべきでない」と意見表明。「ノーモア・ヒバクシャ記憶遺産を継承する会」設立		一月三日、父・森川定實、他界。四月、大和郵便局副局長に就任

二〇一二	十月一日、郵便局株式会社、郵便事業を吸収合併し、商号を日本郵便株式会社に変更		神奈川県原爆被災者の会二世支部に入会
二〇一三	「特定秘密保護法」成立。東京オリンピック、二〇二〇年開催決定。安倍首相、誘致に際し、福島の状況について「アンダーコントロール」と表明	「核兵器の人道上の影響に関する国際会議」、ノルウェーで開催	神奈川県原爆被災者の会二世支部・副支部長に就任。エネルギーから経済を考える経営者ネットワーク会議（エネ経会議）に入会
二〇一四	「武器輸出三原則」撤廃。「集団的自衛権」閣議決定	「核兵器の人道上の影響に関する国際会議」、メキシコ、オーストリアで開催。「核兵器を使用しないことを保証できるのは核兵器を廃絶する以外にあり得ないと結論	大和郵便局で定年退職。再雇用により、南関東支社金融営業部専門役に就任。営業力養成センターの運営、郵便局管理者の社員指導・営業推進管理のアドバイス等に従事。エネ経会議事務局員を務める（〜二〇一七年八月）。
二〇一五	「安全保障関連法」成立 被爆体験伝承者による被爆体験伝承講話が始まる。	「パリ協定」成立。「世界的な平均気温の上昇を産業革命前に比べて二度C未満に抑え、二一世紀後半には温室効果ガスの排出を実質ゼロにすること」を目標に	
二〇一六	横畠内閣法制局長官、衆院予算委員会で、「わが国を防衛するための必要最小限度のものに限られるが、憲法上あらゆる種類の核兵器の使用がおよそ禁止されているとは考えていない」と発言。「ヒロシマ・ナガサキの被爆者が訴える核兵器廃絶国際署名」、署名推進連絡会が発足		八月末、南関東支社金融営業部金融渉外本部専門役を最後に日本郵便株式会社を退職

二〇一七	「改正組織的犯罪処罰法」（「共謀罪」の趣旨を盛り込んだ）可決	七月、核兵器禁止条約（国際条約）、アメリカ・ニューヨークの国連本部で採択。日本は不参加。十二月の国連総会決議においてもアメリカ等核保有国と歩調をそろえて反対。オバマ大統領、広島訪問。国際NGO　ICAN（核兵器廃絶国際キャンペーン）、ノーベル平和賞受賞	広島市被爆体験伝承者養成研修六期に応募。受講を始める。十一月十七日、母・森川瑞枝、他界
二〇一八	日米原子力協定、自動延長決定	トランプ政権、新たな核戦略「核態勢の見直し」（NPR）を公表。河野外相、「（核兵器の）拡大抑止への明確な責務を明確にしたNPRを高く評価する」と表明	

参考文献（この本を書くにあたって参考にしたもの）

有馬哲夫／著『原発・正力・CIA　機密文書で読む昭和裏面史』（新潮新書）新潮社　二〇〇八年
池上彰／著『高校生からわかる原子力（池上彰の講義の時間）』ホーム社　二〇一二年
エフ・オー・イー・ジャパン／著『福島の今とエネルギーの未来　2018』エフ・オー・イー・ジャパン（FoE Japan）二〇一八年
太田昌克／著『日米〈核〉同盟　原爆、核の傘、フクシマ』（岩波新書　新赤版）岩波書店　二〇一四年
原子放射線の影響に関する国連科学委員会／編　放射線医学総合研究所／監訳『放射線の遺伝的影響　原子放射線の影響に関する国連科学委員会の総会に対する二〇〇一年報告書　附属書付』実業公報社　二〇〇三年
原子力市民委員会／著『原発ゼロ社会への道―市民がつくる脱原子力政策大綱』原子力市民委員会　二〇一四年
原子力市民委員会／著『原発ゼロ社会への道二〇一七―脱原子力政策の実現のために』原子力市民委員会　二〇一七年
小出裕章／著『隠される原子力　核の真実―原子力の専門家が原発に反対するわけ』創史社　八月書館（発売）二〇一〇年
小出裕章／著『（講演資料）戦争と核＝原子力』（日本基督教団・大阪教区・核問題特別委員会主催勉強会：二〇〇九年十一月二十九日）
小出裕章／著『（講演資料）原子力発電は危険、プルサーマル発電はさらに危険』（岩手県石巻市、第三回「プルサーマル市民勉強会」：二〇〇九年十二月二十二日）
小出裕章／著『（講演資料）原子力の「平和利用」は可能か?』（非核の政府を求める兵庫の会市民学習会：二〇一〇年十月八日）
小出裕章／著『原発と戦争を推し進める愚かな国、日本』毎日新聞出版　二〇一五年
小西雅子／著『地球温暖化は解決できるのか　パリ協定から未来へ!』（岩波ジュニア新書：837）岩波書店　二〇一六年

鈴木達治郎、猿田佐世／編　『アメリカは日本の原子力政策をどうみているか』（岩波ブックレット No.958）岩波書店　二〇一六年
高橋真樹／著　『ご当地電力はじめました！』（岩波ジュニア新書：795）　岩波書店　二〇一五年
竹田敏一／著　『知っておきたい原子力発電　図解雑学：絵と文章でわかりやすい！』ナツメ社　二〇一三年
竹峰誠一郎／著　『マーシャル諸島　終わりなき核被害を生きる』　新泉社　二〇一五年
中日新聞社会部／編　『日米同盟と原発　隠された核の戦後史』　東京新聞　二〇一三年
長崎県被爆二世の会／編　『長崎の被爆二世　援護と核廃絶をめざして』長崎県被爆二世の会　二〇一七年
那須正幹／文　西村繁男／絵　『絵で読む広島の原爆』　福音館書店　一九九五年
広島平和記念資料館／編　『図録　ヒロシマを世界に』　広島平和記念資料館　一九九九年
部落解放・人権研究所／編　『部落解放運動の歩み一〇〇項　ビジュアルブック』　部落解放・人権研究所　解放出版社（発売）　二〇〇二年
前田哲男／著　『隠された被ばく　マーシャル群島住民の二十三年』　原水爆禁止日本国民会議　一九七八年

あとがき

西河内さんから、本を執筆しないかという声かけをいただいたのは今回が三回目だったように記憶している。

過去二回はお断りした、というよりは何となく聞き流してしまっていたというのが実際のところではなかったかと思う。それは、その必要性を強く感じなかったこともあるだろうが、時間的にも能力的にもそのようなことができるとはとても思えなかったからである。

でも、今回は違っていた。

今、推定四十万人前後ともいわれる原爆被爆二世の問題が、「問題」として何ら存在していないかのように完全に幕を引き、歴史から消し去ろうとされている。そしてそのことは、必然的に被爆三世以降の世代の問題についても完全にふたを閉じ、何もないかのように終止符を打たれるために敷かれたレールとなる。しかもそれは、福島原発事故における被曝被害の隠蔽と矮小化を伴う棄民政策とも連動していると考えられる。

今こそ、被爆二世の現状を広く多くの皆さんと情報共有することの大切さを感じた。核および核放射線による被害は、本来一体のものである核兵器と原発、どちらからももたらされ、ともに世代を超えて人間を苦しめ、人類を破滅へといざなう。それらは、人類とは共存できない、即刻ゼロにしなければならないものであることを、自分自身の人生の実体験を交《まじ》えて訴え、今日からの行動の提言を発する必要性、緊急性を切実に感じ、それを文字にする決断をした。

筆をすすめるなかで、思い出したくない過去の体験や、やっと思い出しても人にさらけ出したくない、本来であれば個人の秘密のままにしておきたいことがらも少なからずあった。

現に思い出したくない閉ざされた記憶の重い扉をこじ開けることによる精神的あつれきから、執筆中、心身に異変が生じることもしばしばであった。

でも歴史・事実をねじ曲げずに明らかにし、次世代に幸せに生きられる未来への「歴史のバトン」を渡すには、誰かがこの「役割」を引き受けなければという思いに強く導かれ、ここまでたどり着くことができた。

この本を発刊できるのは、本文中でも述べたとおり、ひとえに、限りなく多くの皆様のご指導、ご協力、ご支援の賜物であり、深い感謝の念に絶えない。

西河内靖泰さん、小出裕章さん、矢間秀次郎さん、吉田敬三さん、沖西慶子さんをはじめ、多くの方から知恵と勇気をいただき、完成させることができた。

また述べてきたような波瀾万丈の私の人生に寄り添い、今日までひたすら支え続けてきてくれた妻・森川千賀子《もりかわちかこ》に心からの感謝とお礼を言いたい。妻の支えがあってこそ、幾多の試練と苦難を乗り越え、今日《きょう》の日を迎えられたことに…。

最後に私から読者へのメッセージがある。

この本の執筆の目的は、読んで感じたこと、思いついたことについて間を置かず、すぐに今日から行動に移し、あるいは拡散していただくことにある。

新しく得た情報やアイデアは、新鮮なうちほど行動に移す大きなエネルギーに変換しやすいといわれている。

一人ひとりの力は微力であっても、それが集積され、増幅し、やがて「蟻が象を倒す」結果に結びついていくものと確信する。

この本が、そうした読者が踏み出す新しい「一歩」のきっかけとなることを願ってやまない。

私が今、広島市被爆体験伝承者となることをめざして（被爆体験を語り継ぐ）伝承に取り組んでいる、お二人の被爆者の言葉を披露して、結びとしたい。

篠田恵《しのだめぐみ》さん
「人の命は地球より重い。核と人間は共存できない。憎しみの心の中から平和は産まれない」
川崎宏明《かわさきひろあき》さん
「ゆったりと流れている大きな川を上流までさかのぼっていくと、それは岩陰から一滴、また一滴としたたり落ちる水の集まったもの。私たちも平和という大きな川のいちばん上流にさかのぼって、したたり落ちる平和という水の一滴になろうではありませんか！」

読者のみなさんにも、ぜひ、この「一滴の水」となっていただくことを強く望むものである。

森川聖詩（もりかわ・せいし）
神奈川県原爆被災者の会二世支部副支部長
広島市被爆体験伝承者養成研修6期生
元・関東被爆二世連絡協議会委員長
一九五四年　広島市生まれ
一九七七年　上智大学文学部新聞学科卒業
病院勤務の後
一九八〇年　郵政省職員として神奈川県内郵便局に勤務（郵便内務、総務事務職）
一九九一年　簡易保険・訪問営業職に着任
二〇〇三年以降　南関東支社・営業インストラクター、新人育成チーフトレーナー、営業力養成センター次長などを歴任後
二〇一一年　大和郵便局副局長に就任
二〇一四年　定年退職　再雇用職に
二〇一六年　八月南関東支社金融営業部金融渉外本部専門役を最後に、日本郵便株式会社を退職

核《かく》なき未来《みらい》へ
——被爆二世《ひばくにせい》からのメッセージ

二〇一八年十二月十五日　第一版第一刷発行

著者　森川聖詩
発行者　菊地泰博
発行所　株式会社 現代書館
東京都千代田区飯田橋三-二-五
郵便番号　102-0072
電話　03（3221）1321
FAX　03（3262）5906
振替　00120-3-83725
組版　具羅夢
印刷所　平河工業社（本文）
東光印刷所（カバー）
製本所　積信堂
装幀　大森裕二

校正協力・高梨恵一
 ISBN978-4-7684-5849-5
定価はカバーに表示してあります。乱丁・落丁本はおとりかえいたします。
http://www.gendaishokan.co.jp/

活字で利用できない方のための
テキストデータ請求券
『核なき未来へ』